GUOJI FUWU MAOYI
JIQI CHANYE BIANGE YANJIU

国际服务贸易
及其产业变革研究

钱中平 王丹中 著

江苏大学出版社
JIANGSU UNIVERSITY PRESS
镇 江

图书在版编目(CIP)数据

国际服务贸易及其产业变革研究/钱中平,王丹中
著.—镇江:江苏大学出版社,2012.12
ISBN 978-7-81130-412-1

Ⅰ.①国… Ⅱ.①钱… ②王… Ⅲ.①国际贸易-服
务贸易-研究②服务贸易-经济发展-研究-中国 Ⅳ.
①F746.18②F752.68

中国版本图书馆 CIP 数据核字(2012)第 284252 号

国际服务贸易及其产业变革研究

著　　者/钱中平　王丹中
责任编辑/顾正彤　柳　艳
出版发行/江苏大学出版社
地　　址/江苏省镇江市梦溪园巷 30 号(邮编:212003)
电　　话/0511-84446464(传真)
网　　址/http://press.ujs.edu.cn
排　　版/镇江文苑制版印刷有限责任公司
印　　刷/丹阳市兴华印刷厂
经　　销/江苏省新华书店
开　　本/890 mm×1 240 mm　1/32
印　　张/9.75
字　　数/267 千字
版　　次/2012 年 12 月第 1 版　2012 年 12 月第 1 次印刷
书　　号/ISBN 978-7-81130-412-1
定　　价/38.00 元

如有印装质量问题请与本社营销部联系(电话:0511-84440882)

序

国际服务贸易是国际贸易的重要组成部分。现代科技革命与信息技术进步、经济全球化发展、国际产业结构调整等，极大地推动了全球服务业的发展，增强了服务的可贸易性，为世界服务贸易发展提供了重要基础。如今，服务贸易产业的发展水平已成为衡量一个国家现代化水平的重要标志之一。在过去的十余年里，在世界经济增长与调整中，国际服务贸易发展迅速，在贸易结构、贸易方式、贸易竞争力等方面呈现出一些新变化，未来国际服务贸易仍有巨大的发展空间。

"十一五"期间，我国服务贸易稳步发展，服务进出口总额从1 917亿美元增长到3 624亿美元，增幅达89%，年均增长17.3%。其中，服务出口年均增长16.8%，是同期全球服务出口平均增速的两倍。计算机、保险、金融、咨询等高附加值服务贸易快速发展，进出口总额从313.4亿美元上升到702.9亿美元，增长约1.2倍。扩大贸易规模、不断优化贸易结构、提升对外开放水平、增强国际竞争力、协调服务贸易区域发展是提高我国参与国际分工和竞争能力的新举措。商务部等34个部门、历时两年制订的《服务贸易发展"十二五"规划纲要》提出，"到2015年我国服务进出口总额将达到6 000亿美元，年均增速超过11%，其中通信、计算机和信息服务、金融、文化、咨询等智力密集、技术密集和高附加值服务贸易占服务出口总额的比重超过45%，在国际上培育一批拥有自主知识产权和知名品牌的重点企业，打造中国服务"。

钱中平副教授长期从事国际贸易的研究和教学工作，王丹中博士有着丰富的产业经济管理经验。这本专著是他们对国际服务贸易长期理论研究和产业思考的结晶,既有扎实的理论基础,又有产业经济的实践。书中系统地梳理了国际服务贸易的基本内容、基本理论和历史演变,论述了国际服务贸易的交易模式和费用,分析了影响国际服务贸易的相关因素,提出了当前国际服务贸易壁垒和自由化的发展趋势,比较了世界各主要国家服务贸易的管理体制、统计方法和合同内容,并对我国服务贸易的重点产业状况进行了描述。根据 WTO 体制和《服务贸易总协定》,结合我国服务贸易产业的历史和现状,特别是《我国服务贸易发展"十二五"规划纲要》,多角度地研究了我国服务贸易的产业变革及其对策。此书在阐述过程中,力求结合最新的数据资料和切实的事例,具有很强的理论性和实用性。

此书的价值主要体现于以下几方面的新探索:(1) 拓展了分析角度。采用篇章结合的方式组织全书,结构更清晰,内容更具系统性。(2) 丰富了研究内容。一方面注重吸纳近年来服务贸易领域的一些新的研究成果,如国际服务贸易竞争力评价以及信息技术服务外包等;另一方面注重将我国服务贸易的实践融入国际服务贸易的分析框架中,具有较强的理论性和实用性,是对国际服务贸易研究的贡献和完善。(3) 深化了服务贸易产业研究。对服务贸易产业变革的分析和研究是对传统服务贸易书籍的突破和补充,更具有时代感、时效性。(4) 强化了实证研究方法。大量的实证研究能在保证国际服务贸易体系统一的基础上,更好地满足从事服务贸易产业相关人员进一步深入学习、研究和践行的需要。

谨以此文对《国际服务贸易及其产业变革研究》付梓表示祝贺。

邓志良[*]

2012 年 8 月

(＊作者系常州信息职业技术学院党委书记、教授。)

目　录

1 国际服务贸易概述

1.1 国际服务贸易定义

到目前为止,国际上尚没有一个统一的、公认的国际服务贸易 (International Service Trade)的定义。现有的一些定义,都是描述性 的语言表达,且角度不同,现总结如下。

1.1.1 传统的国际服务贸易定义

当一国(地区)的劳动力向另一国(地区)的消费者(法人或自 然人)提供服务时,相应获得外汇收入,这一过程便构成服务的出 口;与此相对应,一国(地区)消费者购买他国(地区)劳动力提供服 务的过程,便形成服务的进口。各国的服务进出口活动,便构成国 际服务贸易。

这样的定义涉及国籍、国界、居民、非居民等问题,即人员移动 与否、服务过境与否及异国国民之间的服务交换等问题。因此,需 要注意以下几点:

(1)这里的劳动力含义较广,它既可以是单个的形式,也可以 是集体形式。

(2)劳动力在提供服务时,一般要借助一定的工具设备及 手段。

(3)"劳动力"与"消费者"的不同国(地区)籍问题也应作广

义的理解。如跨国公司在境外设立分支机构，雇佣当地居民并向当地消费者提供服务时，这时的"劳动力"或"服务提供者"，应理解为该外商机构的股权持有人（单个的私人或法人集体），单个的本地劳动力在向本地消费者提供服务是"代表"外商机构在提供服务。

（4）这里的服务进出口，是相对过境，未必发生真正的过境。因为服务贸易一般涉及人员、资本及技术信息的流动，比如，电讯服务只需要服务"过境"，而无须"国民移动"。因此，只要有一种要素发生移动，往往就构成贸易。

（5）对于劳动力的智力成果，也应被视作劳动力提供的服务。

1.1.2 《美国和加拿大自由贸易协定》（NAFTA）对国际服务贸易的定义

《美国和加拿大自由贸易协定》是世界上第一个在国家间贸易协议上正式定义服务贸易的法律文件。该协定认为，国际服务贸易是指由或代表其他缔约方的一个人，在其境内或进入一缔约方提供所指定的一项服务。

这里"指定的一项服务"包括：生产、分销、销售、营销及传递一项所指定的服务及其进行的采购活动；进入或使用国内的分销系统；以商业存在（并非一项投资）形式为分销、营销、传递或促进一项指定的服务；遵照投资规定，任何为提供指定服务的投资，及任何为提供指定服务的相关活动。

这里提供服务的"相关活动"包括：公司、分公司、代理机构、代表处和其他商业经营机构的组织、管理、保养和转让活动；各类财产的接受、使用、保护及转让，以及资金的借贷。

进入一缔约方提供服务包括过境提供服务。缔约方的"一个人"指法人或自然人。

这种对国际服务贸易说明性的、非规范性的定义，说明了国际服务贸易活动的复杂性。

1.1.3 《服务贸易总协定》（GATS）对国际服务贸易的定义

关贸总协定乌拉圭回合多边贸易谈判的一个重要结果是产生了《服务贸易总协定》（General Agreement on Trade in Services，GATS），GATS 将国际服务贸易定义为：(1) 从一缔约方境内向任何其他缔约方境内提供服务；(2) 在一缔约方境内向任何其他缔约方的服务消费者提供服务；(3) 一缔约方在其他缔约方境内通过提供服务的实体性介入而提供服务；(4) 一缔约方的自然人在其他任何缔约方境内提供服务。

GATS 依此将国际服务贸易分为 4 类：

第一类是过境交付（Cross-Border Supply）。服务提供者与消费者都不移动。它又可以分为被分离服务（Separated Services）贸易和被分离生产要素服务（Disem-Bodied Services）贸易两种类型。

被分离服务贸易类型中的服务与货物一同在出口国生产，经过国际交易在进口国消费。保险和金融服务就是国际交易可以通过通讯手段进行的服务。在这些被分离服务中，可能有附加在货物上已被物化的出版物或软盘，因而就产生了区别服务与货物的困难。

被分离生产要素国际服务贸易形式是迪尔道夫最早提出的。他指出，在提供服务时，并不需要所有要素都移动，可能有一种要素被称为"缺席要素（Absent Factor）"，比如管理，位于母国不动，但可以通过信息通讯技术提供服务，以强化海外生产要素。可谓"于运筹帷幄之中，决胜于千里之外"。

第二类是境外消费（Consumption Abroad）。是通过服务的消费者(购买者)的过境移动实现的，服务是在服务提供者实体存在的那个国家(地区)生产的。常见的例子有旅游、教育、医疗服务等。

第三类是商业存在（Commercial Presence），主要涉及市场准入（Market Access）和对外直接投资（Foreign Direct Investment，FDI ），即在一缔约方内设立机构，并提供服务，取得收入，从而形成贸易，即商业存在。这里设立机构的服务人员，可以是来自母国，也可以是在东道国雇佣；其服务对象可以是东道国的消费者，也可以是第三国的消费者。这样，似乎又与第二类国际服务贸易定义有交叉，不过第三类强调的是通过自己的生产要素（人员、资金、服务工具等）移动到消费者居住地提供服务而产生贸易；而第二类强调的是服务提供者通过广告、自我推销等形式"引导"消费者到自己所在地，并购买（或消费）服务。第三类形式常见的有在境外设立金融服务分支机构、律师事务所、会计师事务所、维修服务站等。

第四类是自然人流动（Movement of Natural Persons），主要是缔约方的自然人（服务提供者）过境移动在其他缔约方境内提供服务而形成贸易，这里的服务消费者往往不是所在国的消费者。比如，A国的医生到C国治疗来自B国的患者，在该服务交易中，由于患者要向医生居住国A国和手术进行国C国分别支付服务费用，所以采取三国之间交易的形式。很明显，如果患者是C国的公民，则贸易形式就变成了第三类。可见，第四类国际服务贸易具有完善逻辑性的意义，也就是使概念更为周延。

需要指出的是，上述定义都很宽泛，有些还互相交叉。这是因为，谈判委员会在一些发达国家的要求下，尽可能多地把服务贸易纳入谈判内容。另外，服务的交易又往往不是以一种方式完成的，而是几种方式的互相结合。尽管如此，从整体上看，国际服务贸易的定义仍与以上内容相容。

归纳上述几种关于国际服务贸易的概念，本书给出相对确定的国际服务贸易的定义：国际服务贸易是指国际间服务的输入和输出的一种贸易方式。贸易一方向另一方提供服务并获得收入的过程称为服务出口或服务输出，购买他人服务的一方称为服务进口或服务输入。

国际服务贸易狭义的概念是指发生在国家之间的服务输入和输出活动，如传统的为国际货物贸易服务的运输、保险、金融以及旅游等无形贸易。而广义的概念还包括现代发展起来的、除了与货物贸易有关的服务以外的新的贸易活动，如承包劳务、卫星传送和传播等。狭义的国际服务贸易包括有形的劳动力的输出输入和无形的提供者与使用者在没有实体接触的情况下的交易活动。

1.2 国际服务贸易分类

1.2.1 民间分类

（1）以"移动"为标准

国际服务贸易按服务是否在提供者与使用者之间移动分为4类：分离式服务、需要者所在地服务、提供者所在地服务和自由并非分离的服务。这种分类方法其本质涉及资本和劳动力等生产要素在不同国家间的移动问题。由于这种生产要素的跨国界移动往往涉及各国国内立法或地区性法律的限制，并涉及在需求者所在国的开业权问题，因此，研究这类问题用这种分类方法比较合适。但这种分类存在难以准确、彻底地将服务贸易进行划分的缺陷，如各国间相互开业提供的旅游服务就很难加以划分。

（2）以"生产过程"为标准

这种分类方法根据服务与生产过程之间的内在联系，将国际服务贸易分为3类：生产前服务、生产服务和生产后服务。这种以"生产"为核心划分的国际服务贸易，其本质涉及应用高新技术提高生产力的问题，并为产品的生产者进行生产前和生产后的服务协调提供重要依据。这使生产者能够对国际市场的变化迅速做出反应，以便改进生产工艺，进行新的设计或引入新的服务，最终生产出消费者满意的产品或服务。

（3）以"要素密集度"为标准

沿袭商品贸易中密集使用某种生产要素的特点，有的经济学家按照国际服务贸易中对资本、技术、劳动力投入要求的密集程度，将国际服务贸易分为3类：资本密集型服务、技术知识密集型服务和劳动密集型服务。这种分类以生产要素密集程度为核心，涉及产品或服务竞争中生产要素，尤其是当代高科技的发展和应用问题。

（4）以"商品"为标准

1988年6月关贸总协定乌拉圭回合服务贸易谈判期间，谈判小组曾经提出依据服务在商品中的属性进行国际服务贸易分类，据此将国际服务贸易分为 4 类：以商品形式存在的服务、对商品实物具有补充作用的服务、对商品实物形态具有替代功能的服务和具有商品属性却与其他商品无关联的服务。这种分类将服务与商品联系起来加以分析，从理论上承认"服务"与"商品"一样，既存在使用价值，也存在价值，能为社会生产力的进步作出贡献。服务的特殊性就在于它有不同于商品的"无形性"，但是这种"无形性"也可以在一定情况下以商品形式体现。

1.2.2 世界贸易组织（WTO）的分类

作为 WTO 三大支柱（货物贸易协定、服务贸易协定、与贸易有关的知识产权协定）之一的《服务贸易总协定》，对什么是服务贸易做出了明确规定。该协定将服务贸易分为 4 个方面：（1）从一成员的国境向另一成员的国境提供服务；（2）从一成员的国境向另一成员的服务消费者提供服务；（3）通过一成员的（服务提供实体）法人在另一成员的商业存在提供服务；（4）由一成员的自然人在另一成员境内提供服务。

WTO 对于服务贸易的定义，虽未提及"国际"，但就多边协定的性质而言，适用于世贸组织成员，属国际服务贸易范畴。

乌拉圭回合服务贸易谈判小组是在以商品为中心的服务贸易分类的基础上，结合服务贸易统计和服务贸易部门开放的要求，并征求各谈判方的提案和意见，对服务贸易是根据行业部门进行分类的。《服务贸易总协定》将服务贸易分为专业性服务，通讯服务，建筑服务，分售服务，教育服务，环境服务，金融服务，健康及社会服务，旅游及相关服务，文化、娱乐及体育服务，交通运输服务，其他服务等 12 类。

1.2.3 国际货币基金组织（IMF）的分类

国际货币基金组织按照国际收支统计将服务贸易分为民间服务、投资收益、其他政府服务和收益、不偿还的转移等 4 类。

1977 年国际货币基金组织编制的《国际收支手册》中的民间服务(或称商业性服务)包含以下几类:

货运:运费、货物保险费及其他费用。

客运:旅客运费及有关费用。

港口服务:船公司及其雇员在港口的商品和服务的花费及租用费。

旅游:在境外停留不到一年的旅游者对商品和服务的花费(不包括运费)。

劳务收入:本国居民的工资和薪水。

所有权收益:版权和许可证收益。

其他民间服务:通信、广告非货物保险、经纪人、管理、租赁、出版、维修、商业、职业和技术服务。

投资收益指国与国之间因资本的借贷或投资等所产生的利息、股息、利润的汇出或汇回所产生的收入与支出。

其他政府服务和收益指不列入上述各项的涉及政府的服务和收益。

不偿还的转移指因属单方面的(或片面的)、无对等的收支,即意味着资金在国际移动后,并不产生归还或偿还的问题。因而,又称单方面转移。一般指单方面的汇款、年金、赠与等。根据单方面转移的不同接受对象,又分为私人转移与政府转移两大类。政府转移主要指政府间的无偿经济技术或军事援助、战争赔款、外债的自愿减免、政府对国际机构缴纳的行政费用以及赠与等收入与支出。私人转移主要指以下几类:汇款(包括侨民汇款、慈善性质汇款、财产继承款等)、年金(指从外国取得或对外国支付的养老金、奖金等)、赠与(指教会、教育基金、慈善团体对国外的赠与,以及政府无偿援助等)。

1.3　国际服务贸易特征

国际服务贸易自身的复杂性及其与货物贸易的差异,使其具有以下几方面的主要特征。

1. 国际服务贸易具有无形性

就货物贸易而言,在特定的时间和确定的地点,人们可以看见货物、资本或信息的跨国界移动。但是人们要想亲眼看见服务出口或进口却是相当困难的。一方面,服务提供者通常无法向顾客介绍空间形态确定的服务样品;另一方面,服务消费者在购买服务之前,往往不能感知服务,在购买之后也只能觉察到服务的结果而不是服务本身。在服务的无形性特征上,有的人说得很绝对,认为服务一定具有无形性。其实,随着科学技术的发展,有些无形的服务变得"有形化"了。比如物化服务(Embodied Service),这个概念是加拿大经济学家格鲁伯和沃克于 1989 年提出的。唱片、软盘作为服务的载体,本身的价值相对其提供的整个价值来说,可以忽略不计,其价值主体是服务,这就是"无形"的"有形"化、服务的物质化。

服务贸易进出口的无形性带来了一系列的问题。首先,政府无法测算实际上跨越国界的服务,服务贸易的数据一般通过下面两种方式来获得:一种是通过询问国内的服务消费者和查询服务生产者的实际服务进出口报表;另一种是本国的外汇管理机构所设计的综合性的外汇管理系统,使政府对本国居民的所有外汇收入与支出状况进行管理。大多数国家对国际服务贸易的规模、结构、流向只能有一个大致的了解。其次,服务贸易进出口的无形性也使政府对服务的进出口管理变得更加困难。

2. 国际服务贸易具有不可储存性

与货物贸易相比,服务贸易中的交换标的物——服务,是不能储存的,服务消费在生产过程中完成,并要求服务提供者和使用者存在某种形式的接触。因而,服务的使用价值不能脱离服务出口者和服务进口消费者而固定于某一耐久货物中。

商品可以在被生产出来之后和进入消费之前这一段时间处于库存状态,而且这不一定会给商品所有者造成损失。而服务一旦被生产出来,一般不能长久搁置,也就是不可能处于库存状态。如果服务不被使用,则既不会给购买者带来效用,也不会给提供者带来收益。列车、飞机、电影院里的空位不会产生服务收入;医院、商店、餐馆和银行等行业如果没有顾客光顾,就会带来巨大的经济损失。然而,随着科学技术的飞速发展,无形的服务有时也是可以储存的。实际上,储存既包括空间上的储存,也包括时间上的储存,或者是时空两方面的储存。服务是否可以储存的问题,主要是指时间上的储存,也就是服务是购买时消费还是在购买以后某一个时候消费。例如,购买保险就可以在一段时间内消费,这一服务的某些方面是在购买以后的整个有效期内消费的。比如购买后觉得比较放心,有了安全感。这一服务的另一些方面,可以在有效期内任何时候的某些情况下消费,比如要求得到赔偿。

3. 国际服务贸易的生产和消费具有不可分性

商品一旦进入市场体系或流通过程便成为感性上独立的交易对象,生产过程在时间上和空间上同它分割开来。相反,服务要么同其提供者不可分,要么同其消费者不可分。这种不可分性要求服务提供者或服务购买者不能与服务在时间或空间上分割开来。毫无疑问,买了电影票又想看电影的消费者,不会不到电影院;做手术的医生不可能远离他的病人。当然,在物化服务的情况下,服务的生产和消费可以不同时发生。

4. 国际服务贸易交易标的物具有多样性

国际服务贸易的交易标的物不是单纯的货物,而是呈现出多样化的特点。例如,技术贸易作为服务贸易的内容之一,其交易标的物是专利、商标及专有技术。除此之外,很多服务贸易的交易标的物很难以货物贸易形式的标的物体现。如运输服务、旅游服务、金融服务等,这类服务贸易的交易标的物不能认为是提供运输服务的承运人或飞机、轮船、旅游景点等,因此,国际服务贸易交易标的物具有多样化的特点。

5. 国际服务贸易服务质量具有异质性

商品的消费效果和品质通常是均质的,同一品牌的家电或服装,只要不是假冒,其消费效果和品质基本上没有差异。而同一种服务的消费效果和品质往往存在显著差别。这种差别来自供求两方面:其一,服务提供者的技术水平和服务态度,往往因人、因时、因地而异,他们的服务随之发生差异;其二,服务消费者对服务也时常提出特殊要求。所以,同一种服务的一般与特殊是经常存在的。统一的服务质量标准只能规定一般要求,难以满足特殊的、个别的需要。这样,服务质量就具有很大的弹性。服务质量的差异或者弹性,既为服务行业创造优质服务开辟了广阔的空间,也给劣质服务留下了活动的余地。因此,与能够执行统一标准的商品质量管理相比,服务质量的管理要困难得多,也灵活得多,正因为如此,往往导致了寻租等外部性的存在与蔓延。

6. 国际服务贸易的品质和效果具有经验性

如果我们把服务的异质性、无形性和不可分离性结合起来,还可以看到服务与商品的另一个差别,即购买商品所能得到的品质和效果是能够事先预期的,是相对确定的;而购买服务所可能得到的品质和效果则是难以事先预期的。也就是说,与商品相比,服务具有较强的经验特征和信任特征。

1970 年,美国经济学家尼尔森将产品品质区分为两大类,即寻找品质和经验品质。寻找品质是指顾客在购买之前就能够确认的产品属性(如颜色、款式、手感、硬度、气味等)及产品的价格;而经验品质则是指那些只有在购买之后或者在消费过程中才能体会到的产品属性,包括味道、耐用程度、满足程度等。

1973 年达比和卡内两人又在这种商品品质二分法的基础上增加了信任品质,它是指那些顾客即使在购买和消费之后也很难作出评价的属性。比如阑尾手术,病人即使在接受手术之后,由于通常不具备足够的医学知识,也很难判断这种手术是否必要或者施行的是否得当。病人只能相信医生的诊断,认为这种手术确实为自己带来了所期望的利益。

显然,不同的商品表现出不同的品质特征。像服装、家具、珠宝等有形产品,顾客在购买之前就可借助其颜色、款式、价格、手感、硬度等对其质量进行评判,因此具有较强的寻找特征;像度假、餐饮等服务产品,其品质只有在顾客度完假和用过餐之后,或在度假和用餐过程中才能感知到,因而经验特征较强;其他一些技术性、专业性较强的服务,如汽车修理、电器维修、医疗、法律咨询等,由于消费者常常缺乏足够的专业知识,即使在购买和消费之后也很难对其质量作出评价,从而表现出较强的信任特征。从有形产品到服务,再到专业性服务,商品的特征逐渐从较强的寻找特征向经验特征和信任特征过渡。随着这一过渡,消费者对商品的评价由易变难,同时,消费者在购买或消费时所承担的风险也逐步加大。

1.4　当代国际服务贸易发展的特点

1.4.1　国际服务贸易的规模不断增长

服务贸易的发展是产业进步的标志。二战以后的半个多世纪当中,特别是 20 世纪 70 年代以来,由于国际分工的深化,产业结构不断调整,科技革命加剧以及跨国公司的崛起,促使国际服务贸易规模不断增长。1970 年世界服务贸易出口额只有 710 亿美元,到 1980 年则猛增至 3 830 亿美元,10 年间增长 5 倍多。1980 年以后,国际服务贸易依然保持着迅猛增长的势头,年平均增长率约为 5%,2000 年世界服务贸易出口额达到 1.44 万亿美元,到 2010 年已经达到 3.67 万亿美元(见表 1-1)。中国的服务贸易进出口额也从 1984 年的 44 亿美元到 2011 年的 4 191 亿美元,增长近百倍。

表 1-1　2000—2010 年国际服务贸易规模

年　份	2000	2001	2002	2003	2004	2005	2006	2007	2008	2009	2010
世界服务出口额/10 亿美元	1 435	1 460	1 570	1 795	2 125	2 415	2 755	3 290	3 780	3 350	3 664

注:资料来自 WTO,International Trade Statistics,2010 年。

1.4.2　国际服务贸易的领域不断扩大

目前,国际服务贸易涉及的范围包括:

(1) 国际运输(海运、空运和陆运);

（2）国际旅游；

（3）国际金融服务（包括保险）；

（4）国际信息处理和传递软件资料服务；

（5）国际咨询服务（包括会计、律师等）；

（6）建筑和工程承包等劳务输出；

（7）国际电讯服务；

（8）广告、设计、会计管理等项目服务；

（9）国际租赁服务；

（10）商品的维修、保养、技术指导等售后服务；

（11）国际视听服务；

（12）教育、卫生、文化艺术的国际交流服务；

（13）商业批发与零售服务；

（14）知识产权（工业产权和版权）服务；

（15）国际投资服务；

（16）其他官方国际服务等。

1.4.3 国际服务贸易结构发生了转移

在国际服务贸易发展中，贸易结构呈现出由传统服务贸易逐渐向现代服务贸易倾斜的趋势。这表现为运输、旅游等传统服务贸易所占比重下降，而以其他商业服务（主要包括通信、建筑、保险、金融、计算机和信息服务、专有权利使用和特许、咨询、广告宣传、电影音像和其他商业服务）为代表的现代服务贸易发展迅速，增长强劲，所占比重提升。在过去 10 年中，服务贸易结构趋向高级化的变化趋势更加明显，其他商业服务已成为世界服务贸易中贸易额最大、增长最快的类别，年贸易额占世界服务出口总额的一半以上。

WTO 统计显示，2000—2009 年间，其他商业服务持续快速增长，年均增长率达到 12%，高于同期世界服务贸易整体 9% 的平均增幅，比年均增长 8% 的运输服务、年均增长 7% 的旅游服务分别高出 4 个和 5 个百分点。2005—2010 年间，世界服务出口额年均增长 8%，其中运输服务为 7%，旅游服务为 6%，其他商业服务为 9%

（见表 1-2）。

表 1-2　2000—2010 年国际服务贸易分类别的增长情况

贸易项目	2010 年出口额 /10 亿美元	出口年平均增长率（%）					
		2000—2009 年	2005—2010 年	2007 年	2008 年	2009 年	2010 年
国际服务贸易	3 663.8	9	8	20	13	−12	8
运输	782.8	8	7	20	16	−23	14
旅游	935.7	7	6	15	10	−9	8
其他商业服务	1 945.3	12	9	23	13	−8	6

注：资料来自 WTO,International Trade Statistics,2010 年。

增长速度的差异导致服务贸易结构的变化。2000—2010 年间,运输服务在世界服务贸易中所占比重基本保持稳定,2000 年为 23.4%,2009 年略降到 20.9%,2010 年回到 21.4%;旅游服务所占比重呈下降之势,由 2000 年的 32.1% 下降到 2005 年的 27.7%,2010 年为 25.5%;而其他商业服务所占份额显著提升,2000 年为 44.5%,2006 年占比首次超过 50%,2009 年和 2010 年进一步提高到 53.1%（见表 1-3）。

表 1-3　2000—2010 年各类服务占世界服务出口总额的比重

（%）

年　份	2000	2005	2006	2007	2008	2009	2010
国际服务贸易	100.0	100.0	100.0	100.0	100.0	100.0	100.0
运输	23.4	23.3	22.9	22.9	23.7	20.9	21.4
旅游	32.1	27.7	27.1	25.7	25.1	26.0	25.5
其他商业服务	44.5	49.0	50.0	51.4	51.1	53.1	53.1

注：资料来自 WTO,International Trade Statistics,2010 年。

1.4.4　国际服务贸易发展的不平衡性

由于科技、经济及服务业发展的不平衡,世界各国的服务贸易水平及在国际服务市场上的竞争实力相差悬殊,服务贸易发展的地区不平衡性突出,预计这种不平衡性将在较长时间内存在。从地区结构看,世界服务贸易主要集中在欧洲、北美和亚洲三大地区。目前,世界服务贸易的85%左右集中在发达国家和亚洲新兴经济体,欧洲则保持服务贸易额最大的地位。2010年,欧洲、北美和亚洲的服务出口占世界服务出口总额的88.8%,其中欧洲占47%;同年三大地区服务进口占世界服务进口总额的83.8%,其中欧洲占42.9%(见表1-4)。

表1-4　2005—2010年世界主要地区服务贸易进出口情况

地区	2010年出口额/10亿美元	出口年均增长率(%)				地区	2010年进口额/10亿美元	进口年均增长率(%)			
		2005—2010年	2008年	2009年	2010年			2005—2010年	2008年	2009年	2010年
世界	3 665	8	13	-12	8	独联体	78	14	27	-17	10
北美洲	599	7	9	-8	9	俄罗斯	400	10	33	-36	32
美国	515	8	10	-7	8	非洲	86	14	14	-9	11
中南美洲	111	10	15	-8	11	中东	103	—	—	-3	9
巴西	202	11	23	-23	32	中国	1 578	16	17	-16	31
欧洲	1 724	6	12	-14	2	日本	138	6	15	-14	9
欧盟	1 553	6	11	-15	2	印度	216	17	30	-15	31

注:资料来自WTO Press/628,World trade 2010,Prospects 2011,7 April 2011。

1.4.5　发达国家在服务贸易中仍处于绝对优势地位

2005—2010年间,中南美洲、独联体、非洲和亚洲地区的服务出口年均增长率分别为10%,14%,9%和12%,均高于8%的同期世界平均水平;而北美洲和欧洲地区的服务出口年均增长率分别为7%和6%,均低于同期世界平均水平。独联体的服务出口是世界所有地区中增长最快的,但其在世界服务贸易中所占份额最小,2010年其出口占比仅为2.1%。总体看,发展中地区服务贸易增长快于发达地区,但其服务进口额大于出口额,多处于逆差状态。

2010 年，亚洲服务出口和进口增长接近，成为世界增长最快的地区。其中，运输服务是最具活力的部门，进出口均增长 26%；旅游出口增长迅速，达到 25%；其他商业服务出口增长 17%，占据亚洲服务出口的半壁江山。

从国别构成看，自 2003 年以来，美国、英国和德国一直是世界排名前 3 位的服务出口国和进口国。美国在世界服务贸易中居绝对主导地位，服务出口和进口均居世界榜首，与其巨额的货物贸易逆差相比，美国服务贸易处于顺差状态。德国和英国是欧洲两个最重要的服务贸易国家，长期位居世界第 2 位和第 3 位，2010 年英国被中国取代退居世界服务进口的第 4 位。日本是亚洲地区重要的服务贸易国家。2010 年，在世界服务贸易前 10 位的国家中，只有中国、印度、新加坡是发展中国家，但它们在世界服务贸易总额中的比重仍较小，合计占比低于美国（见表 1-5）。

表 1-5　2010 年世界服务贸易进出口额前 10 位排名

位次	出口国/地区	出口额/亿美元	占比（%）	位次	进口国/地区	进口额/亿美元	占比（%）
1	美国	5 150	14.1	1	美国	3 580	10.2
2	德国	2 300	6.3	2	德国	2 560	7.3
3	英国	2 270	6.2	3	中国	1 920	5.5
4	中国	1 700	4.6	4	英国	1 560	4.5
5	法国	1 400	3.8	5	日本	1 550	4.4
6	日本	1 380	3.8	6	法国	1 260	3.6
7	西班牙	1 210	3.3	7	印度	1 170	3.3
8	新加坡	1 120	3.0	8	荷兰	1 090	3.1
9	荷兰	1 110	3.0	9	意大利	1 080	3.1
10	印度	1 100	3.0	10	爱尔兰	1 060	3.0

注：资料来自 WTO Press/628，World trade 2010，Prospects 2011，7 April 2011。

发达国家的服务贸易发展水平处于领先优势。亚太经合组织（APEC）研究报告指出，2000—2005 年，其成员服务出口和进口的年均增长率分别为 9.8% 和 9.3%。2010 年，世界服务出口额与货物出口额之比为 1：4.1，英国、美国的这一比例则大大高于世界平均水平,英国为1:1.8,美国为1:2.5,德国为1:5.5,日本为1:5.6。发达国家处于世界服务贸易的高端,在知识、技术密集型服务贸易上具有很强的竞争优势。2000—2005年,发达国家的计算机和信息服务、金融、保险等服务进出口增长最快,而旅游、建筑、通讯等服务进出口增长相对缓慢。不过在传统服务项目上,发达国家仍占有绝对优势。欧盟、美国和日本一直是世界运输服务出口的三巨头,2000年它们合计占世界运输服务出口总额的64.4%,2009年这一比重仍保持在60.1%。

在过去10年里,发展中国家纷纷调整发展战略,加快服务贸易发展,在世界服务贸易中的地位趋于上升。在发展中国家,服务贸易出口范围不断拓宽,南南服务贸易占有相当大的比重,约占其服务出口市场的近70%,发展中国家最常用的服务提供方式是境外消费以及自然人流动。随着服务外包发展为新的服务贸易方式,印度、巴西、中国、墨西哥、菲律宾等发展中国家承接服务外包与离岸服务贸易的能力迅速提高,使世界服务贸易的世界格局正发生着变化和调整。

近10年来,世界经济格局变化的一个重要趋势是新兴经济体经济迅猛增长,经济实力加速提升,其中"金砖国家"(包括中国、印度、俄罗斯、巴西和南非)的表现引人注目,这些国家服务贸易发展也十分突出。从服务出口额及增长速度看,2000—2010年间,世界服务出口额增长了1.55倍,同期印度、中国、俄罗斯和巴西的服务出口分别扩大了5.25倍、4.65倍、3.58倍和2.4倍。金砖国家是世界服务出口增长最快的一些国家。2005—2010年,世界服务出口年均增长率为8%,而中国、俄罗斯和巴西分别为18%,12%和15%,南非增长5%,同期美国服务出口增长8%,德国为7%,英国为2%,日本为6%。

印度的服务贸易增长迅速,世界地位的提升幅度超过中国,也是发展中国家少有的服务贸易顺差国。运输、旅游、计算机和信息服务、其他商业服务是印度的主要服务出口项目,约占其服务出口总额的75%左右。印度的计算机和信息服务发展迅猛。2008年,印度计算机服务出口 360 亿美元,次于欧盟居世界第 2 位,占亚洲地区计算机和信息服务出口总额的 71%。2010 年,印度在世界服务贸易中的位次上升较快,出口从上年的第 12 位升至第 10 位(占世界的 3%),进口从第 12 位升至第 7 位(占世界的 3.3%)。

加入 WTO 以来,中国服务贸易进入快速发展期,贸易规模稳步扩大,贸易结构渐趋优化,国际竞争力不断增强,国际地位也不断提升,已成为世界服务贸易的重要国家之一。中国服务贸易基本形成了旅游、运输等传统服务与计算机和信息服务、咨询、广告等现代服务全面发展的格局。中国在世界服务出口中的排名由 2000 年的第 12 位上升到 2010 年的第 4 位,在世界服务进口中的排名由 2000 年的第 10 位上升到 2010 年的第 3 位,均居发展中国家首位。

俄罗斯也是世界服务贸易增长较快的国家。2005—2010 年,俄罗斯服务出口年均增长 12%,服务进口年均增长 13%。作为中南美洲地区最大的服务贸易国,巴西服务贸易发展活跃,2005—2010 年,巴西服务出口年均增长 15%,进口年均增长 22%,均高于本地区和世界平均增速。巴西的服务进口增速快于服务出口,运输、旅游、金融、其他商业服务是重要的服务贸易项目。由于巴西货币坚挺,2010 年巴西进口增长最快的是运输服务(增长 42%)和旅游服务(增长 51%)。受举办世界杯足球赛的刺激,2010 年南非的旅游收入增长 24%,服务出口 140 亿美元,比上年增长 21%;服务进口 180 亿美元,比上年增长 25%。

当然,与发达国家相比,发展中国家整体服务贸易发展滞后,在贸易规模、贸易结构、贸易方式等方面还有相当大差距,在国际分工中仍处于相对劣势。发展中国家在世界服务贸易中所占比重远低于在世界货物贸易中的水平。金砖国家的服务贸易实力与其经济规模及对世界经济的贡献并不相称。多数发展中国家服务贸易处于逆差状态,其中最大的逆差项目就是其他商业服务。

1.4.6 国际服务贸易壁垒繁多、复杂

与货物贸易相比,服务产品具有无形性,服务的生产与消费具

有同步性和跨国界的特点。与货物贸易通过关税壁垒实施保护不同，服务业没有关税，壁垒也很难量化。服务贸易保护表现为国内法规限制性规定，如资格资质要求、参股比例限制、经营范围和地域要求、行政管理的复杂度及透明度，等等，因此服务贸易壁垒也更加隐蔽。GATS 将服务贸易分为 4 种模式，即跨境交易、境外消费、商业存在和自然人流动，这些贸易模式均会受到政策和规则的影响。由于服务贸易壁垒的隐蔽性和非数量性，服务贸易自由化远比货物贸易自由化复杂得多，消除服务贸易壁垒的进展十分困难和缓慢。在过去十余年里，虽然世界服务贸易取得显著增长，但与其在国内经济增加值与就业的贡献相比，发展潜力未能释放出来，服务贸易在世界贸易总额中仅占 20% 左右。这不仅是由于服务贸易的实现要比货物贸易的实现难得多，还在于服务贸易的政策环境没有能跟上服务贸易增长潜力的步伐。

在过去十多年里，随着竞争压力加大，许多国家对服务业管制进行了改革，减少了对服务业贸易与投资的国际壁垒，国际跨境贸易空间得到拓展，国内服务业获得强劲增长。但也要看到，尽管各国在放松服务贸易管制方面取得了一些进展，但各种管制仍在阻碍服务贸易的增长和创新。在世界服务贸易中，以国家安全为借口的限制、针对商业存在和自然人的限制、贸易政策的普遍适用问题、行业限制等壁垒措施仍普遍存在。在国际经济金融危机中，面对国内生产与就业遭受重创，服务贸易领域也出现保护主义倾向，服务贸易壁垒有所增加。比如，有些国家出台"购买本地服务"，对外国服务提供者的进入本国市场和在境内的服务活动设置障碍，减少服务外包，对本国服务出口实行隐蔽性的补贴，等等。

在经济全球化下，服务贸易自由化是大势所趋。各国逐渐削减服务贸易壁垒，将为世界服务贸易发展提供良好环境。1995 年达成的 GATS 为全球服务贸易自由化提供了一个多边法律框架和制度平台，成为各国发展服务贸易必须遵守的国际规则。近年来，各种区域经济合作或双边自由贸易协定也都加强了对服务贸易有关问题的关注，将其列为主要议题。目前，讨论重点涉及如何评价有关服务贸易的多边规则,如何监督各国履行服务业开放承诺,如何确认服务贸易壁垒及其经济效应的衡量等。

在 WTO 多哈贸易谈判中,服务贸易是关键领域之一。谈判的核心任务是进一步制定一些规则,以确保国内规章能够推动而不是阻碍服务市场对贸易和投资的开放。市场准入谈判和规则谈判是服务贸易谈判中最为重要的两个方面。市场准入谈判依然采取了传统的出价/要价的谈判模式,在双边和多边展开,各成员或成员集团可就任何服务部门和提供模式向其他成员提出要价或集体要价,表明其在该部门或提供方式上的谈判目标。规则谈判主要涉及国内规制、紧急保障措施(ESM)、政府采购与补贴等议题。

1.4.7　国际服务贸易越来越受到各国的重视

由于国际服务贸易迅速发展,国际服务贸易市场的竞争日趋激烈,各国为了自己的利益都加大了国际服务贸易的发展力度,并加强了对国际服务贸易领域的研究。特别是自 1986 年国际服务贸易成为乌拉圭回合新议题以来,国际服务贸易和国内服务业的发展更成为政府、工商界和学术界关注的热点。许多发达国家政府拨款资助学术界和智囊机构对这一领域进行专项研究,分析国际服务贸易的经济学含义、现实发展状况、争夺世界市场的策略以及各种可能的政策行为等。而发展中国家一方面对开放金融、保险、运输及商业销售等市场仍持谨慎的保护主义态度,另一方面也开始重视这一领域的研究,力图在这一新的国际经贸领域中真正做到知己知彼,以便在进入和开放国际服务贸易市场的实践中处于主动地位。

1.5　国际服务贸易政策

1.5.1　国际服务贸易政策的一般特征

首先,由于国际服务贸易大多要涉及人员过境并在一国境内发生,因此,服务贸易的政策也以国内政策为主,有较多关于"人"

（包括自然人与法人）的资格与活动的限制规定。其中包括有关接受外国直接投资的政策、移民政策以及国家电讯服务方面的管理法规等。这类政策本不属于传统意义上的贸易政策，并且有些内容涉及国家的主权与安全。实践中，许多国际服务贸易的壁垒都是以维护国家主权与安全的名义制定的，目的与作用却是保护本国的服务市场及相关产业的发展。因此，尽管国际服务贸易已被纳入 WTO 的法制框架，但要在这些敏感的国内政策问题上取得突破仍困难重重。

其次，国际服务贸易包含多个具体的服务行业，涉及第三产业的各个层次。如在流通部门有跨国商业批零服务、国际运输与仓储服务等；生产与生活服务部门有国际旅游、跨国银行、国际融资及其他金融服务、国际保险与再保险、国际租赁、维修保养及技术服务、国际电讯服务、广告、设计及管理咨询服务、医疗服务、法律咨询服务等；提高居民文化生活素质的服务部门，有教育、科研、卫生及文化艺术的国际交流等。对于上述每一具体项目，都可能存在各国的发展水平不一、所实行的制度规则不同、对外国进入的开放程度与限制措施各异的情况。因此，国际服务贸易的壁垒深深融入各国国内政策领域，庞杂繁复，在灵活性、隐蔽性、选择性及保护力等诸方面，比之货物贸易的非关税壁垒都可谓有过之而无不及。又由于存在着政策透明度要求有可能违反各国的主权与安全原则，以及各国国内规章制度缺乏可比性这两大难题，致使协调统一各国服务贸易政策制度的前景不容乐观。

1.5.2 战略性国际服务贸易政策

国际服务贸易的特殊性，使得相关贸易政策具有两面性：一方面直接表现为自由化进程，以世界贸易组织成立和《服务贸易总协定》的签署为标志，参加国通过调整国内经济政策削减服务贸易壁垒，推动服务贸易自由化；另一方面，由于服务贸易涉及经济安全和社会稳定，贸易保护主义成为服务贸易政策的主流。

战略性贸易政策强调政府适度干预贸易对产业发展的作用，

最早由加拿大经济学家巴巴拉·斯潘塞和詹姆斯·布朗德于20世纪80年代提出。该理论指出,存在不完全竞争和规模经济时,一国政府会通过关税、出口补贴和进口保护等措施,扶持现有或潜在的战略性产业以增强其国际竞争力,改变国际竞争的格局,通过牺牲外国竞争者的利益达到增加本国福利及促进本国企业和产业发展的目的。二战后许多国家在不同的产业都实行过战略性贸易政策,例如法国的鼓励参与国际技术竞争的产业策略,美国的促进农业和国防工业发展策略等。

由于服务贸易涉及的产业大多数是资本密集型和知识密集型产业,既存在不完全竞争,也存在技术外溢带来的外部性,因此可利用战略性贸易政策干预其发展。

1.5.3　结合产业政策的国际服务贸易政策

产业政策指用于鼓励和限制一国特定产业发展的国内干预政策,这些政策将促进该国产业结构的形成和优化,以实现最大限度的经济增长和经济发展。产业政策的目标是多元而矛盾的,产业结构调整中的矛盾是结构协调和结构优化,产业组织中的矛盾是规模经济和竞争效益,产业区位布置中的矛盾则是提高整体效益和缩小地区差距。由于战略性贸易政策旨在利用不完全竞争和规模经济,通过政府干预来攫取和转移外国企业的利润,最终实现扶持本国企业和产业的发展,因此,相应的产业结构政策调整应当侧重产业结构的优化,产业组织政策应当侧重规模经济的培育,产业区位政策则应侧重提高整体效益。

在开放经济中,产业政策和贸易政策无法截然分开,一国的产业结构也与贸易结构有着密切的经济联系。产业结构固然直接决定了贸易结构,但是只有在进一步扩大对外开放中,产业结构才能实现调整和升级,技术贸易通过技术外溢对产业结构产生直接推动力。因此,在服务贸易领域实施产业政策和贸易政策的双管齐下,不仅有助于扩大服务贸易出口,减少逆差额,而且有助于消除产业安全和经济安全中的隐患。

2 国际服务贸易发展的历史演变

2.1 "服务"概念的由来和历史演变

经济学把满足人类欲望的物品分为"自由物品"(Free Goods)和"经济物品"(Economic Goods)。前者指人类无需通过努力就能自由取用的物品,如阳光、空气等,它的数量是无限的;后者指人类必须付出代价方可得到的物品,这种在人类社会生活中占有相当重要地位,且数量有限的经济物品有两种基本的存在形态:实物形态和非实物形态。实物形态的经济物品就是商品或货物(Goods),而非实物形态的经济物品则称作服务(Service),又称"劳务"。在经济社会中,服务与商品一样无处不在,对各种服务的需求在质和量上与对商品的需求并无二致。然而,与商品不同的是,对于什么是服务,至今尚没有一个大家普遍接受的定义。为了全面而又准确地把握服务这一概念,有必要回顾一下其历史演变。

法国的古典经济学家萨伊最早定义了服务的内涵和外延。他在《政治经济学概论》一书中指出:"无形产品(服务)同样是人类劳动的果实,是资本的产物。"基于此,萨伊对无形产品(服务)进行了分类。

对服务经济理论作出重要贡献的另一位古典经济学家是巴斯夏。他在其名著《和谐经济论》中写道:"这(劳务)是一种努力,对于甲来说,劳务是他付出的努力,对于乙来说,劳务则是需要和满足。""劳务必须含有转让的意思,因为劳务不被人接受也就不可能提供,而且劳务同样包含努力的意思,但不去判断价值同努力是否成比例。"他还认为,服务也是资本,是物。劳动可以归纳为人们彼此提供服务。因此,劳动的交换也就是服务的交换。衡量服务有两个尺度:一是提供服务的人的努力和紧张程度;二是获得服务的人摆脱的努力和紧张程度。由此可见,巴斯夏比萨伊走得更远,他"合乎逻辑"地抹杀了商品和服务的界限。

由于当时的服务经济还十分落后,上述两位古典经济学家对服务的解释来源于不明朗、不成熟的实践,自然是晦涩的、不成熟的。因此,也就有了进一步发展、深化的必要和可能。

在西方古典经济学逐步发展的过程中,马克思主义经济学也日趋成熟。服务经济理论是马克思主义经济学的重要组成部分。马克思是这样界定服务的:"服务这个名词,一般地说,不过是指这种劳动所提供的特殊使用价值,就像其他一切商品也提供自己的特殊使用价值一样,但是这种劳动的特殊使用价值在这里取得了。服务这个特殊名称,是因为劳动不是作为物,而是作为活动提供服务的。"马克思的定义十分精辟。它首先肯定了服务是使用价值,是劳动产品,是社会财富,可以投入市场进行交换;其次指出了服务同其他商品的差别只是形式上的,商品具有实物的形式,而服务则体现为一种活动形式。

二战以后,特别是 20 世纪六七十年代以来,服务经济的迅猛发展,成为世界经济的一个突出现象。因此从事该领域理论研究的学者越来越多,对服务概念的理解也越来越多样化。但其中大多仍是描述性的定义。

先看一看两本著名的经济学工具书对服务的解释。1972 年出版的《企鹅经济学词典》把服务定义为:"服务主要是不可捉摸的,往往在生产的同时就被消费的消费品或生产品。"在《新帕尔格雷夫经济学百科全书》中,佩蒂特指出:"一种服务表示使用者的变形(在对个人服务的场合)或使用者的商品的变形(在服务涉及商品的场合)……所以享用服务并不含有任何可以转移的获得物,只是改变经济人或其商品的特征。"

富克斯最早对战后美国的服务经济进行了经典研究。他指出,服务就在生产的一刹那间消失,它是在消费者在场参与的情况下提供的,它是不能运输、积累和贮存的,它缺少实质性。富克斯的定义实际上是一种"特征性"定义。

前苏联经济学家沙洛特科夫在其1980年出版的《非生产领域经济学》一书中阐述到:"劳务具有双重定义。第一,劳务可解释为作为活动所耗费的劳动的一种特殊使用价格;第二,如果劳动同收入相交换,劳务可理解为非生产性劳动的形式。"沙洛特科夫的定义与马克思的定义如出一辙。

瑞德尔在1986年定义过服务:"在服务为服务接受者带来一种变化时,它是提供时间、地点和形态效用的经济活动。服务是靠生产者对接受者有所动而产生的;接受者提供一部分劳动;接受者与生产者在相互作用中产生服务。"

现在被经济学家广泛采用的定义出自希尔发表于1977年的论著。他指出:"一项服务生产活动是这样一种活动,即生产者的活动会改善其他一些经济单位的状况。这种改善可以采取消费单位所拥有的一种商品或一些商品的物质变化形式;另一方面,改善也可以关系到某个人或一批人的肉体或精神状态。随便在哪一种情形下,服务生产的显著特点是,生产者不是对其商品或本人增加价值,而是对其他某一经济单位的商品或个人增加价值。"可见,希尔是从服务生产入手来解释什么是服务的。他接着阐述到:"服务应向某一经济单位提供,这一点是服务观念所固有的。它和商品生产形成鲜明的对照。在商品生产中,生产者也许没有谁将获得他正在制造的商品的想法。一个农民可能在同其最后顾主完全隔绝的情形下种庄稼,然而一位教师却不能没有学生而从事教学。就服务来说,实际生产过程一定要直接触及某一进行消费的经济单位,以便提供一项服务。"希尔进一步解释:"不论提供的服务性质如何,贯穿一切种类服务生产的一个共同要素是,服务在其生产时一定要交付。这就成为它同商品生产的根本区别,在商品生产中没有这样的生产限制。另外,服务在其生产时一定要由消费者获得,这个事实意味着,服务是不能由生产者堆到存货中的。"

《营销管理学》的作者科特勒将服务定义为:"一方能够向他方提供在本质上是无形的,不带来任何所有权的某种活动或利益。其生产也许受到物的产品的约束,或不受约束。"关于科特勒的定义需要注意的是:第一,无形或有形,只是形式,而不是本质;第二,所有权(或产权)明确界定是市场交易的基本前提。服务活动是会带来所有权的转移,服务的一方是否愿意为被服务的一方提供服务,是有条件的,并不是无条件的。如果服务的一方对服务不拥有所有权,服务的商品化、市场化就无从说起。

我国经济学者对服务也有不同的定义,这里就不再一一赘述。

至此,本书给出服务的定义:服务是对其他经济单位的个人、商品或服务增加价值,并主要以活动形式表现的使用价值或效用。

这里,对其他经济单位的商品或个人增加价值可能比较好理解,对其他经济单位的服务增加价值也不鲜见,保险服务与再保险服务即为一例。所以,这里不存在循环定义的情况。

2.2 "国际服务贸易"概念的历史之争

20 世纪 80 年代中期,巴格瓦蒂及桑普森和斯内普相继扩展了霍尔的"服务"概念,他们把服务区分为两类:一类为需要物理上接近的服务,另一类为不需要物理上接近的服务。以此为基础,巴格瓦蒂将服务贸易的方式分为 4 种:(1)消费者和生产者都不移动的服务贸易;(2)消费者移动到生产者所在国进行的服务贸易;(3)生产者移动到消费者所在国进行服务贸易;(4)消费者和生产者移动到第三国进行的服务贸易。桑普森和斯内普对服务贸易的分类同巴格瓦蒂基本相同,只是把服务消费者换成服务接收者,并且既可以是人,也可以是物。1987 年,格鲁伯则直接把服务贸易定义为人或物的国际流动。

上述服务贸易的定义抓住了服务贸易的特征,即服务和贸易两者不可分,可以把服务贸易同传统的货物贸易清楚地区别开来。但是,关于服务贸易的定义还存在明显的缺陷,即无法把服务贸易同生产要素的国际流动区分开。为了克服这一缺陷,巴格瓦蒂等人把生产要素的国际流动区分为暂时流动和永久流动,认为生产要素在国际间的暂时流动为服务贸易,而生产要素的永久流动则不属于服务贸易(资本在国际间的永久流动是国际直接投资,人力在国际间的永久流动则是国际移民)。

我国的学者对服务贸易的探讨是从 20 世纪 90 年代开始的。最早的代表者是汪尧田和周汉民。他们明确指出:"国际服务贸易在概念上有广义与狭义之分。狭义的国际服务贸易是无形的,是指发生在国家之间的符合于严格服务定义的直接服务输出与输入活动。而广义的国际服务贸易既包括有形的劳动力的输出输入,也包括无形的提供者与使用者在没有实体接触的情况下的交易活动,如卫星传送与传播、专利技术贸易等。"

服务贸易的概念不仅仅是学者们专门讨论的理论问题,而且是一个实践性和政策性很强的问题。在关贸总协定乌拉圭回合谈判过程中,服务贸易的概念一直是各国争论的焦点之一。在谈判的初期,发展中国家坚持认为国际服务贸易仅仅指越境服务贸易,即不涉及消费者和生产者物理接近才能发生的服务贸易。发展中国家之所以持这种观点,主要是由于发展中国家在国际服务贸易尤其是资本和技术密集型服务贸易上处于劣势地位,担心如果国际服务贸易的范围过宽会增加本国贸易自由化的负担,给国内经济和政治造成不利影响。发展中国家这种把国际服务贸易定义得过窄的观点,明显不符合国际服务贸易的现实,因此遭到了发达国家的反对。发达国家出于扩大本国在国际服务贸易尤其是资本和技术密集型服务贸易上的绝对优势的目的,强烈要求把涉及生产要素流动的服务贸易也包括在内,甚至把服务业的国际直接投资包括在国际服务贸易之内。双方的观点严重对立,长期相持不下。为了打破僵局,印度曾经提出定义国际服务贸易的 4 个标准:服务和支付的过境流动;目的的具体性;交易的不连续性;有限的服务时间。1988 年蒙特利尔会议接受了印度的意见,既肯定国际服务贸易包括生产要素的国际流动,但同时又明确规定只有生产要素的流动在"目的明确、交易不连续和持续时间有限"的前提下,才能视为国际服务贸易。这就明确地把国际直接投资和移民排除在国际服务贸易的范畴之外。最终,乌拉圭回合协议把国际服务贸易定义为:"(1) 从一缔约方境内向任何其他缔约方境内提供服务;(2) 在一缔约方境内向任何其他缔约方消费者提供服务;(3) 一缔约方在其他任何缔约方境内通过提供服务的商业存在而提供服务;(4) 一缔约方的自然人在其他任何缔约方境内提供服务。"显然,这一定义与巴格瓦蒂等学者的观点是完全一致的。

2.3 国际贸易原理对于国际服务贸易的适用性

作为新兴的国际贸易方式,国际服务贸易的发生、方向和得失是否适用传统的国际贸易理论,国外学术界对此存在不同的看法,从而成为国外学术界研究的重要问题。

一种观点认为,国际贸易原理不适用于服务贸易。R·迪克和H·迪克是最早尝试运用国际贸易原理来解释国际服务贸易模式的学者。1979 年,他们在一篇论文中运用显示性比较优势法(RCA)来验证知识密集型服务贸易的现实格局是否遵循比较优势原理。他们对 18 个经合组织国家的资料进行了跨部门回归分析,其结果是,没有证据表明比较优势在国际服务贸易模式的决定中发挥了作用。尽管这一结果可以部分归因于非关税壁垒的存在,但他们仍然坚持当时流行的观点,即"如果不考虑贸易扭曲,要素禀赋在服务贸易中没有重要的影响"。美国经济学家菲克特库迪认为,服务同商品相比具有许多不同的特点,这些特点决定了国际贸易原理不适用于服务贸易。服务贸易的这些特点包括:(1) 服务贸易是劳动活动和货币的交换,不是物品和货币的交换;(2) 服务的生产和消费同时发生,不能储存;(3) 服务贸易在各国海关进出口和国际收支表上没有体现。

桑普森和斯内普认为，由于生产要素不能在国际间流动，因此，传统的要素禀赋理论不足以解释国际服务贸易。

另一种观点则相反，认为国际贸易原理完全适用于国际服务贸易，没有必要把国际服务贸易同一般国际贸易区别开来。持这种观点的学者很多，例如1981年，萨皮尔与卢兹合作进行了一系列著名的国际服务贸易的实证研究，其主要结论是："传统贸易理论不仅适用于货物贸易，也适用于服务贸易，要素禀赋在货物贸易和服务贸易模式的决定上都具有重要作用。"1986年，拉尔通过对发展中国家的实证研究也得出了相似的结论。美国著名国际经济学家库伯坚持认为："作为一个简单的思想，比较优势理论是普遍有效的，对传统比较优势理论的依赖是基于一个简单的命题——每个团体所专注的共同利益正是自身效率更高的那项活动所带来的。这个命题总是有效的，试图解释各个团体所拥有的比较优势结构的不同理论确实存在，但其中一些甚至全部都是错误的。正如存在于商品生产中那样，比较优势也存在于服务业中。"

第三种观点介于前两种观点之间，它既肯定国际贸易的基本原理对于国际服务贸易的适用性，同时也承认具体理论在解释国际服务贸易上的缺陷，主张在利用国际贸易理论来解释国际服务贸易时，必须对传统理论进行若干修正。

1984年，迪尔多夫先是分析了国际贸易理论用于国际服务贸易的局限性，认为至少有3个特征可能会导致比较优势理论失灵：(1) 一些服务的需求仅仅是货物贸易的派生需求，不存在贸易前价格；(2) 许多服务涉及要素流动；(3) 某些要素服务可以由国外提供。他指出，前两点不影响比较优势理论在国际服务贸易中的运用，但第三个特征会导致比较优势理论不成立。然后，他运用标准的赫克歇尔—俄林模型，通过改变其中的个别约束条件，率先成功地解释了国际服务贸易是如何遵循比较优势原则的。

1988年，塔克和森德伯格指出，传统国际贸易理论适用于分析国际服务贸易，但也存在以下局限性：

(1) 要素禀赋理论是从供给的角度来分析国际贸易，而国际服务贸易在许多情况下主要受到需求条件而不是生产成本的影响；

（2）商品和服务在研究与开发、广告等方面的效用上存在着差别，这将导致服务的出口同国内市场不同的需求特征；

（3）许多服务往往作为中间投入出现在生产过程中，在生产的不同阶段会出现两个不同的生产函数；

（4）服务贸易受市场结构和政府管制的影响比货物贸易要大得多。

为克服上述缺陷，他们主张在运用国际贸易原理来分析国际服务贸易时，需要更多地关注相关的市场结构和需求特征。

1990年，伯格斯指出，国际贸易理论是可以用来解释国际服务贸易的。如果把标准的赫克歇尔—俄林—萨缪尔森（H-O-S）模型做简单修正，就可以得到解释国际服务贸易的一般模型。

总的来说，第三种观点得到了国际学术界较多的认可。国际学术界比较一致的看法是，国际服务贸易作为国际贸易的一种形式，国际贸易理论是可以适用的。但是，由于国际服务贸易具有许多货物贸易所不具备的特征，在运用以后者为实践基础的传统国际贸易理论来解释前者时，必须对之进行适当的修正。

20世纪80年代以来，许多坚持传统国际贸易理论可以运用于国际服务贸易观点的学者，不断尝试运用标准的国际贸易理论或修正的国际贸易理论来探讨国际服务贸易的决定问题。研究内容包括规范分析和实证分析两个方面，前者是运用传统的国际贸易理论来探讨国际服务贸易发生的原因、方向和利益得失；后者则通过对现实国际服务贸易资料的研究，分析国际贸易格局的发展变化，并对传统的国际贸易理论进行验证。

2.4 国际服务贸易理论的兴起与发展

国际服务贸易发展的历史结构是同国际服务贸易发展的逻辑结构相统一的。也就是说，国际经济关系发展的历史形态是先有商品贸易,后有跨国投资,再有服务贸易的。而国际商品贸易以及国际投资在逻辑上是国际服务贸易形成的前提。

2.4.1 国际商品（货物）贸易

国际上成规模的货物贸易是自 15 世纪末欧洲重商主义经济思想形成时期开始的。当时欧洲各国都把拥有贵金属货币(金币和银币)的多寡视作区分富国与穷国的标准,认为除了开采金矿银矿之外,唯一能够增加国内贵金属储备的方法就是发展对外贸易。这样,当时各国在对外贸易中所遵循的原则就是多卖少买,多收入少支出,目的就是形成贸易顺差,从而积累贵金属货币。重商主义的观点支配欧洲各国的外贸行为近两个世纪,各国出口商提供到国外市场的货物主要是羊毛、粮食、皮革、香料、锡、铁皮等具有资源优势或成本优势的产品,换回的是黄金和白银。真正具有世界性质的国际货物贸易是伴随着资本主义工业革命开始的。18 世纪中叶至 19 世纪中叶,英国和其他欧洲国家相继发生工业革命,空前地推动了世界的商品生产发展,国际货物贸易额有了迅速的增长。直到今天,国际商品贸易在国际经贸中始终保持着基础地位。

2.4.2 国际直接投资

由于对国际市场的争夺和比较利益的推动,在工业革命时期形成了一种新的国际经济关系形式,即跨国投资,也叫国际投资。现代意义的国际投资分为直接投资和间接投资,直接投资形成对投资企业的管理和控制,而间接投资只考虑投资报酬,不涉及管理和控制。早期的国际投资指的是直接投资,也就是所谓的反向垂直投资,即制造业投资于矿业或农业,以保障其原材料的供应。在此之后,产业水平相似的国家之间发觉彼此的产品更容易为市场所接受,因此发达资本主义国家的厂商之间开始了平行投资,即在对方国家投资生产同类产品。直到 20 世纪 30 年代,英国一直是世界上最大的海外投资者。1914 年第一次世界大战爆发时,全世界国际直接投资存量约 143 亿美元,其中英国占 45.5%,美国

18.5%，法国12.2%，德国10.5%。从当时国际直接投资的区域分布来看，美国和德国大都局限于在周边国家进行生产经营，而英国则在北美、西欧以及澳大利亚和新西兰等相对发达国家都有投资。

一战后，英国的对外直接投资开始衰退。相反，由于汽车、电器、化学工业等大规模生产行业的诞生，使得美国的海外投资有所增长。到1938年，全球直接投资存量约有263.5亿元，英国所占份额已下降为39.8%，而美国增长到27.7%。二战以后，美国倚仗其雄厚的经济和科技实力，迅速向海外扩张，在国际投资领域里占据了支配地位。到1960年，全球直接投资存量约660亿美元，美国约占一半。80年代以后，欧洲和日本等传统工业化国家，以及一些新兴工业化国家和地区如亚洲四小龙等，都迅速地加大了对外直接投资的步伐，而美国海外直接投资的速度则有所减缓。所以，从总体上看，美国在世界海外直接投资中的支配地位有所下降。20世纪80年代国际直接投资迅速发展，到90年代初出现一定程度的降温，但到1993年已经开始恢复增长势头。整个90年代后期国际直接投资都继续保持规模不断扩大和增长持续提高的趋势，国际直接投资是带动全球经济发展的主要动力之一。

2.4.3 国际服务贸易的历史起源和主要推动力

在国际经济学的文献中出现"国际服务贸易"的概念只是最近20多年的事情。有关"无形贸易项目"的观念也只是到了20世纪60年代才开始引起人们的重视。所以，国际服务贸易在国际经贸关系中的地位迅速提升应该说就是最近30年的事情。到70年代末80年代初，国际经贸关系中这一迅速崛起的领域才开始真正引起国际工商界和政治家们的高度重视，从而推动学术界对这个新的国际经济领域的问题进行探讨。

（1）国际服务贸易的历史起源是从属于国际货物贸易的

国际服务贸易的历史起源是从属于国际货物贸易的，越是古老的国际服务贸易项目就越是同国际货物贸易紧密关联。比如国际运输服务就贯穿了整个国际服务贸易的历史，直到现在也仍然是国际服务贸易中最主要的项目之一。其他如进出口商品的国际结算、运输机械的跨国维修和保养等,都是直接由于货物贸易而产生的国际服务贸易项目。这些原始的直接由于货物贸易而产生的国际服务贸易,是现代各类国际服务贸易的历史起点,它们伴随国际货物贸易额的增长而增长。

(2)国际服务贸易项目发展的主要推动力来源于国际投资

相对独立于货物贸易的国际服务贸易项目是近几十年来服务贸易额大幅增长的主要领域,这种发展的主要推动力来源于国际投资。第一,在产业结构的层次上,国际投资带动了各国相关的服务业的发展,从而扩展了国际服务贸易的范围和内容。如由传统的直接投资发展到各种形式的国际间接投资,必然要求各国的金融服务业有较快和较完善的发展。国际投资的发展还要求信息、咨询、租赁、劳务输出与输入等各种相关的服务项目有高效率的发展;第二,跨国投资加强了各国经济间的依存度,相互对对方服务产业的需求也增加了;第三,国际投资(直接投资和间接投资)所形成的净收益本身构成广义服务的一项内容(资本要素服务)。根据1986 年各国决定推动服务贸易多边谈判时国际货币基金组织的统计,当年该组织成员国的国际服务贸易额达 4 049 亿特别提款权,相当于当年世界贸易总额的 25% ,而资本报酬(各投资的净收益)约占其中的 11.7% 。

把国际服务贸易的发展放在货物贸易和国际投资的历史发展背景中来考察,能够看到这样一幅清晰的历史发展图卷,即在国际经贸关系发展的历史进程中,最先出现并充分发展的是货物贸易,接着产生和发展起来的是国际直接投资,而国际间接投资和国际服务贸易则是在最近几十年伴随着新科技革命和世界经济飞跃发展而迅速崛起的,它们代表着世界经贸关系的新趋势。

3 国际服务贸易发展的影响因素

3.1　影响国际服务贸易发展的决定因素

影响国际服务贸易发展的因素主要有:生产力的发展和服务业国际分工的发展,各国参与服务业国际分工的比较优势、自然条件,跨国公司的生产经营活动,各国执行的服务业发展政策和服务贸易政策等。其中,影响国际服务贸易发展的决定性因素是社会生产力水平的高低。

服务业国际分工也是社会生产力发展的结果和表现。它突出地表现在科学技术的重要意义上。人类历史上出现的三次科技革命对生产力产生了革命性的影响,不断更新工艺技术、劳动过程和生产过程,使社会分工和国际分工随之发生根本性的变革。这种变革推动了整个服务业的国际分工,也使服务业内部结构发生了较大变化。例如,国际交通、通信工具不断更新,一批服务业跨国公司得到发展。

历史上,英国率先实现产业革命,生产力得以发展,成为"世界工厂",处于当时国际分工中的领先地位。服务业国际分工也是如此,这就决定了英国在当时的国际服务贸易中也处于较重要地位。欧美国家相继完成产业革命后,生产力的发展使其与英国共同成为国际分工的中心和支配力量。

社会生产力的发展对服务业国际分工的形式、广度、深度起着决定性影响,并最终决定国际服务贸易的内容、范围和方式。科学技术作为第一生产力对经济的影响越来越大。科技使各国产业结构发生转变,从农业转向制造业,又从制造业转向服务业,使服务业的分工形式、服务贸易形式、内容和结构都发生了变化。

3.2 影响国际服务贸易发展的其他因素

影响国际服务贸易发展的其他因素包括自然条件因素、竞争比较优势因素、跨国公司贸易因素、社会需求结构因素,以及各国政府的政策因素等。

自然条件是一切经济活动的基础,没有一定的自然条件,任何经济活动无从谈起,正像威廉·配第所说:"劳动是财富之父,土地是财富之母。"自然条件对国际服务贸易也有一定的影响。

比较优势决定了国际服务贸易的格局。当前国际服务贸易总的格局是发达国家占据优势,发展中国家作为一个整体在国际服务贸易中处于逆差状态,其中相当多的发展中国家持巨额逆差,个别新兴工业化国家和地区在国际服务贸易中拥有少量顺差。在国际服务贸易中,比较优势不是来自明确的"自然因素",而是经济发展水平和国际经济格局造成的结果。当前,地理环境、资源、劳动力价格等相对稳定的因素在成本方面的作用在下降,而资本和技术因素的作用在上升,资本和技术日益成为国际竞争力的主要因素。国际服务贸易本身又是一种资本积累和技术转让的渠道,它可以通过影响技术和其他生产条件改变原来的比较优势,形成新的国际服务贸易格局,也可以强化原来的比较优势。

第二次世界大战结束后,在西方经济发展不平衡规律和新技术革命的作用下,国际分工进一步深化,资本输出空前繁荣,资本国际化程度大大加强,跨国公司蓬勃发展。跨国公司集货物贸易、服务贸易、对外直接投资于一身,在全球范围内进行活动。它们在国际服务贸易中占据支配地位,通过承包和技术转让,促进了劳动力的国际流动,带动了金融服务、法律服务、保险服务、运输服务、计算机服务、技术服务、工程咨询服务等国际服务贸易的发展,同时对发展中国家某些服务业也带来了一些消极影响。

生活水平的不断提高、对较高生活质量的期望、空闲时间的增加、城市化、小孩和老龄人口的增长、社会经济结构的变化、消费者需求的复杂多样化、新兴服务、管理行为国际化、贸易和投资的国际性竞争,使世界各国对服务产生了更多的新需求,尤其是增加了对高质量服务的需求。

各国政府所采取的政策对国际服务贸易的发展有着举足轻重的影响。纵观世界各国政府政策,一般有两种:一是鼓励国际服务贸易的政策,国家政府已经采取的鼓励国际服务贸易的政策,通过这些政策可以增强比较优势,促进服务业相对优势的发挥,支持和鼓励国际间和区域间服务部门的合作和一体化。例如,欧盟认为服务合作对于一体化有重要影响,对服务作了如下的规定:(1) 授权在成员国之间进行服务的自由流动,广泛支持服务合作和一体化;(2) 对于特定的服务,制定合作和一体化的部门条款。二是限制国际服务贸易的政策,随着国际服务贸易竞争的加剧,各国出于自身经济利益也普遍实行服务贸易保护政策。

3.3　影响国际服务贸易发展的基础因素与其他因素的关系

影响国际服务贸易发展的基本因素主要有工业化、服务业、货物贸易、商业存在和生产性服务贸易等。这些因素间存在着密切相连、相互作用的内在关系,其中,工业化发展水平是决定国际服务贸易发展的基础性因素,其他因素紧紧围绕着工业化这个基础性因素存在和发展。进一步理清基础因素与其他因素的关系,明确各因素在国际服务贸易发展中的地位和作用,有利于在深层次上认识国际服务贸易,从总体上更好地把握和推进国际服务贸易发展。

1. 国际服务贸易的发展对工业化进程的反作用

国际服务贸易依托服务业而发展,是服务业的国际化。服务业的发展建立在工业化基础之上,工业化发展程度、类型和侧重点的不同,决定了服务业和国际服务贸易的发展程度、类型和侧重点。如美国在电信、英国和澳大利亚在金融业、印度和爱尔兰在 IT 服务外包、法国和中国在旅游服务贸易等方面,根据本国工业化或依托别国和地区的工业化状况,形成了各具优势的国际服务贸易类型。一国国际服务贸易的发展类型不仅直接影响着该国服务业的发展方向,而且对工业化进程具有巨大的反作用,引导工业化发展方向,加速产业结构调整和工业化进程。

2. 货物贸易结构调整对国际服务贸易数量和质量的影响

一国货物贸易结构体现了该国工业化水平和类型,货物贸易的技术含量影响国际服务贸易的规模和质量。机电高新技术产品是货物贸易中产生最大国际服务贸易规模和最高技术含量的类别。特别在我国货物贸易中,三资企业占半壁江山,且主要是机电高新技术产品。加大我国自主知识产权高新产品出口,提高我国服务贸易出口的数量和质量,不仅有利于改变我国货物贸易结构,而且将在引导国内产业结构调整中发挥重要作用。

3. 生产性服务贸易对工业化发展进程的影响

生产性服务贸易在国际服务贸易中占主导地位,直接为工业化服务,能够集中反映一个国家的现代化水平。生产性服务贸易也制约着消费性服务贸易的发展:一方面,发展生产性服务贸易可以带动消费性服务贸易的发展,推进消费性服务贸易的结构调整和内容更新;反之消费性服务贸易的发展,又会引导生产性服务贸易的发展方向和提高其水平。另一方面,发展生产性服务贸易可以提高工业化发展速度,促进实现规模化生产和社会生产组织方式的变革,使市场配置资源的基础性作用得到有效发挥,加快工业化和市场化进程。

4. 商业存在对工业化水平提升的影响

商业存在是目前国际服务贸易的主要贸易模式。商业存在的发展是以工业化为依托的,工业现代化程度决定了商业存在的类别、数量、规模和布局。商业存在对于弥补国内产业、资源和市场不足,扩大产业规模,增加利润,促进企业技术和设备更新,加大科研投入,尤其是提升工业化水平都有巨大的拉动作用,并可带动其他服务贸易模式的出口。

可见,服务业、货物贸易、生产性服务贸易和商业存在是支撑服务贸易发展的基本因素,在国际服务贸易的发展中起了关键作用,但这些基本因素又都是建立在工业化基础之上,工业化规定了服务贸易的发展水平、类型和发展方向,其他因素是在工业化基础上发挥各自的作用;同时,服务贸易的发展对工业化的进程具有巨大的反作用,大力发展服务贸易可以引导工业化发展方向,加快其发展进程。

3.4 影响我国服务贸易发展的相关因素分析

1. 高等生产要素相对贫乏

高等要素包括现代化的电讯、高级人才、高校研究机构和领先学科等。高等要素是后天开发的,对通信、金融等国际服务的提供具有不可替代的作用。整体上,随着科学技术、经济全球化的飞速发展,基础要素的重要性日益下降,而高等要素的作用却越来越重要。我国大力发展国际运输以及与农业有关部门的服务具有较好的先天条件;同时,我国又是一个资金相对不足、高素质人才短缺、发展滞后、劳动生产效率较低的国家。20世纪90年代以来,我国电讯网络、高科技人才、高校研究机构和领先学科等高等要素的供给水平大幅度提高,但竞争力还较弱。

一是一流科学家和创新团队明显缺乏。资料显示,我国本土科学家在国际权威科学院中出任外籍院士的数量不仅大大低于发达国家,而且还低于印度;获得国际性权威科技奖的人数寥寥无几。根据英国诺丁汉大学的研究报告,在158家国际一流的科研机构和156家二流科研机构中,只有2.26%的研究带头人是中国籍科学家。在一流科研机构的最高负责人中只有一位是中国人；在二流科研机构中只有 1% 的负责人是中国人。我国的人力资源总量位居世界第一，但和美国等发达国家相比差距非常大。数据显示：全世界排名前 10 所的大学中，美国占了 7 所；前 100 所大学，美国占了 67 所。我国每百万人拥有科学家和工程师人数只相当于日本的 9.3%、美国的 11.2%、法国的 17.1%、德国的 16%、俄罗斯的 13.5%、英国的 17.1%。据中国科技战略发展研究院的报告，我国入选 TOP10 科学家数量仅相当于美国的 1/10，入选 TOP10 研究机构数量相当于美国的 1/7。由于缺乏优秀尖子人才，我国难以在激烈的国际科技竞争中占据科学前沿和把握重大的科研发展方向，难以做出真正具有开创性的科研成果。

二是重大原始性创新成果少。近年来，我国前沿技术研究更加重视对关键技术和核心技术的攻关，例如对超大规模集成电路、CPU 的设计等。但从整体上看，仍是以跟踪发展为主，缺乏重大原始性创新成果。自 20 世纪中后期涌现了人工合成胰岛素、杂交水稻等一批重大科技成果后，我国在基础研究和前沿技术中产生的具有重大科学价值、并得到国内外公认的成就相对较少。

三是科技支撑经济的能力仍显不足。虽然科技在我国社会经济发展中的作用日益凸显，但一些市场急需、高技术含量、高附加值的技术装备和产品严重短缺。我国高端医疗设备、半导体及集成电路制造设备和光纤制造设备基本从国外进口；石化装备的 80% 和 70% 的轿车制造装备、数控机床、先进纺织机械、胶印设备等依赖进口。我国每年固定资产投资的 70% 是用于购置设备，而其中又有 60% 依赖进口。目前，我国对外技术依存度高达 50%（美国、日本仅为 5% 左右）。与创新型国家所具有的特征相比，目前我国科技创新能力还十分薄弱。

从中长期看，高等要素的贫乏将成为制约我国资本、知识技术密集型国际服务贸易发展的瓶颈。

2. 服务需求潜力巨大

国家竞争优势的取得取决于国内需求与国外需求的比较状

况,即相对优势或相对劣势。一国国际贸易的扩张,必须基于充足的国内需求及强烈而独特的需求偏好。这主要体现在需求的导向和规模的差异上,如果某种服务的消费能引导世界新潮流,或者国内需求规模巨大,这种服务的生产成本就会大大降低,随之市场国际化逐步加快,国际竞争力才会不断提高。改革开放以来,我国人民生活水平稳步提高,大多数居民在已经解决了基本吃、穿、用的基础上,对生活质量的追求大大提高,消费与储蓄偏好发生变化,消费结构逐步升级,对包括旅游在内的休闲服务,以及与信息、教育、房地产、汽车、电信、金融、保险等行业相关的服务的需求将会逐步增加,前景十分广阔。这一服务市场优势,是别的国家无法比拟的。

3. 相关产业支持不力

在新的形势下,国际竞争已不单是企业的个体行为,而是相关行业乃至整个国家的集体行为。单靠一个企业、一个行业单打独斗,是很难形成国际竞争优势的。相关产业发展水平对国家竞争优势的影响表现为3个方面:相关产业间合作的紧密程度;互补产品的需求拉动作用;相关产业企业密集和信息环境质量。我国由于传统体制的束缚,条块分割仍局部存在,相关产业间合作不够紧密,行业内恶性竞争俯拾即是(如旅游业),企业密集和信息环境质量低劣,缺乏协同作战的意识。其实,国际服务贸易国家竞争优势的形成,很大程度上依赖于相关产业的支持。像美国的IT行业、新加坡的旅游业,都拥有一流的教育、科研机构和极其发达的信息网络,高素质的专业人才,以及坚实的第一、第二产业基础。在这一方面,我们还十分薄弱,还有一段较长的路要走。

4. 企业组织、战略与竞争度欠合理

国家竞争优势的构建,说到底要落实到企业的市场竞争力上。这就要求企业建立合理的组织结构,实施战略管理,同时还要有较高的市场竞争度和集中度。在国际企业组织结构趋向扁平化、柔性化的大背景下,我国企业组织结构还有待改进和重塑。另外,我国企业尤其是服务企业普遍存在重竞争策略、轻竞争战略的倾向。

在竞争程度方面,从理论上讲,加入 WTO 以后,高度的国内、国际竞争有利于企业进行技术创新,从而逐渐确立国家竞争优势,但前提是存在公正、公平、开放、有序的竞争环境,这种环境对于我国来说还不真正具备。

5. 政府的辅助作用较弱

国家竞争优势的构建,政府作用不可忽视。政府作用主要表现为政府对产业、行业、企业创造能力、创新能力的孵化与激励,以及对竞争规则的完善与监督。我国政府仍然在一定程度上存在重干预轻孵化的倾向,对教育、研究、开发的投入和指导与发达国家相距甚远,这对国家竞争优势的构建很不利。根据世界银行的统计,2009 年,全国财政性教育经费支出占 GDP 的比例为 3.59%,2010 年和 2011 年这一比例进一步提高,但与占 GDP 4% 的目标相比仍有差距,与高收入国家及世界平均水平差距明显(见表3-1);高等教育占相应年龄组的百分比为 6%,而高收入国家和世界平均水平分别为 59%,19%;研究与开发经费仅占 GNP 的 0.66%,而高收入国家和世界平均水平分别为 2.18%,2.36%。但我国经济规模和综合国力日益提高,政府完全有能力也必须全力以赴地增加教育、科研投入,尤其是对高新技术项目的投入。同时还应建立和完善相互配套的科研评估与检测机制,提高开发、研究质量,保证优秀成果尽快转化为现实生产力。

表 3-1　世界各地区公共教育支出占国民生产总值(GNP)的比重

地　区	北美和西欧	拉美和加勒比海及撒哈拉以南非洲	中东欧	东亚和太平洋	阿拉伯国家	南亚和西亚	中亚
比重(%)	5.7	5.0	4.9	4.7	4.5	3.6	3.2

注:资料来自 2011 年世界银行的统计资料。

4 国际服务贸易交易模式和费用

4.1　国际服务贸易交易模式的种类

国际服务贸易的交易模式一般有 4 种：

第一种模式：越境贸易，伴随着产品贸易而进行的服务的越境，包括运输、出租/租赁和范围广泛的专业性服务。

第二种模式：国内收益贸易，包括旅游和为外国人提供的教育、医疗服务，以及外国企业在东道国购置的服务，如公共设施服务。

第三种模式：国外收益贸易，由输出国到消费国的生产要素提供服务。这种模式一般有 3 种形式：在国外的分支机构汇回的利润（一般被作为投资收入）；资本输出收入（一般也被作为投资收入）；劳务输出收入（一般被作为工人的汇回款项）。第一种形式是分支机构（子公司、分店、特许加盟店等）代替母公司付出服务；第二种形式是投资者从海外投资中得到的金融服务；第三种形式是本国出口熟练的或非熟练的劳动者提供服务，然后将收入汇回国内。

第四种模式：第三国贸易，生产者和消费者都在自己本土之外。例如在日本的一家法国企业从在日本的一家美国会计师事务所购买会计服务。

4.2 国际服务贸易的交易费用

作为一种市场交易,国际服务贸易不可避免地要受到交易费用的影响。交易费用,即市场交易过程中的资源损耗,主要包括以下基本内容:度量、界定和保证产权的费用;发现交易对象、交易价格及各种市场信息的费用;谈判、起草和订立交易合约的费用;执行交易的费用;设立与运行规制结构的费用;交易偏离一致性时产生的费用。

这些交易费用的大小将影响国际服务贸易发展的速度快慢与范围大小。

国际服务贸易是国际分工和专业化生产的产物。分工和专业化一方面提高了生产服务的效率,增加了国际服务产品;另一方面,又使得人们为了"消费多样性"的需要,通过市场与他人进行服务与产品或服务与服务的交换,并产生相应的交易费用。国际服务贸易的发展情况就取决于服务产品在分工与专业化之后所带来的好处与其因为交换而产生的交易费用之间的力量对比。

交易费用越小(即交易效率越高),服务消费者从分工中得到的净好处就越多,其购买服务的愿望就越强烈,国际服务贸易的发展速度就越快;反之,当交易费用很大时,国际服务贸易的发展就会受到约束。交易费用的大小与国际服务贸易的发展情况呈负相关关系。

4.3 国际服务贸易交易费用的影响因素分析

市场交易受交易费用的影响,而交易费用产生的基本原因是经济个体之间信息不对称、不完备及其利益冲突,国际服务贸易亦是如此。但是,国际服务贸易中的交易费用要受到一些特殊因素的影响,例如:贸易的标的物——服务具有一些独特的性质,一国政府总是倾向于保护本国服务业、限制国外服务的提供,等等。

4.3.1 服务的特征对国际服务贸易交易费用的影响

服务与货物相比,具有无形性、生产与消费的同时性、不可储存性及异质性。这使对服务的质量评价与对货物的质量评价很不相同。在国际货物贸易中,货物的质量评价通常有一定的指标,在交易前进口方已掌握货物的形状、重量、规格、性能等较为完整的质量信息,对货物的效用预期一般比较准确。而服务是一种缺乏直观的、具体的存在形态的商品,而大多数服务的生产和消费又是同时进行的,只有在服务生产与消费完成之后才能真正确定服务的质量和所能带来的效用。而且,有些服务所能带来的效用必须经过一段比较长的时间才能知道,例如国际广告服务、管理咨询服务等,这就使国际服务贸易所需的交易费用受到影响。

(1) 国际服务贸易的定价费用比较高

市场交易的定价依据一般是:交易可能带来的效用及交易标的物的市场需求状况——这两者都与交易标的物的质量有关。这样,在服务的质量评价困难的情况下,服务的进口方为了保证自己的利益,必须在定价前对服务的特点、服务出口方生产服务商品的技术条件和人力条件、服务出口方生产服务商品的质量稳定性和信誉状况等信息进行收集。而且,这些信息的收集又会因服务的无形性而非常困难。这就产生了国际服务贸易中比较高的定价费用。

(2) 国际服务贸易的谈判费用和订立合约的费用比较高

这是由服务的进口方与出口方之间的信息不对称引起的。在任何一项交易中,都可能存在买方和卖方之间的信息不对称。但是,服务的无形性使国际服务贸易中的进口方更加难于了解出口方所拥有的关于特定服务的知识,从而加剧了这种信息的不对称。信息不对称易引起机会主义行为(如坑蒙拐骗等)。这就使服务进口方(信息少的一方)不信任服务出口方(拥有隐秘信息的一方)。为了能最终订立合约,服务的进出口双方需要进行艰苦的谈判,以确保自己的利益没有因对方的机会主义行为而受到损害,谈判的费用和订立合约的费用因此而加大。更糟的情况是,如果服务进口方认为服务出口方"欺骗"的可能性很大,并坚持按该服务的市场平均生产效率来估算"平均"交易条件,而服务出口方的实际生产效率是低于市场平均水平的,则原本可以互利的交易就会由于欺骗的可能性和缺乏相互信任而无法实现。在这种情况下,可以近似地认为国际服务贸易的谈判费用和订立合约的费用是无穷大的(这种情况又被称为"内生交易费用")。

(3) 国际服务贸易中交易偏离一致性时产生的费用比较高

交易偏离一致性时产生的费用包括不适应成本、再次讨价还价成本、惩罚违约行为的成本等。有些国际服务贸易的不适应成本是比较高的,例如:国际海运服务的误期会极大影响季节性商品的销售;市场研究及公共观点调查服务的不全面可能导致公司决策的失败;等等——而服务的无形性、服务信息的不对称性似乎是倾向于加大这种不适应成本发生的可能性,再次讨价还价的成本与前述的谈判情形类似。

惩罚违约行为的成本则同样要受服务特征的影响,因为在惩罚违约行为之前首先要判断是否发生了"违约"。而在国际服务贸易中判断"违约"是否发生的难度一般比在货物贸易中要来得大。原因是在货物贸易中,进口方可以要求出口方邮寄样本或对货物的各项指标做出详细的描述,以作为交易后检验出口方是否严格履行合约的凭证,因此出现贸易纠纷时的申诉比较容易进行。但在国际服务贸易中,服务的无形性、生产与消费的同时性和不可储存性使对"违约"的判断缺乏直接的依据,对"违约"是否发生、"违约"的程度如何等问题将更大程度上依赖于进出口双方的主观判断,这就给纠纷的申诉、举证和裁决带来了困难,从而使惩罚违约行为的成本相应提高。

4.3.2 服务贸易壁垒对国际服务贸易交易费用的影响

服务贸易壁垒指一国政府对国外生产的服务销售所设置的有障碍作用的政策措施。一国政府除了直接限制某些服务产品或服务生产者的进入外,还经常使用各种歧视性的规定来间接限制服务的进口。直接或间接的壁垒形式对国际服务贸易的交易费用都会产生重要影响。

（1）垄断下非人格市价的影响

直接的市场准入限制容易造成本国企业对服务贸易领域的垄断，即某些服务的出口业务只能由国内特定企业来完成（例如要求国外的厂商在向本国出口某些特定产品时必须向本国指定的保险公司投保，或必须通过指定银行进行结算）。而垄断容易导致服务贸易的非人格市价。

所谓非人格市价是指在市场上对任何人都一样的价格。当一国内某项服务被垄断之后，国外的服务需求方失去了讨价还价的可能，因此，当其需要该项服务时，无论其实际议价能力如何，都只能按该国垄断者的统一定价来进口服务。这对服务贸易的交易费用将产生双重影响。一方面，服务进口方如果愿意接受服务出口方的垄断定价，就只能将价格视为参数，因而不必再在争夺贸易利益上打主意，服务贸易中发现交易价格的费用、谈判和订立交易合约的费用都能够大大减少（但这种交易费用减少的利益几乎完全为服务出口方所独占）；另一方面，服务进口方如果不愿意接受服务出口方的垄断定价，则交易就会因毫无回旋余地而无法进行下去，这时的交易费用实际上是趋于无穷大的。

（2）歧视性规定的影响

歧视性规定包括：要求外国的服务出口方获得规定的专业证书，或规定其提供服务时使用的设备必须达到型号、尺寸等指标的要求等。这些规定对国际服务贸易交易费用的影响也是双重的。一方面，外国企业若满足了这些技术标准并获得了出口服务的资格，其服务的质量一般会较为良好和稳定。根据这一信息，本国企业在向其进口服务时就可以节省下考察服务质量的交易费用。另一方面，外国的服务出口方在寻找交易对象时却必须收集交易对象所在国有关技术限制的信息，并产生相应的交易费用。此外，这些技术标准也加大了服务出口方的生产费用，服务出口方有提高服务价格的需要——而这是与服务进口方的利益相互冲突的。贸易双方的谈判费用和订立合约的费用可能因此而提高。

4.4　减少国际服务贸易交易费用的措施

由于交易费用与国际服务贸易呈负相关关系，且有各种因素使这些交易费用比较大，因此，要进一步促进国际服务贸易的发展，就有必要采取各种措施来减少这些交易费用。

4.4.1　良好企业形象的作用

国际服务贸易中交易费用主要是由进出口双方的信息不对称和机会主义行为的可能性造成的。如果服务出口方能够树立起良好的企业形象，使服务进口方愿意信任其传递的信息（即认为出口方采取机会主义行为来损害进口方贸易利益的可能性很小），则上述的大部分交易费用就可能得到节约。而良好的企业形象除了可以通过长期稳定地提供优质服务来加以培育外，还应该利用博弈中"离均衡"原理，积极地向服务消费者发送企业信号。例如，通过现代国际营销手段，采取适当的广告及人员推销策略；采取"先提供服务，后收钱"的做法等。由于只有经营实力强、提供可靠服务的企业才有能力采取上述做法，因此这些做法就有可能形成消费者借以判断"好企业"、"坏企业"的甄别信号。良好的企业形象可以因此而更快地树立，并更好地发挥其减少国际服务贸易中交易费用的作用。在这一方面，跨国服务企业具有明显的优势。这也说明跨国服务企业在与东道国企业竞争时往往能够获胜的原因可能不仅是其较好的服务质量，还在于其良好的企业形象。

4.4.2　服务技术改进与创新的作用

技术的改进与创新将为服务生产的进一步分工创造条件。而分工和专业化的程度越高，其服务质量的优越性和稳定性就越有保障。并且，当这些更先进的技术被普遍使用时，服务的异质性（即同一服务产品由不同的人来生产或提供给不同的消费者时的质量差别)将可能得到限制,服务产品有可能趋于标准化,服务的质量就可能更容易测量。这样,原本因质量评价问题而额外产生的定价费用、谈判费用、惩罚违约行为的费用等都可能大大减少,并最终减少国际服务贸易中的总交易费用。

4.4.3 制度安排的作用

制度安排是指遵循着同一规则的交易活动的集合。它是"利益互相抗衡的个人之间的交易活动的收敛,是交易活动这种博弈的集体稳定对策"。

通过制度安排可以有效地减少国际服务贸易中的交易费用。目前,区域内服务贸易的制度安排有:欧盟资本、人员、服务和商品统一市场的建立,美加自由贸易协定的签订等。而范围更广泛的国际间制度安排的实践为 WTO 下的 GATS。GATS 的贡献主要表现为以下几个方面。

(1) GATS 促进了服务贸易领域的竞争

GATS 主张服务贸易的自由化,并规定各成员必须履行以下义务:遵守最惠国待遇原则和国民待遇原则;履行其承诺的市场准入表;对于可能"抑制竞争从而限制服务贸易"的商业惯例,"应任何其他成员的请求,应就取消上述的商业惯例与其进行磋商"(GATS第9条)。同时,GATS 还规定:服务贸易理事会应通过其建立的适当机构,制定任何必要的纪律,以"确保有关资格要求和程度、技术标准和许可要求的措施不至于构成不必要的服务贸易壁垒"(GATS 第4条)。GATS 的这些规定对于保障服务贸易领域的自由竞争起到了积极的作用,而竞争的充分程度和交易费用的高低是相关的。竞争的充分程度越大,交易费用越低。充分竞争使得服务贸易中机会主义行为发生的可能性大大减少,使进出口双方都节约了大量有关价格形成、避免欺诈、讨价还价以及保证信用等的费用。

(2) GATS 促进了服务贸易中法律信息的公开化

GATS 规定各成员有遵守透明度原则的义务,即:应公布"所有普遍适用的有关或影响本协定实施的措施"及"一成员为签字方的涉及或影响服务贸易的国际协定",并且"应立即或至少每年一次向服务贸易理事会通报其显著影响本协定下已作具体承诺的服务贸易的新的法律、规章或行政指示或对现行法律、规章或行政指示的任何修改"（GATS 第 3 条）。GATS 还规定"成员在实施其对服务提供者的批准、许可或证明的标准时,其给予承认的方式不得成为国家间实行歧视的手段,或对服务贸易构成隐蔽的限制"（GATS 第 7 条）。GATS 的规定有利于服务贸易的当事人对可能影响其贸易的措施、对各种贸易壁垒的存在形式及其影响程度等信息拥有比较充分的知情权。这样,服务贸易的当事人就可以提高其收集相关法律信息的效率,节约交易费用。

（3）GATS 建立了关于"国家信誉"的信息传输系统

GATS 上述两个作用（促进服务贸易领域的竞争和法律信息的公开化）能否充分发挥与"国家信誉"有很大关系。一般情况下,各国政府为了本国经济的长远发展,都倾向于建立与维护良好的"国家信誉",从而遵守相应的国际协定。但是,如果一国政府的违约行为不能及时地传播到国际社会,违约行为对该国"国家信誉"的损害就很小,该国政府限制自身违约行为的动力也就很少,从而可能采取与贸易自由化原则不一致的做法。但是,GATS 第 23 条关于"争端解决与执行"的规定有效地限制了上述的可能性。这是因为 GATS 规定,当一成员违约而使另一成员受到损害、且双方磋商解决争端的努力失败后,受损害的成员可将此争端提交"争端解决机构",而"争端解决机构"认为必要时,可以授权受损害方终止对违约方的义务与具体承诺。这一规定使 GATS 的成员国更有积极性收集关于其他成员国违约情况的信息,并通过将此争端提交"争端解决机构"的方式将违约国违约的信息及时传播到国际社会;同时,由于违约给一国"国家信誉"带来的消极影响的可能性加大,违约行为就比较不容易发生,GATS 自由化的努力就有可能逐渐发挥作用。

总之,上述分析证明了通过一定途径减少服务贸易中的交易费用是可行的。在国际服务贸易未来的实践中，必定能出现更多更有效的减少交易费用的方法，并使国际服务贸易能够通过更快、更健康的发展来对世界经济作出更大的贡献。

5 国际服务贸易壁垒和自由化

所谓国际服务贸易壁垒（Barriers of International Trade in Services），是指一国政府对外国服务生产者或提供者的服务提供或销售所设置的有障碍作用的政策措施。也就是说，凡直接或间接地使外国服务生产者或提供者增加生产或销售成本的政策措施，都有可能被外国服务厂商认为属于贸易壁垒。

所谓国际服务贸易自由化（Liberalization of International Trade in Services），是指一国政府在对外贸易中，通过立法和国际协议，对服务和与服务有关的人、资本、货物、信息等在国家间的流动，逐渐减少政府的行政干预，放松对外贸易管制的过程。国际服务贸易自由化与国际货物贸易自由化一样，也是以生产社会化程度的提高及社会分工的深入和扩大为前提，以实现资源合理、优化配置和获得最佳经济效益为目的，以政府对贸易的干预弱化为标志的发展过程。

5.1 国际服务贸易壁垒的特点和种类

概括起来，国际服务贸易壁垒的主要特点是：以国内政策为主；较多对"人"（自然人、法人及其他经济组织）的资格与活动的限制；由国内各个不同部门掌握制定，庞杂繁复，缺乏统一协调；灵活隐蔽，选择性强，保护力强；除了商业贸易的利益外，还强调国家的安全与主权利益等作为政策目标。

由于服务国际化趋势的加强,国际服务贸易的迅速发展,国际服务市场上的竞争异常激烈,各国出于自身的经济利益考虑,对国际服务贸易逐渐实行了严厉的保护主义政策,导致国际服务贸易市场上保护主义盛行。

与国际货物贸易壁垒一样,人们可以把国际服务贸易的壁垒分为关税壁垒(Tariff Barriers)和非关税壁垒(Non-tariff Barriers, NTBs)。截至 20 世纪 80 年代初,各国就已经设计出 2 000 多种非关税贸易壁垒,并且其中的很多种类就是专门用于保护本国的金融、通讯、保险、运输、数据处理以及其他的服务部门免受外国供应者的竞争。

国际服务贸易中最常见的 3 类限制措施就是:电信技术(穿越国境的数据交流)限制、通货限制和移民限制。这 3 类对国际服务贸易的限制,一方面使得服务的生产者难以获得进行有效经营所必需的信息,难以将收益汇回本国,难以使其工作人员跨越国境提供服务;另一方面使得消费者难以获得相关的竞争性服务产品的信息,难以在其他国家购买服务,难以离开本国进入别国进行服务消费。

同样,我们还可以从政府设立非关税措施的目的,把非关税壁垒细分为下面的 3 种:

(1)纯粹的非关税壁垒。其目的就是希望保证国内公民的就业机会(外国公民需要有工作许可证),保护本国的社会文化遗产免受外来生活方式和价值观的过度影响。

(2)准非关税壁垒。其目的是将保护本国服务业的意图和管理服务业的规章制度结合起来,以便对服务业实行有效管理和保护。

(3)无意识的非关税壁垒。其初衷是为了保护消费者避免不必要的风险以及保障国家的安全,这是一种合法的市场调节手段,但无意中造成了保护主义的后果。

5.2　国际服务贸易壁垒的表现形式

5.2.1　以抬高市场准入门槛来限制服务提供 "主体"

以抬高市场准入门槛来限制服务提供"主体"主要包括资格的限制又称开业权限制、股权的限制、经营的限制、信息的限制和技术标准限制。

资格的限制又称开业权限制，是指服务进口国对外国的个人或组织在本国经营某种服务业的权利加以限制。例如，禁止外国银行、旅行社在本国设立分支机构，或者虽然允许设立，但要求其必须与其总公司中断业务上的直接联系；一些发展中国家在建筑工程、劳务方面具有比较优势，但一些发达国家拒绝在这一方面提供开业权；对在外国注册或取得的律师、医生等开业资格证书或教育证书采取歧视措施；等等。

股权的限制，是指尽管允许外国服务提供者在本国开业，但是东道国要求控股或参股。

经营的限制，是指对外国服务提供者在本国的活动权限加以规定，限制其经营范围、内容、方式等，甚至干涉其具体的经营决策。比如，对外资银行限制其只能在指定的地域开业经营，不得经营本币，提高存款准备金等；外国旅行社只能与本国旅行社合资经营；等等。

信息的限制，是指信息作为许多服务业的战略性和基础性资源，如果不能及时、准确地获取所需信息资料，往往意味着一个服务经营实体的瘫痪。譬如，一国公共电讯传输网及其服务（如数据交换、视频通讯等）的开放程度，在某种意义上将会直接关系到外国金融、保险、商业贸易等基于电讯传递技术而开展国际信息交流的服务业进入该国的可能性。

技术标准限制，是指在一些服务业因为技术标准不一，或设立不同技术标准，从而限制外国服务提供者的进入或加大其进入成本，使其知难而退。例如，电信、工程建筑方面的壁垒。

5.2.2　国民待遇方面的壁垒限制服务贸易的成长

（1）税收歧视

对外国经济组织或个人提供的服务或购买的服务征收过高或额外的税，实质上起到了限制国际服务贸易自由开展的作用。只是以国内的税费这种形式出现，比起关税等边境措施更缺乏透明度和统一性，且由于多头制定、分散执法、税率不稳定、地区差异大、预见度低，最终造成外国服务提供者的投资成本或交易成本上升，成为影响国际服务贸易预期收益的一种重要壁垒。例如，外国电讯服务者获准进入和使用本国公共电讯网提供服务时，会对其征收较高的税费以限制其发展等。

（2）政府补贴

即本国政府通过直接拨款或税收优惠等形式，对本国的某些服务业进行补贴，以便扶植其发展。无论发展中国家还是发达国家，常常会对运输、通讯、供水、供电、技术推广、医疗卫生、教育、广播等基础和公共事业部门进行补贴，以对抗外国服务提供者的竞争。

（3）国家垄断与政府购买

许多国家对一些服务业，如民航、邮政、电讯、铁路、广播等都存在着不同程度的国家垄断。一方面使这些行业市场准入的壁垒很高，甚至根本不可能进入；另一方面，政府作为服务产品的最大的购买者，常常会偏向购买本国服务产品，从而形成对外国产品的"歧视"。比如，世界各国都有为本国航空公司或海运公司保留货源及航线的做法；有的国家法律规定，三资企业的保险业务一律由本国保险公司办理。

（4）外汇管制

这主要是指一些发展中国家对内控制外汇的流通与兑换，对外进行外汇出入境管制。这样既限制了本国居民及各类团体组织对外国服务产品的消费与支付能力，也同时限制了外国服务者在本国的业务量与获利能力。例如，对内的外汇管制措施，限制了旅游这类需要消费者移动的服务贸易；对外的管制措施，则限制了商业存在这类方式进行的服务贸易的利润汇出。

5.3 国际服务贸易壁垒的政策取向

众所周知,获得低成本优势和寻求产品差异性是提高国际服务贸易竞争力的基础,而服务资源、服务技术、服务管理、服务市场、服务资本与服务产品等六要素是构成这一竞争力基础的基石。因此,不同发展程度的国家由于竞争优势不同,开放服务贸易对国家利益的影响将有很大的差别,对国际服务贸易壁垒所采取的政策取向也有很大区别。

5.3.1 发达国家国际服务贸易壁垒政策取向

自20世纪60年代世界经济结构的重心开始转向以服务业为主以来,发达国家服务贸易发展迅猛。目前,在国际服务市场上,欧美等发达国家已成为国际服务贸易的主体,占有绝对的优势,特别是以美国为首的发达国家的贸易结构不断走向高级化。在国际服务贸易增长最快、最具有增值空间的生产性服务领域,如电讯服务、保险服务、金融服务、计算机和信息服务,以及特许权使用和许可、专业服务等现代服务领域特许权使用和许可、专业服务等领域,其服务贸易额已占据全球服务进出口总额的75%以上,由此在高新服务贸易领域占据着绝对主导的地位。凭此优势,近年来发达国家尤其是美国,积极主张服务贸易自由化,其国内的服务贸易壁垒也呈现逐步降低的趋势,但其主要目的是为了扫清各国存在于服务贸易的壁垒,便于其打开世界服务市场。

因此,目前发达国家的服务贸易自由化政策"因国而异"。首先,对发展中国家开放本国服务市场的条件是以服务换商品,即发展中国家以开放本国服务市场为交换条件,要求发达国家开放其商品市场。例如,欧美与中国在纺织品等货物贸易摩擦与争端,这就是发达国家试图通过挤压中国货物贸易市场空间,迫使中国加速开放金融等服务贸易领域市场。其次,对同等的发达国家与地区,则是互相开放本国服务市场,实现"服务贸易补偿论"。此外,出口管制则是发达国家服务贸易保护最常用的手段。发达国家为了其自身利益,常以维护国家安全和竞争优势为借口,对部分尤其是具有"创新的独特能力"的服务出口采取严格的管制政策。

5.3.2 发展中国家国际服务贸易壁垒的政策取向

近年来,大多数发展中国家在资源、劳动密集型服务贸易领域中发展较快,具有一定的优势。同时,在资本、技术密集型的现代服务行业较发达国家明显滞后,一般不具有竞争优势。从服务贸易结构上看,发展中国家主要在普通劳动力输出、建筑工程承包及部分旅游服务业等领域占有较大的优势,如马来西亚、泰国等国的国际航运方面具有优势,旅游收入也有较大的增长;一些技术、经济实力较强的发展中国家也开始发展技术层次较高的服务贸易,如印度、印度尼西亚、菲律宾、墨西哥等国正着力推进通讯业、信息业的建设,泰国正努力将曼谷变为区域性金融中心等。然而,与欧美等发达国家相比,大部分发展中国家和地区服务业尚不发达,服务贸易规模仍较小。更为严重的是,对于维护国家经济与文化安全、提高国家经济竞争力发挥决定作用的现代服务项目,大部分发展中国家和地区不具有竞争优势。

因此,对广大发展中国家而言,由于其拥有国际服务贸易竞争优势普遍较弱,因此尽管他们迫切需要进口大量包含先进技术信息的现代服务,但出于保护国家主权、利益与国家经济安全等方面的考虑,大部分国家一般均实行分层次、渐进型自由化的服务贸易政策。即对不具备竞争优势的服务行业进行保护,对外国服务业进入作出各种限制性规定;但另一方面,在经济全球化促进下,为了引进外资和先进的服务,许多国家不仅开放某些服务项目,还常常实施多种优惠政策,鼓励外国先进服务业的进入。

从总体上看,由于国际服务贸易不同于货物贸易的特殊性,以及服务贸易对一国的经济安全和社会稳定产生影响,所以国际服务贸易的自由化程度受到了多种因素的影响,以国内立法、各种非关税壁垒的形式出现的贸易保护主义将愈来愈成为服务贸易政策的主流。目前,在多边贸易体制的推动下,服务贸易壁垒有逐步降低趋势。一方面各贸易参加国为顺应这一趋势不断调整国内经济政策,积极推动服务贸易的自由化,部分发达国家还率先削减本国服务贸易壁垒,如美国在具有竞争优势的电信领域已允许100%的外国股权;一些新兴的工业化国家和地区也在具有竞争优势的领域,如新加坡的航空运输业、韩国的建筑承包业、泰国的国际旅游业等降低壁垒,引进一定数量的外国服务和服务提供者,为其新兴服务业发展提供必要的资金和技术支持。另一方面,国际服务贸易的保护在某些方面却存在着变相提高的隐忧。即各国纷纷从本国利益出发,对本国处于劣势的服务部门,通过国内立法或非关税壁垒的形式,对国际服务贸易设置障碍。

因此,在目前还没有一个国家愿意完全开放本国服务市场,也没有一个国家倾向于执行严格的服务进口替代政策,服务贸易自由主义与保护主义政策将交替、混合和并存。

5.4 国际服务贸易自由化的趋势

1994年GATS的诞生,第一次为服务贸易自由化提供了体制上的安排与保障,各成员方加快了服务贸易的自由化进程。1997年WTO相继达成《全球基础电信协定》、《信息技术协定》、《开放全球金融服务市场协定》3项协议,再一次显示了势不可挡的自由化趋势。

以美国为代表的发达国家,其经济结构已基本实现服务化,服务业产值占GDP的比重以及从事服务业的人数占总就业人口的比重均已超过65%,其服务贸易额占全球服务贸易总额的比重达70%以上。发达国家通过世界贸易组织和区域性贸易组织,积极推动服务贸易的自由化和全球化,以此来扩大服务贸易的出口。WTO多哈回合谈判以及区域性经济合作的谈判中服务贸易都成为主要议题本身就是最好的证明。

国际服务贸易自由化也给发展中国家带来了新的发展机遇。服务贸易的全球化和自由化是大势所趋。参与服务贸易自由化及趋利避害也推动着发展中国家贸易自由化和本国经济的发展。如何在加快发展服务贸易的过程中增强本国服务贸易竞争力,将成为发展中国家长期关注的焦点。

值得注意的是,为了在世界服务贸易领域中最大限度地获得国家利益,各国政府一方面出于 GATS 的要求,不断削减本国服务贸易壁垒,履行在服务贸易方面所作出的承诺,积极推动服务贸易自由化发展进程,另一方面,为了保护本国服务业的发展,抵御服务贸易自由化对本国可能产生的冲击,各国纷纷采取了直接或间接的服务贸易保护措施。这些保护措施在形式上和方式上都比以往更隐蔽、更具有欺骗性。服务贸易领域的保护程度实际上也在变相提高,由此形成了服务贸易自由化和服务贸易保护并行不悖的局面,世界服务贸易领域的利益格局也就在各方博弈中重新形成。

5.5　国际服务贸易紧急保障措施制度

随着国际服务贸易的快速发展,出现了国际服务贸易的自由化趋势。这一方面是由于以美国为首的发达国家的强力推动,另一方面它也符合大多数国家的利益,尽管发达国家与发展中国家所获利益差异巨大。

5.5.1　国际服务贸易紧急保障措施机制

国际服务贸易自由化是一柄双刃剑,它在给有关国家带来利益的同时,也可能会给这些国家带来严重灾难,导致这些国家产业受损、人员失业、整个国家陷入严重经济危机或社会危机。正是由于存在着不同国家的利益差异与冲突,存在着机遇与风险,这就决定了国际服务贸易的自由化是一个渐进的过程。在这一过程中,各国既要获得国际服务贸易自由化所带来的利益,又要规避国际服务贸易自由化所带来的风险。

要达成这样的目标,最根本的途径就是要建立一套保障措施机制(Mechanism of Safeguard Measures)。在这一机制下,它既不妨碍贸易自由化进程,又不恶化弱势国家和弱势产业的处境,从而有效缓解上述矛盾。因此,保障措施是抵御贸易自由化负面影响的手段,是规避贸易自由化风险的工具。尽管它在一定程度上会延缓贸易自由化的步伐,但也能为贸易自由化保驾护航,是国际贸易自由化的安全阀(Safety Valve)。

保障措施形成于货物贸易领域,经历了一个从国内法规则到国际法规则的演化。目前,国际保障措施制度是以 GATT1994 第19 条和 WTO《保障措施协议》为核心内容的,但这一体系是适用于货物贸易的保障体系。随着国际服务贸易的迅速发展,服务领域的保障措施问题便被提上了议事日程。

《服务贸易总协定》作为管制国际服务贸易的第一个全球性多边协议,它为国际服务贸易自由化提供了一个初步的法律框架,并要求成员方通过具体承诺(Specific Commitment)的方式实施市场准入(Market Access)和国民待遇(National Treatment),以实现国际服务贸易逐步自由化的目标。但在国际服务贸易逐渐自由化过程中,不可避免会对一些国家尤其是服务业欠发达的发展中国家服务市场带来较大冲击和消极影响。考虑到服务业对于各国经济的极端重要性和敏感性,GATS 允许成员方建立相应的安全保障措施,包括紧急保障措施(Emergency Safeguard Measures,ESM)。GATS 第 10 条规定,成员方应在非歧视原则的基础上就紧急保障措施问题进行多边谈判,以期尽快达成国际多边协议。

5.5.2 国际服务贸易紧急保障措施制度构建

在国际服务贸易紧急保障措施制度建构的过程中,按照何种模式设计服务贸易紧急保障措施制度一直是一个重要的问题,也是发达国家与发展中国家争论激烈的一个问题。我们应当在统一模式(水平模式)下借鉴 1994 年 GATT 第 19 条和 WTO《保障措施协议》中适用于货物贸易的保障措施多边规则并运用于服务贸易紧急保障措施。根据在于：第一，《保障措施协议》是从 WTO 多边货物贸易法制的核心——GATT1994 第 19 条发展而来的，尽管在 WTO 法律体系中，GATS 是独立于 GATT1994 的，但从其主要内容来看，此二者的联系甚为紧密。GATS 中的最惠国待遇条款、国民待遇条款等都源自 GATT1994；而一般例外、安全例外及国际收支平衡例外等条款更是对 GATT1994 中相应规范的直接借用。所以，以《保障措施协议》作为服务贸易保障措施规则制定的蓝本有着体系上的融洽性；第二，按照《建立世界贸易组织协定》第 16 条第 1 款的规定，凡 WTO 现行法制的未尽事宜，都应该以原 GATT 体制中所形成的规定、程序和惯例为指导。据此，凡服务贸易领域中 GATS 的未尽事宜，就应参考 GATT 体制中的相关规定。所以，对《保障措施协议》的借鉴存在着逻辑上的必然性；第三，将水平模式下建立的紧急保障措施规则普遍适用于各个服务部门和各种服务提供方式，为所有的服务贸易部门提供了一套兼顾了各成员方利益的制度保障，避免了由于不同服务部门之间的利益冲突而造成的制度缺位，同时有利于保证服务贸易和服务贸易法律制度的完整性。

但是，将货物贸易紧急保障措施规则适用于服务贸易也存在着一定的实际困难，这主要是由于服务贸易和货物贸易在经济禀赋上有着显著的差异。因此，服务贸易紧急保障措施规则的制定，就必须考虑到服务贸易自身的特殊性和复杂性。其中，核心是要解决服务进口、国内产业、紧急保障措施的类型及其在不同服务提供模式下的实施等问题。

5.5.3　国际服务贸易紧急保障措施制度的主要内容

服务贸易紧急保障措施制度主要应包括如下几个方面的主要内容：

（1）国际服务贸易紧急保障措施制度的宗旨与原则

国际服务贸易紧急保障措施制度应以适度保护、积极调整、增强竞争、推动服务贸易自由化为其宗旨；以非歧视、透明度、适度适用、合理补偿、给予发展中国家特殊与差别待遇为原则。

（2）国际服务贸易紧急保障措施制度的实体规则

按照紧急保障措施法的一般原理，启动紧急保障措施通常需要满足"进口增加"、"产业损害"和"因果关系"这样3个实体要件，上述要件不仅适用于货物贸易，而且也适用于服务贸易。适用于货物贸易领域的紧急保障措施的实体要件可根据服务贸易的特点，引入服务贸易领域，即WTO某一成员若要在服务贸易中采取紧急保障措施必须满足3个条件：因承担GATS义务而出现未预见的发展导致服务进口骤然增加；进口增加造成国内服务产业的严重损害或严重损害威胁；在未预见发展与进口增加、进口增加与国内服务产业的严重损害或严重损害威胁之间存在着因果关系。为了明确这一实体规则，需要具体界定以下核心问题：未预见发展、国内产业、服务进口增加、严重损害与严重损害的威胁、因果关系等。

（3）国际服务贸易紧急保障措施制度的程序

紧急保障措施作为WTO成员在紧急情况下撤销或者停止履行协定义务的一种例外制度，在适用上有着严格的纪律，否则必将对WTO所倡导的自由贸易秩序造成极大的扭曲。无论是在货物贸易或是在服务贸易领域，程序严格均是紧急保障措施适用的一项重要原则。在程序性问题上，货物贸易紧急保障措施实施的程序要求与服务贸易紧急保障措施并无大的区别，适用于货物贸易紧急保障措施中的程序要件同样适用于服务贸易领域的紧急保障措施，主要包括调查、通知和磋商等要件。

（4）国际服务贸易紧急保障措施的类型及内容

服务贸易中紧急保障措施的类型区别于货物贸易中紧急保障措施的类型。在货物贸易中，保障措施的类型主要有3种，即关税、数量限制和关税与数量限制的结合。不论是数量限制还是关税限制都属于"市场准入"的限制。对任何种类的进口货物，"市场准入"限制的目的都是阻止其进入国内市场，作用的对象都是货物本身,实施机构一般都是海关。但在服务贸易领域,由于服务贸易的无形性,有形的关税边境对其不能发挥作用,这就决定了服务贸易的紧急保障措施无法采取关税措施,但可以采取数量限制措施。在数量限制措施中包括了市场准入限制和国民待遇限制。市场准入限制具体包括许可证、配额、领域限制、地域限制、股权限制、经营范围限制、主体资格限制、企业形式限制、经济需求测试等措施。国民待遇限制具体包括对国内服务提供者进行补贴或政府采购上的倾斜以及对外国服务或服务提供者采取歧视性待遇等措施。这些措施可针对不同服务提供模式的特点,分别适用于跨境提供(Cross-border Supply)、境外消费(Consumption Abroad)、商业存在(Commercial Presence)和自然人流动(Movement of Natural Persons)模式中。

5.6 国际服务贸易自由化对我国的影响

20世纪90年代以来,扩大国际服务贸易越来越成为发展中国家改善国际贸易地位,提高经济效益及国际经济竞争力,乃至增加外汇收入、扩大社会就业的重要途径。从战略意义上看,提高我国服务贸易的国际竞争力,从而逐步构筑国际服务贸易国家竞争优势,对于我国全面建设小康社会,大力发展社会主义新型工业化,更加有效地参与国际分工、提高国际经济地位至关重要。

国际服务贸易将在21世纪成为国际贸易中引人注目的崭新领域,同时对发展中国家的影响也是巨大的。服务贸易自由化趋势给我国服务贸易的发展创造更好条件的同时,也会因外国服务提供者大举进入中国服务市场而对我国服务贸易形成一定程度的冲击。

5.6.1 国际服务贸易自由化对我国的积极影响

(1) 有利于我国引入竞争机制

国际服务贸易自由化要求我国有条件地开放国内服务市场,

引进国外服务,这必然会导致外国服务企业大量进入我国服务市场,与我国服务企业进行竞争,促使我国服务业在激烈的国际市场竞争中,转变经营作风,完善经营机制,加快技术进步和技术创新,加强市场开拓,强化企业的竞争意识、市场意识和人才意识,使企业更加重视人才和人力资本投资,推动服务部门专业化、服务部门技术标准化和服务综合化程度的提高,促进服务行业的发展,从而提高我国服务贸易方面的国际竞争力。

(2) 有利于引进国外的资金、技术和先进的管理方式

服务贸易与货物贸易本质的区别就是服务产品具有无形性和不可储存性,从而使服务贸易只能采取直接投资的方式,而不是货物贸易所具有的商品进出口方式。随着我国服务业开放和自由化程度加大,国外服务业进入国内市场,必然带来大量资金及先进技术和管理方式。与此同时,国外投资还带来我国服务市场所没有的新的服务品种、新的服务交易方式、新的技术以及新的管理方法,这样我国可以通过技术引进、咨询、培训及其他技术服务形式获得先进技术和其他信息。国际竞争的压力会迫使我国的服务业加快技术进步,以提高竞争力,并由此带动其他部门的技术进步。通过对这些先进技术和管理经验的借鉴和运用,以及对员工的培训,可以大大降低服务业的成本,提高效率,从而促进我国服务业的发展。

(3) 有利于促进就业的增长

由于近年来我国服务业市场不断开放,外商在服务业的投资会大幅度地增加,为我国创造了更多就业机会。同时我国为提高服务贸易的份额,也必将增加对服务行业的投资,这样就会需要大量的人才,从而创造出更多的就业岗位,缓解就业压力。当前我国转换体制,国有企业下岗工人增多,发展我国的服务业并引进更多的外资企业,通过服务部门来吸收富余劳动力,对社会稳定和经济发展都有积极意义。

(4) 有利于扩大我国服务贸易出口

服务业的对外开放,为我国劳动密集型服务产业发挥比较优

势获取规模效益打开了市场,一方面可有力地支持我国货物贸易的出口,因为出口商品的生产与销售,其效率和成本的高低直接与运输、电信、金融、保险等服务业有关;另一方面组织服务产品的出口可改变长期以来我国出口贸易仅靠货物出口的单一结构偏向。与货物贸易相比,我国服务贸易的出口比例相对较小。目前,我国服务贸易进口还远远大于出口。进一步开放我国的服务市场可促进我国的服务出口,特别是海洋运输、国外工程承包、旅游、卫星发射等服务的出口。

（5）有利于推动我国服务企业国际化经营

首先,随着国际服务贸易自由化趋势不断推进和我国服务市场对外开放程度的提高,在大量的外国服务贸易企业进入我国时,我国服务业同样可以了解其他国家有关服务的法律和管理措施,获取世界服务贸易的供求信息,有利于从事我国服务业者及时掌握信息,进入其他国家的服务市场,给我国服务业企业创造更多的商业机会和获取更大的利益。

其次,虽然现在我国服务贸易从整体上来看依旧落后,但是我国服务贸易发展的速度是很快的,尤其我国的传统优势项目如国际工程承包、海洋运输服务、旅游等,具有一定的国际竞争能力。伴随着国际服务贸易自由化的发展,各国市场日渐开放,我国服务业的出口取得了公平的地位,从而可以促进我国具有优势服务项目的出口,进一步发挥和提高这些服务领域的国际竞争力。随着我国服务业市场的对外开放,国外服务企业在先进技术、经营理念、管理经验和服务质量等方面,都可以发挥其重要的示范作用。通过对外国服务企业的学习、借鉴和成功的运用,有利于提高我国服务企业的国际竞争力,形成国际化经营的局面。

（6）有利于带动我国国民经济的整体发展

我国服务贸易自由化步伐的加快,有利于改善我国的投资环境。通过引进国外服务,有助于打破国内不少服务业中存在的独家垄断局面,获得新技术、新知识,提高专业化程度,尽快完善市场机制,提高服务业在国民经济中的比例和服务业的质量;通过引进国外服务企业,可以补充我国所缺少的作为基础设施的服务部门和教育服务,有助于在国内没有得到充分利用的资源的出口,从而增加收益。同时,国外服务的进入必将带动更多外商前来投资我国更多领域和行业,推动我国利用外资工作向全方位、高层次和纵深化发展,从而带动我国整个国民经济的增长。

5.6.2 国际服务贸易自由化对我国的消极影响

(1) 国际服务贸易自由化会对国内服务行业带来阻碍和挑战

随着我国服务业开放程度不断加大,国外服务企业会大量涌入抢占国内服务市场,使国内服务企业失去在国内市场上原有的份额,大大加剧了服务领域的竞争。这不仅是国内竞争,而且是激烈的国际竞争,不可能通过国家的保护来谋求竞争优势,在业务和市场方面对我国的服务业构成巨大的挑战。我国服务业在硬件设施、人员素质、管理水平、信息交流等方面较之国外先进水平都相对落后,存在较大的差距。由于外国服务业拥有的技术、管理优势,不可避免地会使我国的某些服务行业受到极大冲击,使一些国内服务企业被淘汰,一些服务企业难以发展壮大或者由于失去自主发展的空间而产生过度的依赖性。

(2) 国际服务贸易自由化会加剧我国服务贸易逆差

我国服务市场的扩大开放,一方面将吸引国际上更多的资本、技术密集型服务跨国公司进入,另一方面原先已进入的服务业公司也必将进一步拓展新业务。而国内的服务企业无论是在组织规模上,还是管理水平和营销技术上,都与跨国公司存在相当大的差距,难以适应激烈的国际竞争,从而必将丧失部分原有的市场份额。如果不采取有效措施,我国的服务业贸易逆差将会加剧。因为现代服务业是以资本、技术密集性服务为主,其所占的比重远大于劳动力、资源密集型服务,而我国作为以传统服务业为主导的发展中国家,知识技术密集型服务贸易还很落后,所以我国开放服务贸易后,服务出口额的扩大必然会低于进口额的扩大,造成了很大的贸易逆差。

（3）国际服务贸易自由化会加大我国国内服务业发展的不平衡

我国服务业市场对外开放，将进一步取消地域限制，并且逐步取消在服务行业领域和品种上的限制。但是利益的驱动将使外商投资都集中在回报率高的部门和地区，这将在一定程度上加剧我国服务业发展的不平衡。从服务行业上看，外商主要投资于高附加值的门类，如基础电信、金融保险、证券等；从地区分布方面看，外商投资主要集中在经济比较发达的东南沿海和中心城市，而我国经济发展相对滞后的中西部地区和广大的农村地区，外商投资力度仍然会很小，因此扩大了我国服务业发展中东西部差距和城乡差距。

（4）国际服务贸易自由化会对我国国家安全以及经济发展带来冲击

国际服务贸易自由化是必然趋势，它将突破 GATS 的规定，迫使我国逐步开放国内市场。由于服务具有无形性、不可储存性及生产和消费同时进行等特点，服务业的国际化经营主要依靠的是国际直接投资的形式而不是国际商品的贸易形式。因此，开放国内服务市场必将导致大量国外法人实体的进入，尤其是影响国家主权和安全较大的金融、通讯技术服务等直接投资的进入，其结果必然是加速使本国经济融入经济全球化的大潮，大大增加了国家经济风险，如邮电业务可能涉及国家机密，金融市场的开发关系到国家的经济命脉。如果国外这些服务部门进入我国，凭借自己的技术和资金等优势很快会进入甚至控制关系这些国家经济命脉的服务行业。我国由于受到国内发展水平和服务业竞争力的影响，抵御外部风险的能力较弱，因此对我国经济的威胁和挑战很大，一旦造成损失是无法弥补的。另一方面，由于我国服务业起步晚，国际竞争力低，我国近年来服务贸易逆差一直很大，随着国外服务进出口的增加，若干年后，服务贸易逆差有可能完全抵消我国货物贸易顺差，造成我国经常性收支项目不平衡，进而影响我国经济稳定发展。

另外,服务产业的对外开放不可避免地伴随着国外文化的渗透,不管是通过新闻、影视、音像、娱乐还是教育等服务部门传入的,这些国外的文化都会对国内传统的道德规范、意识形态和价值观念产生影响。

6 国际服务贸易统计研究

经济全球化是当今世界经济发展的必然趋势,不仅世界各国的联系越加密切,而且区域合作更加紧密。国际贸易的内容不断丰富,国际贸易统计的内容也得到了大大发展,其中尤以国际服务贸易发展最快。而与国际服务贸易相关的服务贸易统计的发展却十分缓慢,大大落后于国际贸易发展的速度。这就更加要求我们做好国际服务贸易统计,以适应国际贸易的发展需求。

6.1 国际服务贸易统计的重要性

随着全球经济变化,国际贸易发展受到了很大的影响,整体增长缓慢,货物贸易尤甚。国际服务贸易却一枝独秀,成为国际贸易增长中的唯一亮点。在各国的贸易总额中,服务贸易的比重也越来越大,经济的发展趋向于无形化。作为无形经济一部分的服务贸易统计,自然也越来越受到各国的重视。例如,美国的国际贸易年年逆差。按照国际贸易理论,长期的顺差和逆差对本国的经济发展都极为不利。但是美国的经济发展却一直较稳定,这与服务贸易大大弥补了货物贸易的长期逆差有一定的关系。无形贸易特别是服务贸易的发展,在无形中淡化了货物贸易的重要性。据统计,美国自 1976 年以来,国际服务贸易年年顺差。1986 年,美国服务贸易顺差 100 亿美元;1996 年美国服务贸易顺差增加到了 780 亿美元;2010 年美国服务贸易顺差更是创纪录地增加到 1 487.2 亿美元。2011 年美国作为世界第一的服务贸易大国,服务贸易总额达到了 9 600 亿美元(2011 年我国服务贸易总额是 4 100 亿美元,还不到美国的一半)。英国的有形贸易也是年年逆差。可是自1947 年以来,其跨国公司、银行、保险公司、海运、民航、旅游业等以服务贸易为主的无形贸易一直保持顺差,这对弥补有形贸易的长期逆差起到了关键作用。所以,服务贸易在国际贸易中、经济发展中的作用越来越重要,相应的国际服务贸易统计也越来越重要。

6.2　国际服务贸易统计的规则

目前国际上主要有两种关于服务贸易统计的规定:一种是国际货币基金组织(IMF)的国际收支统计(BOP),一种是世界贸易组织(WTO)的服务贸易总协定(GATS)。

6.2.1　IMF 的国际收支统计

BOP 统计的原则,主要是居民与非居民之间的服务贸易,也就是跨境贸易。这里所说的居民类似于我国国民经济核算中的常住人口,通常是指在该国境内居住满一年的自然人和设有营业场所并提供货物或者服务的企业法人。在这个意义上,服务贸易统计就是国际收支平衡表中经常项目的居民和非居民之间的服务交易,即服务的跨境交易统计。例如:中国的某企业接受外国海运公司的运输服务,对中国而言就是服务的进口。又如,外国旅游者在中国的旅游消费支出,对中国而言就是服务的出口。显然,包括在国际收支统计中的跨境服务贸易统计,具有服务跨境消费和跨境交易的特征。BOP 统计已经为大多数国家和地区所接受,并且IMF 也已经认识到了服务贸易在国际经济中的重要作用及其统计的重要性。在 IMF 出版的《国际收支手册(第 5 版)》BMP5(1)中,已经将服务贸易项目由手册第 4 版的 5 项细化为 11 项,并逐步说明指标涵盖的范围和编纂方法。为了统计的准确性,该组织统计局已经在 1999 年出版服务贸易统计手册,全面介绍 IMF 和 WTO

关于服务贸易统计的原则、分类和内容。但是 IMF 坚持其居民和非居民的统计原则,不统计境内外资企业对境内的服务贸易,认为这部分交易的统计不属于 BOP 范围,而属于国民核算统计。

6.2.2　WTO 的服务贸易总协定

GATS 是迄今为止的第一套关于国际服务贸易的具有法律效力的多边规则,它将国际服务贸易分为商业服务、通讯服务、建筑及相关工程服务、分销服务、教育服务、环境服务、金融服务、医疗服务、旅游及相关服务、娱乐文化及体育服务、运输服务和其他等 12 个部门类别,每个部门又细分为若干个分部门,共计 155 个分部门。GATS 要求统计的服务贸易按其交易方式,既有跨境交易(包括过境交易、境外消费、自然人流动),又有境内贸易(包括商业存在),但是这种方法的统计资料很少,在国际服务贸易统计中,采用此法的国家不多。

6.3　BOP 与 GATS 国际服务贸易统计体系的比较

6.3.1　产生背景和所发挥功能的差异

国民经济核算(SNA)所涉及的国际服务贸易统计,主要目的在于反映一国生产的服务产品有多少被国外居民使用(服务出口),本国居民使用的服务有多少是国外居民生产的(服务进口),以及服务净出口在 GDP 中的份额。国际收支平衡表作为 SNA 的基本表,它所定义的国际服务贸易是跨境贸易。

GATS 体系是在乌拉圭回合多边贸易谈判的基础上达成的,代表了一些西方发达国家的意愿。GATS 所涉及的国际服务贸易统计,主要目的在于全面反映一国围绕服务交易,通过包括贸易与投资在内的各种途径,所获得的全部收益。

6.3.2　BOP 与 GATS 统计范围的比较

BOP 统计重视服务贸易这类交易活动完成后的资金流即国际

收支,而 GATS 统计则比较重视各国服务业的开放和服务贸易这类交易活动在世界范围内的开展。总的说来,《国际收支手册(第5版)》(BPM5)中服务贸易的统计范围体现的是属地原则,而 GATS 中服务贸易的内涵则体现的是属人原则,而《国际服务贸易统计手册》(MSITS)在一定程度上较好地再现了 GATS 中的属人原则。

BPM5 把国际服务贸易界定为某一经济体中居民和非居民之间进行的服务贸易。居民、非居民是以其"经济中心所在地"为标准来确定的,服务贸易发生的"经济中心地"在同一个经济领地,通常指主权国家内。GATS 中的"自然人移动"和"商业存在"模式下向东道国提供服务就不能被 BPMS 体系的国际收支平衡表所记录,即使母国总公司获取了国外附属机构的经营利润。属地原则对国际服务贸易统计范围产生了较大的限制。

GATS 从服务贸易提供模式出发来定义国际服务贸易,摆脱了"居民"这个概念对国际服务贸易交易的纪录的束缚,与之相对应的是"成员国的服务提供者/消费者"。"成员国的服务提供者/消费者"的经济中心地可在东道国,也可在母国。因此,服务贸易的内涵相对于 BPM5 的统计范围就有了较大的不同。这种方式定义的国际服务贸易不再有属地原则的特点,而具有属人原则的特点:同一成员国的自然人之间发生的服务交易界定为成员国国内服务交易,不同成员国自然人之间发生的服务交易则界定为国际服务贸易。

6.3.3 BOP 与 GATS 统计分类的差异

BOP 服务贸易统计和 GATS 服务贸易统计对服务贸易的分类都是参照联合国"中心产品分类法"制定的,但二者在具体分类和统计内容上存在差异。根据 IMF 的分类,服务贸易包括运输、旅游、通讯服务、建筑服务、保险服务、金融服务、计算机和信息服务、专利使用费和特许费、其他商业服务以及个人、文化和娱乐服务等10 大类。而根据 WTO 的分类,服务贸易具体包括商业服务、通讯服务、建筑及有关工程服务、销售服务、教育服务、环境服务、金融服务、健康与社会服务、与旅游有关的服务、文化与体育服务、运输服务以及其他服务等 12 大类。MSITS 在进一步扩大经合组织和欧统联合分类的基础上规定了《扩大的国际收支服务分类》（EB-OPS），按 EBOPS 搜集的数据基本能满足 GATS 中 FATS 服务贸易谈判所需的细目以及对全球化研究的需要。因此，除政府服务外，BPM5/EBOPS 组成部分与世界贸易组织的分类覆盖范围基本吻合。

6.3.4　BOP 与 GATS 统计体系的过渡

目前 IMF 与 WTO 对服务贸易的统计数据都来源于各国的 BOP 统计，但随着经济全球化的发展，基于 BPM5 要求建立的 BOP 统计中的属地原则对国际服务贸易统计范围产生了较大的限制，就产生了对属地原则向 GATS 中属人原则进行拓展的需求。

首先，经济全球化对服务贸易的影响和各国间人员流动急剧增加均对属地原则的 BOP 统计提出了挑战。经济全球化带来的一个明显变化是生产和消费的国际化。经济全球化带给服务业的影响会远远大于其对商品制造业的影响。由于服务具有的特点使得经济全球化程度与服务贸易量成正比，目前对服务贸易增量贡献最大的就是通过商业存在模式绕过国界提供的服务。经济全球化带来境外旅游、跨国公司内部人员调动、外国人非永久性在本地就业等人员急剧流动，而且随着经济全球化的不断深入，通过自然人移动方式提供的服务占整个服务贸易的比重将会越来越高。而BOP 遗漏了大部分采用这种方式提供的服务贸易，存在着严重的局限性。再者，当今国际服务贸易中"商业存在"形式占据主导地位，而商业存在形式中交易双方均属于法律意义上的同一国居民，因此 BOP 统计对其提供的服务贸易没有进行反映是不合理的。

6.4　我国服务贸易统计体系和制度

我国的服务贸易的统计发展远远落后于服务贸易的发展速

度,原先采用 MPS 账户进行国民经济核算时,根本不考虑服务创造的价值,更谈不上服务贸易统计了。近几年随着改革开放的深入,我国对外贸易额不断增加,服务贸易占总贸易额的比重也越来越大,再加上我国的国民经济核算已经采用了国民经济核算(SNA)体系,因而也开始重视服务贸易统计了。

目前我国的服务贸易统计主要包括了两大部分:

第一部分是国际收支服务贸易统计,也就是 BOP 统计,我国基本上按照 BMP5 的框架来统计跨境的服务贸易的。按照国民经济核算(SNA)的观点,对外贸易是发生在居民与非居民之间的交易,因此服务贸易就是发生在常住单位和非常住单位之间的服务产品的交易。在国际货币基金组织第 4 版的《国际收支手册》中,劳务、非金融财产收入和投资收入都一并放在服务贸易项下,第 5 版则明确区分了国际服务交易和收入交易,从而使得基于国际收支的定义与国民经济核算的定义统一起来,统称为 BOP 定义。

另一部分就是 FAT 统计。其反映了外国附属机构在东道国发生的服务交易情况,包括与投资母国之间的交易,与所有东道国其他居民之间的交易,以及与其他第三国之间的交易,核心是其中的非跨境服务交易。FAT 统计明确了母国、东道国和第三国之间的关系。对任何一国来说,直接投资都是双向的,既有外国在本国的直接投资,也有本国在外国的直接投资。这种投资的双向流动反映在统计上,就形成了 FAT 的内向统计和外向统计。内向 FAT 统计记录外国附属机构在本国的交易情况的统计。外向 FAT 统计记录本国在国外投资形成的附属机构在投资东道国的交易情况的统计。我国 FAT 统计主要是指内向 FAT 统计。至于外向 FAT 统计,由于我国仍然是发展中国家,对外投资较少,暂时不成熟。

但是在我国无论是 BOP 统计还是 FAT 统计都跟不上服务贸易的发展。国际上进行比较所用的贸易额,多是以货物贸易和BOP 统计的服务贸易为主,因而将大量的国外投资所形成的贸易隐形化了。事实上这部分贸易(服务贸易和货物贸易)是存在的,但是却没有用来反映国际贸易联系程度,也没有用来反映一个国家在国际上的经济活跃程度。对于我国而言,外资企业的经济活动对我国国内经济的发展非常重要。我国的服务贸易统计(跨境的 BOP 统计和内向的 FAT 统计)正在不断发展成熟,而外向的FAT 统计却发展缓慢。

为完善我国的服务贸易统计体系,促进服务贸易的健康发展,商务部、国家统计局遵循国际服务贸易统计的最新标准,借鉴世界发达国家(地区)的服务贸易统计方法,并结合近年来我国服务贸易发展的实际情况和特点,对2008 年 1 月 1 日实施的《国际服务贸易统计制度》进行了修订。新的《国际服务贸易统计制度》(以下简称《统计制度》)自2010 年 8 月 1 日起正式施行。

6.4.1 《统计制度》出台的背景

近年来,服务贸易规模的迅速扩大以及服务贸易内涵的不断丰富,使得各国政府、企业和分析家对服务贸易统计信息的使用提出了更高要求。为满足经济发展和贸易谈判的需求,采集更准确、更全面、更详尽和更具国际可比性的服务贸易统计数据对我国政府而言具有举足轻重的意义。

2007 年发布的《国际服务贸易统计制度》实施以来,我国建立了服务贸易统计体系的基本框架,不仅进行了服务进出口统计,对外国附属机构服务贸易统计也做了尝试。尽管目前我们已经能够采集服务进出口总体数据以及部分外国附属机构服务贸易统计数据,但由于在数据的全面性、时效性和准确性等方面存在一定缺陷,至今难以满足社会各界对服务贸易信息的需求;难以监控服务贸易企业进出口运行状况;难以深入进行双边服务贸易统计数据的对比与分析。因此,为建立更加符合国际规范和我国实际情况的服务贸易统计体系,指导各地商务主管部门更为有效地开展服务贸易统计工作,商务部和国家统计局联合发布了《统计制度》。

6.4.2 《统计制度》的主要内容

（1）《统计制度》的法律依据

《统计制度》以《中华人民共和国对外贸易法》和《中华人民共和国统计法》及相关规定为依据。

（2）《统计制度》遵循的国际标准

《统计制度》规定，我国的服务贸易统计遵循联合国等国际组织编发的《国际服务贸易统计手册》和世界贸易组织《服务贸易总协定》（GATS）的有关标准，并与联合国《国民经济核算体系》（1993 SNA）的有关标准相衔接。

（3）服务贸易统计的内容

《统计制度》规定，我国的服务贸易统计主要包括服务进出口统计、外国附属机构服务贸易统计和自然人流动统计3个方面。

（4）服务贸易统计数据的采集方法

《统计制度》规定，服务贸易统计数据采集的方法包括全数调查、抽样调查、重点调查、典型调查和科学测算，并充分利用行政记录等资料。

对运输、旅游、通信服务、金融服务、保险服务进出口，金融类外国附属机构服务贸易，以及自然人流动领域实施以相关部门数据为主体，辅之以重点调查、典型调查和科学测算的统计方法。数据来源于相关部门及其他信息渠道。

对建筑及相关工程服务，教育服务，环境服务，医疗、保健和社会服务，娱乐、文化和体育服务，分销服务和其他商业服务等领域实施全数调查。调查的对象是发生服务进出口行为的企事业单位、其他组织、个体工商户和个人。数据来源于商务部服务贸易企业统计系统。

对计算机和信息服务、特许使用费和许可费进出口，以及非金融类外国附属机构服务贸易领域实施全数调查。数据来源于商务部现有的统计系统。

（5）服务贸易统计数据的发布

服务贸易统计数据实行定期对外发布制度。商务部以《中国服务贸易统计》和《中国服务贸易发展报告》的形式对外发布年度中国服务进出口、外国附属机构服务贸易和自然人移动等统计数据。

6.4.3 我国服务贸易统计工作的组织实施

《统计制度》规定,商务部负责我国服务贸易统计调查工作的组织与实施。我国服务贸易统计工作实行统一管理、分级负责。商务部是服务贸易统计的主管部门。在国家统计局的业务指导下,负责全国的服务贸易统计工作。地方各级商务主管部门承担本行政区域内的服务贸易统计工作。

《统计制度》实施之后,我国的服务贸易统计在内容上能够覆盖《服务贸易总协定》定义的 4 种供应模式,即跨境提供、境外消费、商业存在和自然人流动。同时,服务进出口统计首次在全国范围内实现了企业直报。

7 国际服务贸易的宏观实证分析

7.1 服务贸易与商品贸易、经济发展的关系

服务贸易发展与商品贸易发展、经济发展三者之间成良性互动的关系。

7.1.1 服务贸易与商品贸易之间的关系

一方面,国际服务贸易的发展节约了商品贸易所需要的成本,提高了商品贸易的效率,促进了商品贸易的发展。另一方面商品贸易的发展,在金融、专业服务等方面促使了服务贸易的发展,提供了国际服务贸易发展的物质支持。

国际服务贸易包括运输旅游、通讯、建筑工程承包、视听、教育卫生、金融、广告设计,等等,服务业对于商品贸易发展的贡献是无法用数字来准确描述的。交通运输的发展促进了商品贸易的地域扩展,节省了商品贸易的交易时间;建筑工程承包提供了生产商品所需要的厂房,促进了商品的生产;教育为商品贸易提供了合格的从业者;金融为商品贸易提供了资金支持,方便了商品交易,特别是信用的使用,极大地降低了交易成本,防范了交易风险;广告的设计与使用促进了商品的消费,增进了厂商和各级经销商的联系。因此国际服务贸易对商品贸易的发展做出了巨大的贡献。若国际服务贸易出现问题,则极有可能伤害到商品贸易,美国 2008 年由

次贷危机引起的一次全球性的金融动荡,最终的结果是伤害到了实体经济的发展。

商品贸易的发展是国际服务贸易发展的物质基础。国际服务贸易的发展需建立在物品贸易的基础之上,若物品贸易发展出现停滞,则服务贸易就像无水之木,必然枯萎。以软件为例,首先需要 IBM 等电脑制造商制造出电脑提供给电脑销售者,在此过程中 IBM 需要面对消费者做广告,然后消费者购买回去后将电脑用于软件开发,向软件需求者提供软件包装,若是消费者采用分期付款的方式这就又涉及了服务贸易中的金融,若是消费者需要通过培训班或者大学学习到软件编程技术就涉及服务贸易中的教育,而 IBM 的高管因为业绩良好获得奖励去国外度假时就产生了国际服务贸易的旅游贸易。因此,可以说商品贸易的发展才是服务贸易发展的衣食父母。

7.1.2 服务贸易与经济发展之间的关系

时至今日,服务业在一国经济发展中的作用越来越大,在 GDP 所占的比重亦有一定比例,特别是在一些发达国家更为明显。美国服务贸易由 2000 年的 5 223 亿美元上升到 2009 年的 8 787 亿美元,年均增长率为 6.8%。2009 年美国服务贸易出口额为 5 075 亿美元,进口额为 3 712 亿美元,均居世界首位。而且其服务贸易顺差 1 363 亿美元,服务贸易总额占世界服务贸易总额的比重为 13.7%。自 1971 年起,美国服务贸易年年顺差,对弥补货物贸易的巨额逆差发挥了重要作用。2009 年美国对外贸易进出口总额为 34 620 亿美元,服务贸易占对外贸易额的比重为 23.1%,服务业产值占 GDP 的比重超过 75%,提供的就业岗位数占就业总数的 80%。

我国服务贸易总额由 2000 年的 660 亿美元增长到 2009 年的 2 867 亿美元,10 年间增长了 4.35 倍,年均增长率达 33.5%。2009 年,我国服务贸易出口额为 1 286 亿美元,进口额为 1 581 亿美元,我国对外贸易进出口总额为 22 072 亿美元,服务贸易占对外贸易总额的比重为 13%,服务贸易总额占世界服务贸易总额的比重为

4.5%。近年来我国服务贸易始终处于逆差状态,且逆差数额逐年扩大,由 2000 年的 57 亿美元增至 2009 年的 295 亿美元(见表 7-1)。

表 7-1　2009 年中美两国服务贸易比较

国家	服务贸易进出口总额/亿美元	服务贸易差额/亿美元	占本国对外贸易总额的比重(%)	占世界服务贸易总额的比重(%)
美国	8 727	1 363	23.1	13.7
中国	2 867	-295	13.0	4.5

注:资料来源于中国商务部网站和美国商务部网站。

　　从国际贸易来看,国际服务贸易亦成为国际经济交往的一种重要形式,占对外贸易总额的比例不断提高、服务业有了长足的发展,即服务贸易发展与商品贸易发展、经济发展三者之间为良性互动关系。经济的发展对服务贸易的发展有促进作用,经济发展使人民的收入增长,人民收入增长后可供消费的金钱数量增加,人们更倾向于选择金融理财产品,更倾向于利用闲暇时间旅游、休闲,更愿意主动接受更高层次的教育或者各种各样的或艺术或文艺的培训。因此,经济的发展促进了服务贸易的发展。

　　综上所述,三者之间为良性互动,在良性互动的推动下,服务贸易、货物贸易和经济发展形成一个不断向前发展的体系,就像滚雪球一样,在前进的道路上越滚越大。

7.2　国际服务贸易的宏观分析框架

　　出口方是服务的供给者,进口方是服务的需求者。因此,服务贸易的发展是由对服务的供给和需求而决定的,国际服务贸易的宏观分析框架就是识别影响国际服务贸易的供给和需求的宏观变量。

7.2.1　影响国际服务贸易供给的宏观变量

　　一个国家或地区向国际市场提供服务的能力直接受国内服务业发展水平的影响。服务区别于货物的一个显著特点在于生产者与消费者有很大程度的互动,换言之,服务生产过程在很大程度上影响消费者对服务的最终结果的评价。因此,国内服务业发展水平高的国家或地区积累了丰富的服务生产经验,能够高效率地提供顾客满意的服务,在国际市场上的竞争力也会较强。

根据波特的国家钻石理论,一个国家或地区向国际市场提供服务的能力还受国内服务需求的影响。国内服务需求较高,越能推动国内服务业的发展,从而向国际市场提供服务的能力也越强。但是,国内服务需求大也可能导致另一个结果,即服务对象主要在国内,出口动机受到抑制,尤其是国内经济规模大的国家更可能以内需为主。

一个国家或地区向国际市场提供服务的能力还受其自身货物贸易能力的影响。一方面,许多服务贸易是伴随着货物贸易而发生的,如国际货运服务、保险服务、进出口信贷服务和维修服务等;另一方面,根据波特的理论,跨国商务活动是产业国际竞争力的重要影响因素,在货物出口市场上领先的国家或地区积累了丰富的国际商务经验,有助于顺利开展国际服务贸易。

7.2.2 影响国际服务贸易需求的宏观变量

一个国家或地区对国外服务的需求直接受国内服务需求的影响。服务需求主要来自两个方面,一是来自生产的需求,即生产者需求;二是来自消费的需求,即消费者需求。生产者服务需求受国内经济规模的影响,国内经济规模越大,对生产者服务的需求越大;后者受收入水平的影响,收入越高,对服务的消费需求越高。

一个国家或地区对国外服务的需求还受国内服务业发展水平的影响。如果国内服务生产足以满足国内需求,则对国外服务的需求就低。

同样,一个国家或地区对国外服务的需求还受它对国外货物的需求的影响,原因在于许多货物进口会导致相应的服务进口。

7.3 国际服务贸易宏观因素的实证分析

用国内生产总值(GDP,10亿美元)反映国内经济规模;用人均国民收入(GNIPC,美元)反映收入水平;用服务业增加值(VAS,亿美元)及其年增长率(AGS,%)反映国内服务业发展水平;此外,还包括两个货物贸易指标,即商品出口(EXG,亿美元)和商品进口(IMG,亿美元)。

分析所用的样本数据是1990—2010年17个国家或地区的数据,这17个国家或地区在世界服务贸易中处于领先地位,而且在国家的选取上尽可能多样化,即样本国家既包含发达国家,又包含发展中国家。其中,尽管美国的服务贸易在世界上遥遥领先,但由于美国的情况比较特殊,故样本中不包括美国。这17个国家或地区分别为:奥地利、澳大利亚、比利时、法国、韩国、荷兰、加拿大、马来西亚、墨西哥、日本、瑞典、泰国、中国香港、意大利、印度、英国和中国。

在分析方法上,鉴于数据为时间序列与截面数据的混合数据,采用Panel Data回归分析方法。考虑到时间序列可能存在自相关,且样本国家之间可能存在相互影响,故采用有同代相关的一阶自回归模型。利用SAS软件的TSCSREG程序得到如下回归结果(见表7-2,表7-3)。

由表7-2可以看到,5个变量与服务出口的关系都很显著,可以解释服务出口变动的99.68%。具体来看:

(1)在其他变量得到控制的条件下,国内经济规模对服务出口的净影响为负,*GDP*每增加10亿美元,服务出口就会减少130万美元。这意味着经济规模较大的国家或地区的服务生产主要用于满足国内需求,而一些服务业发达但国内市场有限的国家或地区则注重开拓国际市场,这也正是中国香港、比利时和卢森堡出现在服务出口前10名的原因。

(2)在其他变量得到控制的条件下,收入水平对服务出口有显著的正向影响,*GNIPC* 每提高 1 美元,服务出口就会增加 40 万美元,其 *t* 值仅次于商品出口。这个关系解释了服务出口领先国家几乎全部是发达国家的现象。

(3)在其他变量得到控制的条件下,国内服务业发展水平对服务出口有显著的推动作用,服务业增加值每提高 1 亿美元,服务出口就增加 20 万美元,服务业增加值每增长 1 个百分点,服务出口就增加 2 510 万美元。相对而言,服务业增长率对服务出口的影响更为显著,这意味着服务业发展迅速的国家或地区往往比服务业成熟的国家或地区更倾向于拓展国际市场。

(4)在其他变量得到控制的条件下,商品出口对服务出口有显著的拉动效应,商品出口每增加 1 亿美元,就会导致服务出口增加 1 800 万美元。商品出口的 *t* 值最大,表明它是 5 个变量中对服务出口影响最为显著的变量。由此启示我们,尽管服务贸易和货物贸易是两种相对独立的贸易形式,但在货物贸易的发展过程中蕴含着服务贸易的巨大机会,发展中国家应当善于主动把握这些机会,实现服务贸易与货物贸易的共同发展。

表 7-2　各变量与服务出口的关系

自变量	系数	标准误差	t	$P_r > |t|$
截距	3.173	1.660 800	1.91	0.057 1
GDP	−0.013	0.001 530	−8.81	<0.000 1
GNIPC	0.004	0.000 050	82.29	<0.000 1
VAS	0.002	0.000 296	6.71	<0.000 1
AGS	0.251	0.014 900	16.83	<0.000 1
EXG	0.180	0.000 987	182.20	<0.000 1

$R[2] = 0.996\ 8$

表7-3　各变量与服务进口的关系

自变量	系数	标准误差	t	$P_r > |t|$
截距	−21.177	0.708 900	−29.87	<0.000 1
GDP	0.100	0.002 550	39.08	<0.000 1
GNIPC	0.003	0.000 064	49.82	<0.000 1
VAS	0.003	0.000 420	8.20	<0.000 1
AGS	−1.148	0.036 400	−31.56	<0.000 1
IMG	0.159	0.001 490	106.96	<0.000 1

$R[2] = 0.995\ 6$

由表7-3可以看到,5个变量与服务进口的关系都很显著,可以解释服务进口变动的99.56%。具体来看:

(1) 在其他变量得到控制的条件下,国内服务需求对服务进口有显著的正向影响,GDP每增加10亿美元,服务进口就会增加1 000万美元;GNIPC每提高1美元,服务进口就会增加30万美元。GNIPC的t值大于GDP的t值,表明服务的消费需求比生产需求对服务进口的影响更为显著,因此消费结构服务化程度较高的国家或地区对国际服务需求也较大。

(2) 在其他变量得到控制的条件下,国内服务业发展水平对服务进口的影响是双向的,服务业增加值每提高1亿美元,服务进口就增加30万美元,而服务业增加值每增长1个百分点,服务进口就减少1.148亿美元。这种现象表明国内服务业发展水平对服务进口的净影响有阶段性。服务业增加值与服务业增长速度一般为负相关,利用样本数据计算这两个指标的相关系数,为−0.22,p-value为0.000 1。当服务业增加值处于某一临界值以下时,服务业增长较快,快速扩张的国内服务业能够满足国内服务需求的增加,因此服务业发展水平对服务进口的净影响为负;当服务业增加值超过临界值时,服务业增长放缓,国内服务业的发展不能满足国内服务需求的膨胀,因此服务业发展水平对服务进口的净影响为正。

（3）在其他变量得到控制的条件下,商品进口对服务进口有显著的拉动效应,商品进口每增加 1 亿美元,就会导致服务进口增加 1 590 万美元。商品进口的 t 值最大,表明它是 5 个变量中对服务进口影响最大的变量,再一次揭示出服务贸易与货物贸易的相互依存关系。

8 国际服务贸易合同

8.1 国际服务贸易合同概念

依据《服务贸易总协定》第1条第2款的规定,国际服务贸易合同的定义为:不同国家的居民就服务贸易所达成的一致意思表示。根据这一概念及《服务贸易总协定》的有关规定,国际服务贸易合同具有如下法律特征:

(1)其主体必须是不同国家的居民,居民包括自然人、非法人组织以及法人,不强调他们的国籍,而主要以他们的住所或居所为基准;

(2)其标的必须是服务行为,"服务行为"具有无形性、同时性以及不可储存性的特点,这一特征是国际服务贸易合同与国际货物贸易合同及国际技术贸易合同的基本区别;

(3)其具有连续履行性,这一特征是国际服务贸易合同与国际货物贸易合同的又一区别;

(4)其性质既具有贸易性也具有投资性,这一特征也与国际货物贸易合同及国际技术贸易合同有所不同;

(5)其适用的法律规范主要是国际服务贸易法,这一特征与其他两种国际贸易是有区别的。

从理论上讲,国际服务贸易合同应当定义为:同一国家的居民就国际服务贸易行为或不同国家的居民就服务贸易行为所达成的一致意思表示。

在此,核心问题有两个:一是主体,二是标的是否跨越国界。

就主体而言,既可以是同一国家的居民,也可以是不同国家的居民。同一国家的居民如果就国际服务贸易行为达成协议,那么这类"协议"就应当属于国际服务贸易合同。因为其标的服务行为是"跨越国界"的,如电信的国际服务行为、运输的国际服务行为等,所以这类以标的"跨越国界"为标准的服务贸易合同,无论其主体是否为同国家居民,都应当属于国际服务贸易合同。

就标的是否跨越国界而言,服务行为既可以是跨越国界的,也可以是未跨越国界的,不同国家的居民如果就服务贸易行为达成协议,那么这类"协议"也应当属于国际服务贸易合同,因为其主体是"不同国家"的居民,如现场消费服务行为、登载广告服务行为等,所以这类以主体是"不同国家"的居民为标准的服务贸易合同,无论其标的服务行为是否跨越国界,都应当属于国际服务贸易合同。

因此,国际服务贸易合同的确认,同国际货物贸易合同与国际技术贸易合同的确认是有一定区别的,实践中确认的难度也大一些。国际服务贸易合同与国内服务贸易合同的根本区别在于:主体和标的,凡是"同一国家"居民就"未"跨越国界的服务贸易所达成的协议,就是国内服务贸易合同;反之,就是国际服务贸易合同。

8.2 国际服务贸易合同形式和种类

国际服务贸易合同的形式同国际货物贸易合同与国际技术贸易合同是一致的,即口头形式(包括书面或电子文件证明的口头形式)、书面形式以及电子文件形式。

国际服务贸易合同的种类是相当复杂的,从理论上讲应当以其"标的"作为区分的依据。根据 WTO 统计和信息系统局(SISD)关于国际服务贸易行为分类表对服务贸易行为的划分,服务贸易行为分为 11 大类 142 个具体项目。11 大类包括:商业服务行为、通信服务行为、建筑及有关工程服务行为、销售服务行为、教育服务行为、环境服务行为、金融服务行为、健康与社会服务行为、同旅游相关的服务行为、娱乐和文化体育服务行为以及运输服务行为。

据此,国际服务贸易合同共有 13 类,这种分类方法在目前来说,还是具有相当权威性的,其具体包括:

（1）**国际商业服务合同**

① 国际专业服务合同,如国际法律服务合同、国际会计服务合同、国际审计服务合同、国际税收服务合同、国际工程服务合同及国际兽医服务合同等;

② 国际计算机网络服务合同,如国际计算机硬件装配咨询服务合同、国际软件执行服务合同、国际数据处理服务合同及国际数据库服务合同等;

③ 国际研究与开发服务合同,如国际自然科学研究与开发服务合同、国际社会科学研究与开发服务合同、国际人文科学研究与开发服务合同及国际交叉科学研究与开发服务合同等;

④ 国际房地产服务合同,如国际房地产评估服务合同等;

⑤ 国际租赁服务合同,如国际船舶租赁服务合同、国际飞机租赁服务合同及国际机械设备租赁服务合同等;

⑥ 其他的国际商业服务合同,如国际技术咨询服务合同、国际管理咨询服务合同、国际广告服务合同及国际包装服务合同等。

（2）**国际通信服务合同**

① 国际邮政服务合同;

② 国际快件服务合同;

③ 国际电讯服务合同,如国际电话服务合同、国际电报服务合同、国际传真服务合同、国际电路租用服务合同、国际电子邮递服务合同及国际电子数据交换服务合同等;

④ 国际视听服务合同,如国际电视服务合同、国际录像服务合同及国际录音服务合同等。

（3）国际建筑及有关工程服务合同

① 国际建筑物的建筑服务合同；

② 国际建筑物修缮服务合同；

③ 国际建筑物装饰服务合同。

（4）国际销售服务合同

① 国际代理机构服务合同；

② 国际批发贸易服务合同；

③ 国际零售服务合同；

④ 国际特约代理服务合同。

（5）国际教育服务合同

① 国际初等教育服务合同；

② 国际中等教育服务合同；

③ 国际高等教育服务合同；

④ 国际成人教育服务合同；

⑤ 国际短期培训教育服务合同。

（6）国际环境服务合同

① 国际污水处理服务合同；

② 国际废物处理服务合同；

③ 国际环境卫生服务合同。

（7）国际金融服务合同

① 国际保险服务合同，如国际货物保险服务合同、国际人寿保险服务合同、国际再保险服务合同及国际保险经纪和代理服务合同等；

② 国际银行及其他金融服务合同、国际保险服务合同除外，如国际存款服务合同、国际贷款服务合同、国际金融租赁服务合同、国际汇付服务合同、国际托收服务合同、国际信用证服务合同、国际担保服务合同、国际货币支付和转移服务合同、国际票据转移和支付服务合同、国际证券发行服务合同、国际资产管理服务合同、国际金融资产清算服务合同、国际金融咨询服务合同及国际金融信息提供和转让服务合同等。

（8）**国际健康与社会服务合同**

① 国际医疗服务合同；

② 国际保健服务合同；

③ 国际社会服务合同。

（9）**国际旅游服务合同**

① 国际旅行社服务合同；

② 国际旅游经纪人服务合同；

③ 国际导游服务合同；

④ 与旅游相关的宾馆和饭店国际服务合同。

（10）**国际娱乐服务合同**

① 国际歌剧演出服务合同；

② 国际戏剧演出服务合同；

③ 国际音乐演奏服务合同；

④ 国际杂技表演服务合同。

（11）**国际文化服务合同**

① 国际新闻机构服务合同；

② 国际图书馆服务合同；

③ 国际博物馆服务合同；

④ 国际档案馆服务合同；

⑤ 国际互联网文化服务合同；

⑥ 国际文化交流服务合同。

（12）**国际体育服务合同**

① 国际体育比赛、体育会议、体育旅游、体育考察等服务合同；

② 以电视转播权、广告赞助权、特许标志经营权、运动员转会等标的转让为内容的服务合同。

（13）**国际运输服务合同**

① 国际海运服务合同，如国际海上客运服务合同、国际海上货运服务合同、国际海上拖船服务合同及国际海上救助服务合同等；

② 国际空运服务合同，如国际空中客运服务合同及国际空中货运服务合同；

③ 国际铁路运输服务合同,如国际铁路客运服务合同及国际铁路货运服务合同等;

④ 国际公路运输服务合同,如国际公路客运服务合同及国际公路货运服务合同等;

⑤ 国际管道运输服务合同;

⑥ 国际多式联运服务合同:

⑦ 国际集装箱服务合同等。

8.3　国际服务贸易合同内容

国际服务贸易合同与国际货物贸易合同、国际技术贸易合同在基本结构上是相同的,也是由首部、正文以及尾部所构成,核心内容仍然是约定在正文中。

国际服务贸易合同的种类不同,不同的国际服务贸易合同具有不同的特点,其内容也必然有所区别。在此,仅就国际服务贸易合同一般应当具备的条款分析如下:

(1) 当事人条款

若当事人为同一国家居民,那么就应当写明各方的姓名或名称、住所或居所、联系方式等;若当事人为不同国家的居民,那么除了应当写明上述情况之外,还必须明确其"居住国"名称。

(2) 定义条款

当事人应当将认为在合同中可能会引起误解的词语,尤其是关键性词语列入该条,逐个进行解释。例如,服务、服务行为、服务标准或质量等。

(3) 服务项目条款

该条款主要应当约定服务范围、具体服务事项。本条对于国际服务贸易合同而言是非常重要的,应当详细列举约定。

(4) 服务质量或标准条款

当事人约定服务质量或标准时,应当尽可能采用国际标准;若没有国际标准,就应尽量采用行业国际领先标准;如果行业国际领先标准不易确定,则应当采用双方认可的标准。但是,无论如何,当事人双方都应当在国际服务贸易合同中约定该条款。

（5）服务地点、时间和方式条款

该条款应当特别注意服务时间或期限,还应包括相关资料交付的内容。

（6）服务质量检验条款

该条款包括检验人、检验标准、检验范围、检验地点、检验时间以及检验结果证明等。

（7）服务事项保密条款

该条款包括保密对象、保密范围、保密期限以及泄密责任。

（8）服务费用支付条款

该条款包括费用总额、支付方法、支付地点、支付时间、支付币种以及税收的承担等。

（9）损失或损害赔偿条款

该条款包括归责原则、赔偿数额的计算方法或具体数额的确定等。

（10）免责条款

该条款应当包括名词解释和事件范围两部分内容。

（11）争议解决方式条款

当事人除可以约定通过协商、调解方式解决争议外,还可以约定通过仲裁或诉讼方式解决争议。如果约定通过仲裁方式解决争议的,则必须将仲裁地点、仲裁机构、仲裁事项、仲裁规则以及仲裁裁决效力等加以明确约定;如果约定通过诉讼方式解决争议的,则必须将诉讼法院加以明确约定。

（12）法律适用条款

无论是各国的国内法律规范还是国际法律规范,一般都允许国际服务贸易合同当事人,通过合同自由选择合同所适用的法律规范,可供选择的法律规范包括:当事人双方一国的涉外服务贸易法律规范、第三国的涉外服务贸易法律规范、国际服务贸易条约以及国际服务贸易惯例。但是,当事人在自由选择国际服务贸易合同所适用的法律规范时，必须是合法的、善意的，不得与公共利益相违背。

（13）国际服务贸易合同的附件

该条款是将与本合同有关的所有附件以"清单"形式列明，并说明所列"清单"的全部附件同本合同的其他条款具有同等法律效力。

在国际服务贸易合同中还应当注明其签订的地点、日期以及其他相关事项。

8.4　国际服务贸易合同适用原则

国际服务贸易合同的法律适用原则具体包括 3 大原则：自由选择原则、最密切联系原则和不得违反公共秩序原则。

这些原则已被当今国际经济法确认为国际经济合同适用的基本法律原则，作为国际经济合同范畴的国际贸易合同是不能例外的。显然，作为国际贸易合同范畴的国际服务贸易合同更是不能例外。毫无疑问，国际服务贸易合同的法律适用，同样也必须遵守这 3 大原则。

1. 自由选择原则

"意思自治"是一项传统的基本法律原则。在"意思自治"原则的基础上衍生出了"契约自由"的法律原则，而在"契约自由"原则的基础上发生质变，产生了适用于国际贸易合同的"自由选择"法律原则。

就国际服务贸易合同而言，其具体是指当事人在合同中事先约定，实施国际服务贸易行为和解决国际服务贸易纠纷，应当遵守某种可以确定的国际服务贸易法律规范的一种法律适用原则。当事人既可以约定适用国际服务贸易法的国内法律规范，也可以约定适用国际服务贸易法的国际法律规范；在国内法律规范中，当事人既可以约定适用契约任何一方主体所属国的涉外服务贸易法律规范，也可以约定适用契约主体所属国之外的第三国涉外服务贸易法律规范;在国际法律规范中,当事人既可以约定适用国际服务贸易条约,也可以约定适用国际服务贸易惯例。

2. 最密切联系原则

就国际服务贸易合同而言,其具体是指当事人未在合同中约定法律适用条款的情况下,实施国际服务贸易行为和解决国际服务贸易纠纷,则适用与国际服务贸易行为实施地和国际服务贸易纠纷解决机构所在地具有最密切联系的国家的国际服务贸易法律规范的一种法律适用原则。

这一法律适用原则的实质,是对自由选择法律适用原则的补充和完善。该原则的核心是"最密切联系"。与国际服务贸易合同具有"最密切联系"的国家,就是合同的签订地、履行地及其纠纷解决机构法院或仲裁机构所在地国家。在当事人未适用自由选择法律原则的情况下,国际服务贸易合同则适用此项原则,具体而言就是国际服务贸易合同适用其签订地、履行地或者其纠纷解决机构所在地国家的国际服务贸易法律规范。具体适用 3 个地点中哪个国家的法律规范,则应区别情况分别确定。如果当事人在合同履行过程中未发生纠纷,则当事人在实施国际服务贸易行为时应当遵守"适用"行为地国家的法律规范;如果当事人在合同履行过程中产生了纠纷,并且是通过协商或调解方式解决的,则应当由当事人双方确定是适用合同签订地国家的法律规范,还是合同履行地国家的法律规范;如果当事人在合同履行过程中产生纠纷,通过协商或调解方式不能解决纠纷,或者当事人双方不愿通过协商、调解方式解决纠纷的,必须通过仲裁或诉讼方式解决的,则应当由解决该纠纷的仲裁机构或法院决定是适用合同签订地国家的法律规范、合同履行地国家的法律规范,还是解决该纠纷的仲裁机构或法院所在地国家的法律规范。

无论是由当事人还是由仲裁机构或法院确定适用某一个国家法律规范的,在适用该国法律规范时必须遵循下列顺序:第一、其缔结或参加的国际服务贸易条约(包括双边服务贸易条约、多边服务贸易条约及国际服务贸易公约);第二、国内服务贸易法律规范,包括成文法和判例法；第三、国际服务贸易惯例；第四、有关国际服务贸易的一般法律原则。

3. 不得违反公共秩序原则

不得违反公共秩序原则，具体是指当事人、仲裁机构或法院已确定适用某一国家国际服务贸易法律规范的情形下，该国的相关法律规范不得违反、损害或有损国际服务贸易合同签订地、国际服务贸易行为实施地或仲裁机构、法院所在地国家的法律规范、国家安全、公共利益、社会道德及善良风俗等"禁止性"规定或习惯的一种法律适用原则。该原则是对自由选择法律适用原则和最密切联系法律适用原则进行限制的一项基本法律原则。凡是已确定适用于国际服务贸易合同的某一国家的国际服务贸易法律规范，不符合该原则的，则有关当事人或纠纷解决机构应当重新确定国际服务贸易合同所应适用的国际服务贸易法律规范。

9 国际服务贸易发展的比较分析

9.1 服务贸易管理体制的国际比较分析

美国、欧盟、英国、日本、加拿大、中国香港等 6 个主要国家和地区的国际服务贸易起步早、发展快,因此在国际服务贸易中占据绝对主导地位,形成了一套法规完备、分工协调、运行高效的政府服务贸易管理体制。

由于各国和地区的服务贸易发展状况不同,在服务贸易管理中也各有侧重,形成了不同的管理特色。根据服务贸易管理方式、方法的不同,这些国家和地区的管理体制可以归纳为 3 种类型,即核心管理型、分工协调型和服务推进型。

1. 核心管理型

核心管理型是指服务贸易的管理权限相对集中于某一政府部门的类型。美国是核心管理型的典型代表。由于服务贸易种类繁多,各国和地区的服务贸易管理机构往往分散在不同的管理机构和部门。但与其他国家和地区相比,美国的服务贸易管理体制相对集中,形成了以美国商务部为核心的服务贸易管理体制,称之为核心管理型。

美国商务部承担着服务贸易战略的制定、日常管理、统计以及服务出口促进和贸易救济的具体工作。美国商务部的国际贸易管理局设有服务业司,负责美国服务业的管理工作。其对服务业的主要管理职能是:与私人企业和其他政府部门共同为美国企业提供出口帮助和更有利的海外市场准入条件,参与和推进双边和多边服务贸易谈判(包括与 WTO,NAFTA,APEC 的谈判和双边协议),促进谈判协议的落实;为美国服务业企业开拓海外市场提供信息及其他服务;进行美国服务贸易市场环境与竞争力的统计分析,并为国会及相关部门提供信息。其下设服务业办公室、金融业办公室和旅游业办公室分别负责各服务贸易领域的出口促进、谈判与执行、政策指定与咨询以及项目设立与管理等。同时,美国商务部还负责制定推动服务出口发展战略,为服务企业对外出口提供全方位服务。此外,为更好地实施服务贸易管理,美国商务部下属的小企业发展局、国家电信与信息委员会、专利与商标办公室以及国际贸易管理局下属的贸易促进与商业服务管理司、进口管理司及市场准入与执行司也分别参与服务贸易的进出口促进、贸易谈判、标准制定和贸易救济与援助等管理和服务工作。服务贸易的统计分析则主要由美国商务部经济分析局完成。

可见,美国商务部在服务贸易政策的制定和实施、服务贸易谈判、服务贸易促进以及服务贸易统计方面发挥着重要作用,成为美国管理服务贸易的核心管理机构。

2. 分工协调型

分工协调型的管理体制以日本为代表。日本政府的贸易管理机构分工明确,具体可分为立法机构、政策的制定和执行机构、统计机构及服务贸易咨询及促进机构 4 大部分。主要涉及国会、内阁、外务省、经济产业省、国土交通省、财务省、日本银行、日本进出口银行、日本贸易振兴会等政府机构和组织。

日本国会是服务贸易法律、法规的立法机构。通常制定与服务贸易相关的法律法规的建议由服务贸易的促进和咨询机构,或者由主管的政府机构根据服务贸易发展的状况提出。上报内阁府得到认可之后,由主管的政府机构的相关政策制定部门组织产、官、学共同研究商讨制定,然后上报内阁府。经过内阁府审查通过后,再报国会批准、立法。

日本"内阁会议"是制定政策、协调各省厅之间关系的最高官僚机构。内阁会议的议长一般由内阁总理大臣担任,其成员主要包括财务省、外务省、经济产业省、国土交通省等重点省大臣、日本银行及进出口银行总裁等。在日本内阁会议中,与服务贸易相关的会议有"经济财政咨询会议"和"知识产权战略会议"。与服务贸易相关的法律、法规以及政策措施也必须经由该会议审议通过。

日本外务省经济局负责对外签署与服务贸易相关的多边条约和协定,并负责处理国际贸易纠纷。同时,作为日本政府的对外联络窗口,外务省也向相关的省厅提出制定与服务贸易相关的政策、法律、法规的建议。经济产业省是日本服务贸易政策的主要制定者和执行者,服务产业和服务贸易政策的制定及实施也主要由经济产业省负责。国土交通省综合政策局是日本交通运输和旅游服务政策的制定和执行部门。日本银行负责日本国际金融服务贸易相关政策的制定和实施。

由于服务贸易管理部门相对分散,因此协调部门的作用就很重要。日本内阁府的"内阁会议"制度,很好地解决了日本各省厅之间的协调问题。同时,日本政府在制定和颁布一项贸易政策或者法律的过程中,通常会广泛地吸收社会各界和各方面人士的意见,以实现科学决策的目的,突出体现在产官学一体的政策决策过程。上至内阁会议,下至经济产业省的专业委员会,都是产官学结合的最好典范。因此,分工协调成为日本服务贸易管理的重要特色。

3. 服务促进型

服务促进型是指以服务贸易促进为主、服务管理为辅的管理模式。除美国、日本以外的欧盟、英国、加拿大、中国香港等 4 个国家和地区都可以归为这种模式。

加拿大政府对服务贸易不进行直接的管理,而主要是通过贸易促进来推动服务贸易的发展。外交与国际贸易部是加拿大促进服务贸易发展的主要部门。其核心服务包括:一对一的出口帮助;提供市场与产业信息;提出出口融资建议;推荐贸易交易会;举办研讨会等。如果企业希望实地考察目标市场，办事处可以推荐符合要求的国际贸易展会，举办学习研讨会，帮助出口商了解海外商业环境及机会等。

在欧盟设有欧盟服务论坛(ESF)，这是一个由欧盟服务部门的代表组成的论坛机构，旨在有效地提高欧盟服务业的利润，以及推进 GATS 所倡导的世界服务业市场自由开放的进程。ESF 支持并鼓励服务市场的自由化，帮助消除欧盟服务部门的贸易与投资壁垒，特别在市场准入和国民待遇方面。作为一个欧盟服务业的促进机构，欧盟服务论坛由来自不同国家和地区的多个成员组成，其中包括 20 个服务业部门，36 家世界知名的专业服务公司以及 39 个欧盟服务业联合会。

英国政府在服务贸易管理方面的作用主要是制定相关服务贸易管理政策，创造高效、平等的贸易环境，提供广泛的咨询、信息、财务协助等服务。除了政府和地方当局各经济管理机构的广泛参与外，其他部门包括外交、军事等，上至皇室，下至民间机构，均参与对出口和吸引投资的促进工作。

中国香港更是把服务促进当成头等大事来抓。在工商及科技局下面专门设有工商服务推广处，这是政府专设的服务贸易促进部门。该处与商界合作制定执行"方便营商计划"，与商界和学术界合作制定执行"推广服务业计划"，推行近 300 项措施，对提升香港作为亚太地区国际服务中心的地位发挥了积极的作用。此外，香港贸发局、生产力促进局等机构也属于法定的服务贸易促进机构。香港服务业联盟为服务业和服务贸易专业行业协会，不仅致力于香港服务业和服务贸易的市场开拓，还负责把香港各服务行业的意见、要求和愿望及时传递给政府，使政府决策更加符合香港服务业和服务贸易发展的需要。三者之间职责各有侧重，但相互配合，有效地促进了香港服务业和服务贸易的发展。

9.2 服务贸易就业增长的国际比较分析

早在 17 世纪，英国经济学家威廉·配第在其经典著作《政治算术》中就预见到了先导工业化国家的就业结构由于收入差异而导致依次向第二、第三产业转移的趋势。在 1840 年，德国经济学家李斯特在其著作《政治经济学的国民体系》中运用"生产力阶段"理论，预见了后发展国家在对外开放中利用贸易保护成功实现工业化和商业化，使就业逐步由农业转移到工业再转移到商业部门的规律性。第一次系统提出三个产业划分并明确归纳劳动力产业结构演进规律的是英国经济学家费雪和克拉克，所以该规律被称为"配第一费雪一克拉克定理"。费雪在 1935 年指出，生产结构的演变是一个谁也无法改变的历史进程，它表现为生产要素不断地由第一产业转向第二产业，再由第二产业转移到第三产业。克拉克在 1940 年出版的著作《经济进步的条件》中，不仅对三个产业进行了详尽的划分，而且通过对 20 世纪 30 年代到 40 年代世界主要国家 12 个部门以及主要发达国家早期工业化过程中 10 个主要经济部门劳动力结构的分布变化规律的研究分析，揭示了劳动力分布变化与经济发展水平之间的内在联系。他认为，"劳动人口由农业转移到制造业，再由制造业转移到商业和服务业"，这是所有国家在经济发展过程中最具一般性的规律。在 20 世纪中后期，配第一费雪一克拉克定理先后被库兹涅茨、富克斯、钱纳里等众多经济学家的实证研究所证实。

从世界范围来看，世界产业的产值结构继续随着人均收入提高而演进。从 1995 年到 2010 年，农业产值比重从 5.4% 下降到 4%，服务业产值从 61.6% 提高到 68%，而工业的产值比重也和农业一样处于下降之中，从 33.1% 下降到 28%。可见，从世界平均水平看，工业产值和农业产值比重的下降是由服务业的份额的不断提升弥补的，也就进一步证实了配第一费雪一克拉克定理，世界已经步入由工业向服务业转移的过程。

从主要国家的产值结构演变来看，农业产值比重都在下降，但发展水平不同的国家下降速度不同。总体而言，发展中国家比重较高，下降较快，而发达国家比重较低，下降较缓慢。发展水平较低的中国、印度、巴西和俄罗斯，农业产值比重普遍在 5% 以上，自

1980 年以来,总的下降速度在 5 个百分点以上,不过在进入 21 世纪后,下降速度有所放缓;而发展水平较高的国家农业产值比重只有 1%～3%,在进入 21 世纪后比重趋于稳定;韩国的情况介于二者之间,比重下降得较快,目前只有 3.7%。工业产值比重的情况较复杂,总的来看,发展中国家与发达国家并没有明显的区别。中国和韩国比重最高,超过世界平均水平 10 个百分点以上,俄罗斯超过世界平均水平约 5%,作为发达国家的日本和德国均高于世界平均水平,而意大利、英国接近于世界平均水平,美国和法国虽明显低于世界平均水平,但比重都在 22%以上。作为发展中国家的巴西却大大低于世界平均水平,而印度虽稍低于世界平均水平,但与世界平均水平差距越来越小。服务业的产值比重均处于上升之中,一般而言发达国家高于世界平均水平,而发展中国家低于世界平均水平。但在发达国家,服务业与国内工业的比重存在明显的互补性,即工业比重越高,而服务业比重则相对较低;反之,则比重较高,这一现象在发展中国家也有一定的体现。

从劳动力的就业结构来看,农业就业虽然进入 21 世纪下降速度放慢,但比重一直在下降。工业就业总体在下降,发达国家进入 21 世纪后速度有所放缓,而发展中国家和新兴的工业化国家则是在 20 世纪末达到就业增长的高峰之后,也在进入 21 世纪后开始下降。也就是说,21 世纪以来,处于不断上升的服务业就业,不仅填补了农业、工业比重下降带来的空间,而且一直是增加就业的主渠道。不过与产值比重的变化相比,就业存在着明显的滞后现象,即就业结构的变化滞后于产值结构的演进,而且经济发展水平越低滞后越强,而发展水平越高则滞后的幅度越小。一般来说,经济发展水平越低,农业就业的下降和工业就业的上升的滞后幅度越大,服务业比重越高,服务业的滞后幅度越小,甚至会在发展后期出现超前现象,如 20 世纪 90 年代后期以来的美国和英国等。而工业相对发达、服务业相对不发达的国家则滞后幅度较大,如中国、韩国和日本等国。在服务业方面,一般发达国家比重处于 60%～75%,服务业较发达的发展中国家一般也在 40%以上,而中国服务业就业比重明显偏低。从工农业就业来看,发展水平在工业就业方面的差异小于在农业就业方面的差异。在农业落后的发展中国家,农业就业比重明显高于其产值比重,而在农业社会化程度很高的国家如法国、美国等,产值比重则高于就业比重。与世界大国相比,中国农业就业比重显然大大滞后于产值比重。

9.3 服务贸易显示性比较优势指数分析

显示性比较优势指数(Revealed Comparative Advantages,RCA)是美国经济学家伯拉斯于 1976 年提出的一个具有较高经济学价值的竞力测度指标,它可用来衡量一国某类产品的出口量占世界该类产品出口量的比重。将其用于服务贸易,则反映一国服务贸易出口量占世界服务贸易出口量的比重,表明一国服务贸易的国际市场占有率。其公式为:

$$RCA = (X_{ij}/Y_i)/(X_{wj}/Y_w) ,$$

其中:X_{ij}表示 i 国 j 类产品出口额;Y_i 表示 i 国全部产品出口额,即包括商品出口额与服务贸易出口额;X_{wj}表示世界 j 类产品出口额;Y_w 表示世界产品出口额。在服务贸易中,X_{ij} 则为 i 国服务贸易出口额;X_{wj}为世界服务贸易出口额,其他符号的含义不变。

这个指数反映了一个国家某一产业的出口与世界平均出口水平比较来看的相对优势,剔除了国家总量波动和世界总量波动的影响,较好地反映了该产业的相对优势。如果 RCA 指数大于 2.5,则表明该国服务贸易具有极强的国际竞争力;如果 RCA 介于 1.25 ~ 2.5之间,表明该国服务贸易具有较强的国际竞争力;如果 RCA 介于 0.8 ~ 1.25 之间,则认为该国服务贸易具有中度的国际竞争力;倘若 $RCA < 0.8$,则表明该国服务贸易的国际竞争力比较弱。用这一公式计算结果见表9-1。

表 9-1　服务贸易显示性比较优势指数的国际比较

排　名	国　别	RCA 指数
1	美国	2.04
2	英国	2.02
3	印度	2.00
4	澳大利亚	1.60
5	法国	1.46
6	泰国	1.34
7	新加坡	1.06
8	韩国	0.95
9	巴西	0.84
10	德国	0.79
11	日本	0.78
12	加拿大	0.74
13	菲律宾	0.73
14	中国	0.63
15	印度尼西亚	0.46
16	墨西哥	0.45

注:根据 WTO Annual Report 2010 整理。

　　美国、英国、法国、澳大利亚、印度、泰国、新加坡的比较优势指数大于1,其中美国最高达2.04,很显然,这些国家是世界上服务贸易最发达的国家;德国、日本、加拿大、韩国、菲律宾、巴西等国的优势指数处于0.7~1之间,属于服务贸易中等发达国家;而印度尼西亚、墨西哥则只有0.45左右,我国服务贸易的显示性比较优势指数多年来徘徊在0.6~0.7之间,均属于服务贸易发展比较滞后的国家。可见,显示比较优势指数反映了这些国家在国际服务贸易中的真实地位。

9.4　服务贸易开放度与控制策略比较分析

9.4.1　服务贸易开放度比较分析

服务贸易的全球化、自由化是世界经济发展的必然趋势,它的内在动力源于各国产业结构从农业经济向工业经济再向服务经济发展的调整和演变,各国产业结构的升级,必将不断推动国际服务贸易的发展。它的外在动力源于发达国家的推动作用,发达国家在服务贸易中的优势地位使他们积极通过各种世界贸易组织和区域性贸易组织,来推动国际服务贸易的自由化和全球化。然而服务贸易市场的开放意味着大量要素的跨国流动,包括金融、通讯及航空运输等领域,而这些敏感性行业往往关系到服务贸易当事国的经济安全问题,各国必然对相应的服务贸易开放进行控制。

又由于各国服务产业发展水平与阶段的不同,不同国家对服务贸易的开放和控制程度是不同的。IMF 对一国服务贸易的开放度也提供了相关的计算公式:

$$SO = (S_x + S_i) \ / \ GDP,$$

其中:SO 表示一国服务贸易的开放度,S_x,S_i 分别表示服务贸易的出口总额和进口总额,GDP 是国内生产总值。

根据世界贸易组织和国际货币基金组织提供的有关数据资料,分别计算出了 2010 年各主要国家国际服务贸易的开放度指数,其中英国、韩国、意大利和法国的开放度指数比较高,分别为12.0,11.9,11.3 和 10.6,美国只有 4.6,巴西最低为 2.8。

我国 2010 年服务贸易的出口总额为 1 702.5 亿美元,进口总额为 1 921.7 亿美元,GDP 为 397 983 亿美元,由此得出:我国服务贸易的开放度为 9.1,处于中间状态。

国际贸易领域的著名学者赫克曼曾采用积分法对部分主要的发达国家和发展中国家服务贸易的开放度分别进行过衡量,按照他的计算,一国的得分越高,则该国服务的自由化程度(又称服务的对外开放度)就越高;反之亦然。

从以上数据可以看出,虽然美国、印度等国家国际服务贸易的竞争力比较强,但是从开放度来看并不是很高。相反,像墨西哥等国家尽管服务贸易的竞争力不是很强,但开放度相对较高。这是在研究国际服务贸易开放战略与其竞争力的相互关系中应该注意的问题。

9.4.2 服务贸易开放控制策略比较分析

由于服务产品的特殊性,各国在控制服务贸易自由化进程中主要采取非国民待遇和市场准入限制两方面的措施。

各国现行的保护措施中,非国民待遇的限制手段主要是扶持国内产业,增强国内企业的竞争实力,削弱外资企业在国内市场上的竞争优势,以市场竞争的方式阻止外国企业挤占国内服务业市场,这要求非常谨慎而策略地运用税收和补贴等财政手段来影响市场格局。发展中国家采用这种做法得到世贸组织多数成员的谅解,而且这种利用非国民待遇限制达到市场限入目的的手段,在发达国家中也存在。在过渡阶段可以接受的市场准入限制主要有审批制度、量化的准入资格审查、总量规模限制、经营管制等,这几方面的管制也在各国中混合使用。

纵观世贸组织各成员国服务贸易的市场准入承诺,可以发现各缔约方在控制开放程度方面虽然存在差异,但所采用的具体策略主要有以下几个方面:

(1) 以时间作为自由化的控制手段

在几乎所有国家的承诺中,时间都是控制自由化进程的有效手段之一,其主要有以下几方面的控制作用:某项服务市场的总体开放时间;某些业务的特定开放时间;外商投资和经营许可证的有效期限;与本国立法相关的开放期限等。

(2) 限制外国持股

通常表现为对外国投资比例的上限规定。一般对直接投资限制较多,对间接投资限制较少。美国、日本、法国等发达国家和多数发展中国家采用这种方式以维护本国企业的市场份额;欧盟(除法国和葡萄牙外)、拉美和部分非洲国家对外国公司持股的限制相对较宽松,没有严格的限制;东欧国家则在银行和保险业等服务部门的开放中采取外商投资持股的下限限制,以确保外商投资的规模和责任;而亚太国家则相对管制较严格。

(3) 最惠国待遇的例外

最惠国待遇的原则是国际多边贸易协定的基石,它要求某一成员方给予另一成员的待遇不应低于其给予任何其他缔约方的待遇。但是,为了在双边基础上进一步协商而又不使协商中得到的好处扩展到所有缔约方,就必须向世贸组织申请最惠国待遇的例外。申请最惠国待遇的例外,主要是从市场准入方面考虑,但也不排除某些国际政治因素的作用。

（4）依据本国法规对世贸组织相关文件做出一般性承诺

各成员方对世贸组织相关协议的一般性承诺包括国内法规、政策、国内垄断性服务提供者的地位等。通常各国依据国内法律和管理规定来制约外国投资者的进入程度和进入时间。

（5）采用许可证

几乎所有国家对外国投资者进入本国敏感服务部门市场,都采取许可证制度。同时,在承诺中明确许可证发放的具体资格要求、数量限制等。

（6）其他限制

包括技术限制,要求外国公司只有在提供的服务含有比国内公司更高的技术含量时,才可获得批准。

9.5 韩国服务贸易发展概况及启示

9.5.1 韩国服务贸易现况及特点

（1）韩国服务贸易发展迅速

韩国服务贸易总额多年保持两位数增长,2005—2010年年均增速达19%。服务贸易占GDP比重不断增加。1990年49.5%,2000年54.4%,2010年增至59.6%。服务业就业者占韩就业总人数比重2010年达68.7%,约为制造业的4倍多。服务贸易全球排名稳步上升。2010年服务贸易进出口增速分别为21%和17%,远超世界平均水平。

（2）服务贸易产业竞争力在全球服务贸易格局中相对落后

韩国服务贸易产业虽为出口主导型发展模式,但其禀赋优势和产业竞争力相比世界发达国家仍存在较大差距。产业结构向低附加值服务领域过度倾斜,知识密集型等高附加值服务业亟待提高。个体业者为服务业主体,研发投资等增长引擎动力不足。2010 年韩国个体业者占服务业比重达 27%,远高于美国的 7.3% 和 APEC 的平均值 14.2%。与此相反,韩国服务业占民间研发投资比重为 6.9%,仅占美国(36.1%)的 1/5。服务贸易产业附加值生产增长率偏低。服务贸易收支连年赤字,逆差额不断扩大。从 2001 年 29.68 亿美元的服务贸易赤字,到 2010 年的 112.29 亿美元赤字,10 年间韩国的年均赤字达到了 80 亿美元。

(3) 生产型服务贸易产业有效提升制造业在国际产业链中的地位

整体发展迅速,规模不断扩大,2010 年生产型服务贸易产业增加值占服务贸易总增加值的比重达到 62.57%。商业服务增势显著,内部结构升级效应明显,IT、咨询、广告等商业服务产业销售额近 5 年内增长了 69.2%。研发产业聚集区为培养高科技人才夯实基础,目前韩国的研发服务产业已形成以大邱东南圈研发基地,以大德研发特区为中心的世界产业革新区,成为韩国培养研发型高技术人才的摇篮。近几年,韩国服务贸易产业尤其是现代服务贸易产业成为吸引外资的热点,餐饮、住宿业稳中略降,但金融保险业、通信业、房地产等现代服务业成为带动外资增长的主力军,前景看好。信息服务、现代物流等行业的逐步完善引领相关领域服务贸易产业发展。在韩国服务贸易产业中,信息服务产业和现代物流产业发展成效尤为显著。与日本类似,韩国政府积极实施电子韩国(E-Korea)战略,极大地推进了信息服务产业的发展。与此同时,韩国现代物流发展日臻完善,较为完整的物流系统服务,日益高效的物流信息化建设,逐渐增强的国民物流意识同信息服务产业有效结合,大举带动了金融服务、计算机和信息服务以及其他商业服务产业的增长。货物贸易的快速增长促进服务贸易的协同发展,服务贸易和货物贸易之间的高度依存关系,决定了两者发展总体趋势的趋同性。货物贸易的大幅增长有力促进了作为中间环节的运输、通讯、保险、金融等服务贸易协同发展。

9.5.2　韩国服务贸易优势产业分析

韩国服务贸易产业已逐步形成以交通运输、旅游、工程承包等传统服务贸易产业为支撑，现代服务贸易产业为首要，金融保险、电子信息服务等高附加值服务行业为重点对象的竞相发展格局。

（1）运输产业

运输业在韩国服务贸易占据重要地位。运输服务业是韩国进出口增长第一大行业，亦为服务贸易第一大顺差来源。韩国服务出口增势强劲，主要得益于运输业。运输业进出口总量增长快，最近5年间增长一倍。运输业占服务贸易比重大，2005—2010年，运输服务进出口额占服务贸易比重年均增长率43.5%，远超世界平均增长率27.5个百分点。拉动就业增长效果显著，2010年韩运输业企业数增至34万余家，运输业从业人数104.3万名，成为带动就业增长的重点服务行业之一。韩运输服务业已跨进世界先进行列，据世界银行统计，2010年韩国运输服务业进出口均高于美国、德国、日本等老牌运输服务发达国家。

（2）旅游产业

旅游业是韩国服务贸易第一大逆差来源。虽然近几年，韩国政府出台大量促进并完善旅游业的政策措施，但随着海外旅游供应链的进一步完善，旅游要素的愈发充裕，使得以海外留学、境外旅游为代表的旅游服务贸易逆差不断扩大，成为服务贸易第一大逆差来源。逆差阶梯式上涨，增速波浪式下降。2003—2007年，旅游业逆差额分别为47.44亿美元、62.81亿美元、96亿美元、130.6亿美元和150.9亿美元。逆差增速2003年为4.77%，2004年为32.3%，2005年达到52.84%的峰值后，2006年回落到36.07%，2007年大幅降至15.5%，2010年又进一步降至13.3%。韩国政府将旅游业放在改善服务业收支逆差，推动服务贸易发展的重要战略地位，先后修订法律、减免税收、打造国际品牌、提升竞争软实力的一揽子促进措施，使得旅游业在政府主导下实现长足发展。与其他国家相比，韩国天然旅游资源略显不足。韩政府便对旅游产业赋予文化内涵，利用本土和外来文化资源，并结合"韩流"等时尚元素,与旅游产业形成共栖、融合和衍生的良性互动关系,助推旅游业又好又快发展。

（3）海外工程承包产业

海外工程承包业飞速发展是韩国服务贸易的一大亮点。2006年韩国海外工程承包订单累计额首次突破2 000亿美元,仅历时2年半,便迈进3 000亿美元大关,而且不断刷新纪录。承揽工种由一枝独秀转为遍地开花,韩国承揽海外工程以成套设备为主。与此同时,土木、建筑等领域迎头赶上,订单量均超过60亿美元,比2006年增长2~3倍,表现出较强的发展潜力。工程区域分布广泛。截至目前,韩国海外承包工程对象国和地区已多达97个,中东和亚洲为韩承包重点地区。韩国内建筑市场已趋于饱和,其政府及时制定"海外市场多边化"战略,积极开拓非洲和中东的新兴市场,针对不同地区、不同产业,因地制宜地制定扩大工程订单政策,为大企业和中小建筑企业积极"走出去"打下坚实基础。工程技术成功地由劳动密集型转为技术密集型。韩国建筑承包业多年来大力谋求提高技术实力,在高附加值行业研发工作上苦下工夫,产业竞争力不断提升,在日趋激烈的国际竞争中占据了"技术桥头堡"。

（4）金融服务产业

金融服务进出口总额不断增长,为发展增速最快的行业之一,亦是仅次于运输服务的第二大顺差来源。政府注入资金主要通过两大机构进行:一是韩国储蓄保险公司,主要负责向金融机构重新注资,弥补亏损,保护存款人利益;二是韩国资产管理公社,具体执行清理不良债权工作并负责收购不良资产。金融业加快合并重组,民营化程度不断提高。为了调整金融结构,提高银行的对外信誉度,提升国家信用等级,韩国将金融业经营指标化,同时将自有资本充足率基准引入到银行经营中。此外,韩国不断借助外资发展金融。通过外资银行认购银行新股、金融债券、参与不良资产处理等方式引入外资。银行业务逐渐向证券、投资业延伸。银行传统的存贷款业务日益弱化并丧失竞争力。目前,韩国银行正大力拓展业务范围,创新金融产品,增加衍生金融产品的投放与服务,在确保传统业务市场份额的基础上,扩大个人消费贷款、助学贷款、中小企业贷款、住房担保贷款等的市场份额。韩国金融业的赢利点正从传统业务逐渐向金融衍生业务转移。

（5）文化娱乐服务产业

韩国文化产业较为发达,连续 5 年年均增长达到 9% 以上,是同期经济增长率的近 2 倍。文化产业占 GDP 的比重近 7%。韩文化企业约有 13 万家,从业人员约 44 万人。文化产业中,图书出版业居第一,占文化产业比重达 34.3%,其次是广播电视业、广告业、游戏业,分别占 16.8%,15.7% 和 12.9%。韩国是文化出口强国,实施"文化立国"战略成效显著,文化产品在世界各地大量传播,引发"韩流"和"韩流经济",形成文化产业互动共赢链,带动文化出口。韩国游戏出口发展迅速。2010 年其游戏市场规模约为 130 亿美元,其中,网上游戏市场规模达到 60 亿美元,网上游戏出口占整个游戏产品出口的 80% 以上。韩国文化体育观光部于 2006 年 10 月公布了《2007—2011 年电影产业中长期发展规划》。该规划目标是,到 2011 年韩国发展成为世界第 5 大电影强国,市场规模达 30 亿美元,世界市场占有率达到 3%,海外出口达 3 亿美元。

9.5.3　韩国服务贸易促进政策

韩国政府自 2001 年起,大力发挥各政府职能部门作用,制定和完善提高服务贸易产业竞争力的相关措施及促进政策。从税制、金融、企业费用负担等层面入手,改善与制造业措施差别,取消对服务业发展不利的政策。2003 年韩国政府提出实现服务贸易产业高附加值化方针,2004 年取消阻碍服务业市场发展的 43 项政策限制,2005 年制定了通信、广告、教育、医疗等 26 个现代服务业部门发展规划,2006 年底公布《加强服务业竞争力综合措施》,2008 年制定三阶段服务贸易促进体制。根据措施内容,大致可分为改善服务贸易环境、发展优势服务贸易产业和提升逆差服务行业竞争力三大部分。

（1）改善服务贸易环境

在缩小制造业和服务业的差别待遇方面，韩国政府缩小制造业和服务业间土地保有税的负担差别。物流业、观光住宿业、旅游设施业、疗养业和高尔夫球场等行业的附属土地核算公示价格超过 400 万美元时，需支付的 0.6% ~ 1.6% 的综合不动产税降至 0.8% 的单一税率。合理调整服务业领域的中小企业划定范围。服务总调查统计采取区别于制造业的扩大化服务贸易中小企业认定范围；减免有关服务产业用地的开发负担金，将服务业土地开发负担金降至与制造业相同。改革服务业适用的电费标准体制。调整产业用电与一般服务业用电费用差距，阶段性下调服务业用电售价和服务产业灾害保险费率，实行实际费率制。扩大《中小企业人力资源特别法》中知识密集型服务行业的适用范围。

在修改相关不合理规定方面，政府完善知识密集型服务有关制度。建全文化风险企业管理制度及广播广告管理规范；调整外国电影和本国电影放映影院的分配比率；加强对侵犯知识产权产品的通关检查；考虑引入旨在完善电子服务的集中许可制，减免图书馆和文艺会馆的交通负担金。加强物流、流通及个人服务业体系建设。完善建设流通设施时以地区为单位的计划基准；指定自由贸易地区、打造国际船舶用品供给基地；制定食品流通期限标识规定；更换石油销售企业的设施并提高设施标准；扶植畜产品优秀品牌；加强"小商人支援中心"的顾客服务功能；考虑引入个人服务业服务质量优秀企业认证制。完善基础设施和服务贸易统计制度。建立各地区自治团体服务业扶植体制；完善新兴产业竞争力法律制度；允许在运动设施用地内增设建筑物；减轻修建青少年锻炼设施相关费用；改善服务贸易统计的软硬件设施；使服务贸易统计制度规范化和制度化。放宽外国人投资部分服务产业区域限制和降低最低注册资本金额限制。政府政策支持的服务业最低注册资本金由 5 000 万美元降至 3 000 万美元；观光服务业最低注册资本金由 3 000 万美元降至 2 000 万美元。

在加大税收和金融支持方面，政府加大税收优惠，引入文化接待费制度;延长临时投资免税制;在临时投资免税制度中扩大文化、环境及通信服务业范围;加大对入驻济州投资振兴地区服务业的税收支援;免除观光产业基金收入法人税;扩大享受税收优惠的知识基础服务业范围;减轻服务业用不动产的贸易税负担;对文化产业公司、电子广播服务、大德研究开发特区内的研究所及尖端技术企业予以税收优惠;加大对电影业的税收优惠;将体育设施建设费涵盖在学龄前儿童教育费中予以返还。加强金融支持,设立中小企业产业支援基金,由 2002 年的 600 亿韩元增加到 2005 年的1 000亿韩元,并对知识发展型业种,产业银行和企业银行还提供特别基金扶持;自 2002 年起,产业银行和企业银行每年支付 10 亿美元用于发展知识密集型产业;改善利用技术及信用担保服务业种的信用审查标准。扩大税收减免范围。自 2002 年起,对属于服务业中小企业及创业中小企业实行税收减免税种由 6 个增加至 18个,对中小企业特别税额扣除税种由 13 个增加至 24 个,并对 49 个行业加大支持力度;进驻产业园区的服务行业适用与制造业同等的地方税,财产税及综合土地税减免优惠。

完善服务贸易人力资源培养体系,实施国家职业培训需求调查,拟定"平生职业技能开发五年计划";设立各服务领域专科学校,加强"产学服务专门人才联合教育";构筑服务业人才监测系统及人才网;强化对服务业从业人员的再教育;与"服务产业支援中心"共同输送高质量服务专业人才;由各行业主管部门、有关人员及专家共同拟定"服务业人才培养体制完善计划"。营造良好的服务贸易外部环境,统筹规划 WTO、自由贸易区等多双边谈判,利用多双边政府渠道加强对重大问题的磋商和协调;结合服务业发展现状和实力,分析不同行业比较优势,促进服务贸易规范有序出口,为服务贸易企业走出去创造良好环境。

(2) 发展优势服务贸易产业

构筑游戏产业社会基础设施,加大游戏产业人才培养力度,对游戏应用技术的开发予以支援。加强国际交流,增加出口,奠定进入海外市场及扩大内需的基础。

手机服务拟定手机网络（WiBro）、移动多媒体广播（DMB）等新兴手机服务方案，建全手机内容流通及传播等相关法律制度。加强对依赖海外进口的手机核心零部件的研究和开发。

流通业对拟开拓的海外市场予以调查，对开拓海外市场的企业予以支援，加强企业与大韩贸易投资振兴公社、中小企业振兴公团等有关机构的合作与联系。加强企业与投资对象国商会组织的交流与合作，敦促对象国开放市场。

贵金属、宝石业减轻纳税负担，提高贸易质量和透明度。建立"贵金属—时装—观光"一条龙设施体系，扩大销路，提高竞争力。

时装产业发掘时装设计新人、扩大中小品牌的对外出口、设立时装设计振兴中心、培养时装设计专门人才。

排水服务业改善上下排水设施、扩大内需市场、建立开拓海外市场支援体系，制定排水产业支援政策。

数码广播成立由广播公司、生产企业、广播委员会、政府等机构组成的"数码广播委员会"。促进特别法制定工作，规定模拟电视取消时间，统一安装数字广播电视装置，对低收入阶层予以支援。

市场调查等服务外包业提高企业对服务外包的认识，举行各种活动，扩大服务外包的市场需求；鼓励分支机构及有限公司的设立，通过兼并等形式扩大企业规模，提高产业效率。

海洋休闲及体育产业扩充帆船、快艇、滑水等大众海洋设施，举办垂钓等海上休闲娱乐活动，开发适合海上体育活动的场所。

（3）**提升逆差服务行业竞争力**

在增强观光产业竞争力措施方面：首先，改善观光业投资政策，主要包括减轻观光设施开发负担；完善观光园区设施投资规定；改善高尔夫球场设施及运营相关制度；完善观光餐饮设施建设及运营相关制度。其次，扩大海外旅游市场占有率，主要包括设立吸引海外游客的一系列宣传设施和机构；开发具有吸引力的观光名品；提升面向外国游客的服务质量；持续扩大在中国观光市场的占有率;提高旅游相关企业的竞争力。最后,搞活其国内旅游市场,主要包括提高国民认识,营造共同参与氛围;增设服务基础设施,吸引国内游客;切实扩充观光资源;扶植医疗观光、国际会议观光、游轮观光等面向未来的三大高附加值观光产业。

在提升教育领域竞争力方案方面:首先,全面改革英语教育,主要包括普及公共教育过程中的英语教育;提供多种英语学习及见习机会;确保留住优秀的本土教师和外教。其次,扩大教育出口,主要包括通过高校与企业合作办学等方式,扩招外国留学生;通过完善高校国外分校设立规定、实行电子教育等方式,扩大教育出口。再次,放宽外国教育机构设立、运营的相关限制。将韩国学生在外国人小学、初中招生比例提至30%(原为10%)。对满足一定条件的外国学校批准为韩国内法人。韩国民入学资格由海外居住5年放宽至3年。最后,放宽外国人担任英语等辅导教师资格认证,设立选拔管理制,放宽英语为母语的外国人辅导教师必须持有大学本科以上的学历资格审核。E-2签证发放对象由英语为单一官方语言国家拓宽至菲律宾、新加坡等多种官方语言国家。

在完善医疗服务便利化制度方面:第一,向海外患者提供方便入境,主要包括韩国法务部放宽签证制度,将此前向海外患者及随行家属发放的短期C-3签证(90天)改至G-1签证,且允许在韩停留期限直至治疗结束。申请签证附加文件由6个缩减为3个。第二,健全医疗法规,推行专科医院制,主要包括韩国国会对《医疗法全面修订案》进行大范围扩充;综合医院病床位由100张增至300张;引入专科医院制度,以确保成立专科医院和医疗条件落后地区的定点医院。第三,改善经济自由区内外国医疗机构措施,主要包括允许外国的医生、牙医、药师、护士、医疗技师在外国医疗机构任职;扩大外国医疗机构内宾馆等附带设施。第四,深化与其他国家医疗机构间合作,主要包括利用当地办事处、保险公司等渠道,拓展与其他国家间的医疗合作项目。强化与中日间的美容整形、牙齿美白等医疗交流体系。第五,引进国际医疗评价认证制度,效仿新加坡、泰国等国家,以大型综合医院为试点,引进国际医疗机构评价委员会 JCI 的认证体系，提高海外认知度和公信力。

在促进服务外包发展措施方面：第一，将服务外包提升至战略高度加以培育。2002 年，韩国产官学各界共同研究制定"2010 年产业进军世界 4 强"的发展目标及促进战略。计划对造船等 8 个主力产业、数码电子等 5 个未来战略企业、商业服务等 4 个知识密集型服务业进行重点扶持。第二，构建服务外包产业基础。构建"服务外包提供商数据库"，通过实际调查实现"服务外包需求企业"的网上检索。引入服务外包企业"国家公认资格证书"制度，对拥有资格证书的企业给予政策扶持和奖励。开发并普及"韩国服务水平协定"，建立客观高效的服务外包评价体系，每年进行一次"服务外包产业不公正行为实际调查"，推动提供者与使用者间形成良好合作关系。第三，促进外包产业活跃开展。修改商法等相关法律制度，推广资本金 1 000 万韩元以上、员工 50 人以上的有限责任法人，对其减免登记税和法人税。设立服务产业周，对优秀服务外包提供者颁发"服务外包奖章"。发掘"韩国外包实践成功事例"，编订"服务外包使用手册"。对相关展览、研讨会提供支持。第四，支持外包企业发展。将服务外包中小企业纳入政府扶持对象范围。修订中小企业确定标准，由此前的"正式员工 50 人以下或年销售额 50 亿韩元以下"规定修改为"100 人或 100 亿韩元以下"。帮助服务外包中小企业解决经营过程中的实际困难，改善相关制度，提供各种金融扶持。

9.6 新加坡服务贸易发展概况及启示

9.6.1 新加坡服务贸易产业发展现状与趋势

新加坡既是世界有名的旅游国家、亚洲金融中心和亚洲美元市场中心之一，同时是东南亚最大的海港、重要的商业城市和转口贸易中心，还是世界第三大石油提炼中心，也是重要的物资集散中心。新加坡政府比较重视本地制造业的作用，坚持制造业和服务业并重的政策，拥有比重较大、竞争力很强的制造业。电子电器、炼油、船舶修造是制造业的三大支柱。新加坡是世界第三大炼油基地和石化产品供应中心。新加坡的制造业基本属于高附加值的先进科技产业,拥有不少具有强劲国际竞争力的尖端科技产品,被称作高新产业制造中心和技术服务中心。新加坡政府决定将来力保制造业在本地经济中的比重不低于 15%。

在服务贸易方面,新加坡在金融(银行、保险、会计、律师、审计)、交通(快捷的空运、海运和高效的港口)、教育文化产业、娱乐业、健康保健业、商业、酒店餐饮等领域发展迅速,被公认为东南亚地区的金融中心、运输中心和国际贸易中心。服务业是新加坡经济的重要支柱之一,其中商业服务(包括对外贸易)、交通通讯、批发零售、金融服务等是服务业最主要的行业,相比较而言,新加坡在这些行业的优势较明显,仍具较大的发展潜力。

根据新加坡的统计年鉴,其服务业主要包括批发零售业(含贸易服务业)、商务服务业、交通与通讯、金融服务业、膳宿业(酒店与宾馆)、其他共 6 大门类。数据表明,批发与零售业、商务服务业、交通与通讯业、金融服务业是新加坡服务业的 4 大重头行业,其中批发零售业由于包括贸易在内,因此份额最大,商务服务业则包括不动产、法律、会计、咨询、IT 服务等行业,交通与通讯行业包括水陆空交通及运输,也包括传统的邮政服务和新兴的电信服务业,金融服务业则包括银行、证券(股票、债券、期货)、保险、资产管理等门类,可以说正是依托这四大服务业的发展,新加坡才确立了其亚洲金融中心、航运中心、贸易中心的地位。在解决就业方面,服务贸易产业同样起了支柱性的作用,2010 年服务贸易产业解决了新加坡 50% 以上的就业人口,其中就业人数最多的是批发与零售业,其次是商务服务业。

新加坡良好的经济、社会发展条件以及优美的环境吸引了大量的境外投资,其中服务贸易向来是外商投资的重要领域。2010年,FDI 投向新加坡交通与通讯、金融与保险、商务服务业、不动产(不动产在新加坡官方统计中包含在商务服务业内)4 个服务行业的额度是当年制造业领域 FDI 总额的 1.24 倍,这还不包括其他诸如贸易等领域,是投向商业领域的 2.95 倍,这些数据清晰地显示了服务贸易受外资青睐的程度。

9.6.2　新加坡政府支持服务贸易发展的经验和做法

1959 年以来,新加坡经济结构发生了根本性的变化,从一个以转口贸易为基础的畸形结构转变为一个以制造工业为中心,商业贸易、金融旅游、国际服务业等全面发展的多元化经济结构。1985—1986 年间新加坡经济遭受了严重衰退,新加坡政府提出了重点发展国际金融、国际通讯和国际服务贸易的产业战略调整新方向,并采取了一系列措施,促进其服务贸易的发展。

新加坡规定服务业可与制造业同等享受新兴产业的各种优惠待遇,凡固定资产投资在 200 万新元以上的服务贸易企业,或营业额在 100 万新元以上的咨询服务、技术指导服务等企业,所得税可减半,并规定对服务贸易出口收益只征收 10% 的所得税。

在吸引外资进入服务贸易领域方面,政府给予了许多优惠政策,比如,给外国跨国公司在新加坡设立区域性营运总厂提供优惠,只征收 10% 的公司所得税,且为期 10 年,并对这类公司的分配股利免征所得税,等等。为促进国际金融服务业务,政府还对在新加坡进行的离岸金融业务的收入免征所得税。通过一系列调整措施,新加坡服务业大为发展,国际性、区域性的服务中心迅速增多,外国银行在新的离岸金融业务大为扩展,旅游业也日益兴旺。

（1）新加坡政府部门更新观念

新加坡的服务贸易产业包括教育、医药、金融、法律、资讯、旅游、物流和贸易服务等领域,对该国经济发展起着重要作用。该国分别成立了教育、医药、法律、金融、旅游、资讯科技和贸易等小组,这 7 个小组有一个共同特点,就是要努力把新加坡发展成为各自领域的"区域枢纽"或"全球中心"。新观念、新做法包括"全心全意"把握时机大力开拓;必须准确定位,积极宣传新加坡;必须实行开放政策,营造有利于服务业发展的良好环境;必须大力培养本地人才和引进外来人才,支持服务业的持续发展。工作小组强烈呼吁政府检讨所有妨碍服务业发展的各项法规和政策,放宽包括媒体管制在内的有关政策,减少对申请旅游签证、求医看病准证、专业工作准证、学生就读准证等方面设置的诸多限制,简化有关手续。他们还建议政府在税务、土地和房屋使用、专业入士雇用和基础设施建设等方面给予优惠,并希望加强政府中行业主管部门的建设,加强对服务品质的监督和检查,保证服务质量。目前新加坡服务贸易产业产值占国内生产总值的比例达到67%,吸纳的劳动力人数则占全国职工总数的74%,该行业的年均增长率高达9.6%,比整体经济增长率高出0.3个百分点。

(2)新加坡服务贸易发展的远景目标

新加坡的远景目标是努力发展成为亚洲提供世界级服务的主要国家,力争到2012年服务贸易出口年均增长6.5%,对国内生产总值的贡献率提高0.4个百分点,创造20万个新的就业岗位。利用新加坡发展世界级制造业的经验来大力推动服务业的发展,使制造业和服务业成为新加坡强有力的"双引擎"。为实现这个远景目标,新加坡建立起强大的服务业门类。

第一,彻底改造和重新定位现有服务贸易产业。

贸易:使新加坡成为全球贸易中心。发展新的增长点,如能源贸易和衍生贸易的风险管理。

物流:使新加坡成为领先的全球物流集聚中心和国际海事中心,吸引更多的海事辅助服务业,如船舶融资、海事保险、海事法和航海训练。

资讯:将新加坡重新定位为生活数字中心,使具有创新的和综合的资讯解决方案源源不断地产生、得到评测、商业化并被应用。

金融:使新加坡成为亚洲金融中心,包括理财、后台办公处理和风险管理。

旅游业:把新加坡建设成为旅游商业之都和旅游教育中心。

第二,开拓新的服务贸易产业。

利用语言优势、能力和高专业标准建设新兴的服务业,如教育、健康保健和法律服务。

健康保健:把新加坡定位成一个临床医学中心和经济医疗中心,并着手国内市场开创以强化新加坡作为亚洲地区医疗中心的品牌形象。

教育:使新加坡成为一个全球性的校舍,向全世界提供多样化的、富有特色的高质量教育服务,包括高等教育、商业和专科学校、教育辅助服务、公司培训和高层经理培训。

法律服务:把新加坡提升为一个地区性的非诉讼争端调解中心,以及地区法律培训和研究中心。

创意服务业:开发一个活跃的和可持续发展的创意服务业集群。

（3）新加坡服务贸易发展战略

基本战略一:积极扩大需求。包括合理刺激高档本地需求:外部采购、赞助和慈善事业;提升地区和全球需求:加强新加坡作为服务业中心的品牌营销活动,提高市场透明度以增强消费者信心,方便消费者进入。

基本战略二:消除法规障碍。包括监管人不能同时是推进者;为服务业发展设立推进机构;定期修改影响服务业发展的法规。

基本战略三:扶持企业。包括保持具有国际竞争力的税收水平;提供所使用的土地及其相应的基础设施;增加资金筹措渠道;开放政府拥有的知识产权。

基本战略四:开发人力资源。包括增加大学学历的服务业专业人才培训;加强就业后的培训;修改对外国人的人力资源政策。

基本战略五:对推进机构的需求。这包括为整个服务业委任一个总体推进机构;成立部长级委员会,监测服务业引擎的发展。

9.6.3　新加坡政府促进服务贸易出口的政策和措施

新加坡政府利用得天独厚的地理条件,积极把握市场机遇,勇于创新,为服务贸易的发展提供了强劲的动力。19 世纪 60 年代,新加坡敏锐察觉市场发展方向,大力兴建集装箱专用泊位和码头。虽然国土面积不大,但新加坡充分发挥其在金融、网络信息基础设施、高技术和商务服务等方面的优势,完善物流产业链。

新加坡推进自由港建设,并大力发展班轮航线,国际集装箱管理和调配、空港联运、船舶换装和修造,建设国际船舶燃料供应中心。2010 年,新加坡与世界 120 多个国家和地区的 600 多个港口建立了业务联系。在高密度的航线保证下,新加坡的中转地位得到进一步加强,大部分集装箱在港堆存时间为 3 ~ 5 天,20% 的堆存时间仅为 1 天。

此外新加坡已经成为全球重要的金融市场之一。外汇、各种金融产品的交易活跃,也吸引了大量企业的融资活动。新加坡政府设立金融管理局(Monetary Authority of Singapore,MAS),为适应全球金融业的发展,不断调整监管方式,从固定单一的监管向以风险管理为核心转变,为增强新加坡对金融企业的吸引力奠定了基础。

充分利用中国—东盟自贸区发展带来的机会,大力推动新加坡服务贸易出口。在货物贸易和其他产业领域的投资不断增加,必然进一步增大对物流、金融、保险等服务的需求,会给双方的服务提供者带来新的机遇。新加坡采取贸易立国政策,这种政策除了鼓励传统的转口贸易外,主要是为了促进新加坡日益发展的服务贸易。为此,新加坡政府逐步颁布了一批鼓励扩大服务贸易出口的政策。

新加坡对获得地区总部地位的公司有如下奖励:对符合规定从国外获得的收益按 15% 征收所得税(一般企业所得税为 22%),时间 3 年;如总部性质的公司在 3 年内满足新加坡规定的最低要求,该公司可继续享受 2 年的上述优惠;对达到地区总部最低要求的公司,可考虑给予更为优惠的一揽子奖励,包括更低的税率;对跨国公司全球总部,新政府给予更多的优惠,但新政府并未公布国际总部的具体条件及具体税率,希望获得国际总部待遇的公司需与新加坡经济发展局协商,根据不同条件和情况,新政府确定给予更特殊的待遇。对地区总部的最低要求包括:第一年末和第三年末实缴资本分别达 20 万和 50 万新元;到第一年末向集团在 3 个国家(新加坡除外)的相关机构提供了 3 项总部服务,相关机构包括集团所属的分公司、兄弟公司、合资公司、代表处或特许经营商等;优惠期内,有技能的雇员拥有 NTC2 证书比例须维持在 75% 以上;到第三年末增加聘用 10 名新加坡的专业人员;到第三年末 5 名公司最高层管理层人员的平均每人年薪至少达 10 万新元;第三年的年商业总开支新增加 200 万新元;前 3 年商业总开支累计增加至少 300 万新元。

新加坡政府鼓励跨国公司在新设立全球总部、地区总部,并制定了总部奖励计划,实施若干优惠政策。总部奖励计划是新加坡政府向以新加坡为基地从事总部管理相关业务的公司提供的优惠奖励。据新方统计,目前在新加坡设立的各类跨国企业超过 7 000家,其中 4 000 家以新加坡为基地管理区域业务。新加坡将总部分为两类,即地区总部和国际总部。对总部的奖励主要是提供优惠税率,减征公司所得税。符合以下条件的公司可申请获得总部奖励计划提供的相应优惠:申请者或申请者所属的集团必须在本行业或产业有一定的影响力,股权、资产、雇员人数及商业份额有相当的规模;申请者必须在集团组织结构中处于高级管理层的位置,自主管理和控制主要业务;受雇负责总部运营的人员必须常驻新加坡,包括管理、专业、技术以及其他辅助人员;申请者必须在新加坡从事较高层次的总部业务,如:战略性的商业计划和发展、知识产权管理、共享服务、技术支持服务、公司金融咨询服务、经济和投资研究分析、研发和测试等。

新加坡政府通过提供税务优惠,鼓励外国金融机构在新设立机构,提供高成长和高附加值金融服务。优惠政策如下:对金融机构向新加坡以外的相关机构或公司提供总部服务所获得的收益,或通过金融运作所获得的收益,按 10% 收税。对部分提供高附加值的服务收益,可减按 5% 收税;对跨国公司向相关的公司提供金融财务服务所取得的收益按 10% 收税。免除跨国公司向外国银行或相关公司支付贷款利息时的预扣税。

为吸引国际重要的船主将运营基地设在新加坡,将新加坡建设成为国际海运中心,新加坡政府向符合条件的航运公司提供以下优惠:该类航运公司所拥有的船只(无论是否在新加坡注册)运营所得收益均可豁免所得税,免税期为 10 年;该类航运公司从附属公司、子公司等处获得的分红可免税。享受免税的航运公司必须符合以下条件:在新加坡注册;拥有和经营一定规模的船队(至少 4 艘);每年在新加坡直接商业费用支出至少 400 万新元;船队至少 10%(或至少 1 艘)的船舶在新加坡注册。

新加坡政府向符合条件的贸易商颁发"全球贸易商"地位,拥有此地位的贸易商可享受以下优惠政策:企业所得税率为 5%或 10%,远低于正常 22%的公司所得税率。全球贸易商计划是新加坡政府为鼓励国际贸易大公司将新加坡作为贸易基地从事进出口的一项措施。要求公司必须引进在相关领域或相关商品的知名国际贸易商,并使用新加坡作为中枢进行区域或全球离岸贸易业务。

在新加坡从事研发的企业(主要是外商投资企业)可享受以下优惠:其从国外获得的知识产权使用费或利息可免税,免税期为 5年,但免税的收益至少 20%应作为进一步研发的费用,且研发所形成的知识产权应为本地公司拥有和管理。

9.7 欧盟服务贸易发展概况及启示

随着经济的发展,服务贸易正成为影响大多数国家经济增长的一个重要因素。欧盟服务贸易领域也不例外,据欧盟统计,欧盟服务贸易是欧盟经济中最重要的部门,占 GDP 总值和就业的 2/3,服务贸易历年保持顺差,其中金融、商业和建筑等服务占欧盟服务贸易额的 48%,交通和旅游服务占 52%,占到世界服务贸易额的1/4,成为第一大服务贸易进口国和仅次于美国第二大出口国。

在欧盟以区域经济一体化推动地区经济发展的步伐中,服务领域的一体化和便利化,是欧盟一体化进程的重要内容。因此,在积极参与多边框架下的服务贸易谈判的同时,欧盟更加注重提升其内部服务业市场的一体化程度,消除壁垒,破除垄断,确保盟内各国的服务企业充分竞争,以增加其服务领域在全球的整体竞争力。

欧盟在建立统一大市场初期即提出包括服务在内的"四大基本自由流动"。近年来,一方面随着欧盟经济的发展,产业结构的不断调整,服务领域在其经济结构中的比重越来越大,对经济增长的影响日益凸现,通过盟内服务市场一体化提升欧盟服务贸易竞争力,发挥服务贸易拉动经济增长作用的需求也日益紧迫;另一方面服务领域自由化的步伐明显滞后于货物领域,盟内服务的自由流动还面临很多壁垒,严重阻碍了欧盟服务贸易的发展。面对服务贸易领域发展的需求和面临的困境,在将欧盟建成"世界上最具竞争力和活力的知识经济为基础的经济体"目标的指导下,欧盟开始采取一系列措施推进盟内服务贸易领域的自由化进程,力图在服务贸易领域实现真正的内部统一市场。

9.7.1　欧盟服务贸易领域市场管理的法律基础

服务的自由流动,是欧盟在建立统一大市场过程中确立的"货物、人员、资本、服务"四大基本自由流动之一。具体到欧盟内服务贸易市场的开放,则包括自由设立企业和自由提供服务两方面内涵:自由设立企业是指服务企业为在异国长期开业专门设立企业,而自由提供服务是指服务企业不在接受服务的国家开立企业,只是临时提供服务。

《罗马条约》中首次提出建立欧洲共同市场,实现欧盟内"货物、人员、资本、服务"四大基本自由流动。《罗马条约》第2条规定:"共同体将把建立统一市场和成员国之间日益接近的经济政策作为其任务,以促使共同体内经济的协调发展、可持续和平衡的扩张、稳定性的巩固、生活水平的提高,建立成员国之间更加紧密的联系。"

《欧共体条约》第49条规定:共同体内任何限制自由提供服务的规定都必须被废止,包括关于设立服务企业和个人接受服务等方面。根据第 49 条规定,任何基于国籍的区别待遇都是被禁止的。

2000 年,欧盟理事会里斯本首脑会议通过了"里斯本战略",提出"要在 2010 年以前将欧盟建设成为世界上最具竞争力和活力的知识经济为基础的经济体"的目标。为配合此目标的实现,在里斯本战略中专门对推进内部市场服务业自由化提出了要求:要求欧委会、理事会和成员国发挥各自的作用,在 2000 年前提出消除阻碍盟内服务业自由流动壁垒的战略;加快汽油、电力、邮政、交通等领域的自由化进程,争取在这些领域实现完全可运作的内部统一市场;在 2001 年以前提出协调建立盟内单一法律环境的战略,推动成员国合理地将欧盟法规转化为国内法,协调包括成员国和欧盟两个层次的公共管理部门的履行职能。

按照"里斯本战略"的要求,2000 年底欧委会提出了"服务业内部市场战略",提出"两步走"的战略:首先是确认影响盟内服务业统一市场建立的因素,然后针对这些障碍提出解决方案,尤其是形成消除壁垒的法律手段,从而使跨境提供服务和在国内提供服务同等便捷。

依据两步走的安排,2003 年 7 月欧委会提交了题为"服务业内部统一市场的现状"的研究报告,对盟内服务业市场的开放现状以及存在影响服务业自由化的各种壁垒进行了详尽的分析,分析了这些壁垒的共同特征,评估了这些壁垒对欧盟经济发展的影响。

2003 年 5 月欧委会出台"2003—2006 年欧盟内部统一市场战略",决定促进盟内服务业市场一体化:推动欧盟部长理事会和欧洲议会尽快通过"销售促进法规"提案和"专业资格认证指令"提案,并敦促成员国及时转换和有效实施以上指令规定。"销售促进法规"的目的是为盟内跨国商业促销提供便利,而"专业资格认证指令"的目的是消除专业服务人士在成员国之间自由流动的障碍;欧委会将在 2003 年底前提出"内部市场服务业指令"提案,通过相互认证、行政管理的协调和合作,使该指令为便利盟内跨国服务业供应提供一个清晰的法律框架;颁布和实施多项指令,监督和支持各成员国在服务业领域的政策和措施,鼓励服务业的发展。

这一计划同时强调,必须完善金融服务行动计划,在创建内部市场零售金融服务方面取得更大进展。总之,该计划目的是在服务业领域形成真正的单一市场。2004 年 5 月,欧委会提出了"关于服务业内部市场的指令"(简称"服务业指令"),希望通过该指令建立一个有效地消除盟内阻碍服务领域自由化壁垒的法律框架,促进盟内服务业市场一体化的进程。

9.7.2 服务业指令是欧盟推动盟内服务贸易自由化的新举措

针对盟内阻碍服务市场自由化的众多壁垒,尽管欧委会可以直接援引欧共体有关条约中的规定对成员国限制服务业市场开放的行为向欧洲法院提起诉讼,要求其予以改正。但是这种处理方法只是针对个案,难以将消除壁垒的要求自然延伸到其他产品领域和其他国家。而且司法程序繁琐复杂,耗时耗力,一个案件从审理到执行往往需要几年的时间。

为了对消除盟内服务业市场壁垒、推动服务贸易自由化有一个系统、总体的安排,欧委会在对盟内服务业市场总体情况进行深入调研后,提出了"内部市场服务业指令(Directive on Services in the Internal Market)"。该指令致力于消除服务贸易一体化过程中的壁垒,推动服务领域的跨境开业,以期增强不仅是服务企业,更是包括所有工业企业的竞争力。

"内部市场服务业指令"是一个全面的法律框架,是覆盖所有服务业领域的原则性总体规定,而不是具体到部门的细节规定。它并不针对具体贸易壁垒,也并不是提出消除壁垒的具体方法,而是对于推动盟内服务的自由流动确立一些共同的原则和指导性的规定。概括起来,该指令具有以下几个方面的基本内容:

(1)给予服务企业在行政许可上极大的简化。鉴于目前服务业跨境开业的主要障碍之一是各国行政机构在行政许可方面设立了繁琐复杂的手续,企业花费了过多成本和精力在申请设立和开业上。指令要求各国行政许可机构应尽量简化许可手续和要求，为跨境开业或经营的服务企业提供简便有效的许可程序。

（2）首次要求成员国政府全面检查自己国内法规有关服务市场歧视性、不透明的限制性规定，要求成员国政府执行和转化欧洲法院有关案例法。力求为所有企业创造一个统一、稳定的法律环境，为不同地域服务企业的竞争提供公平的起跑线。

（3）强调信息获取的便利化。为了解决信息不对称的问题，指令着重提出在信息提供上的要求：服务领域的各个利益方都应该有便利的获取信息的渠道，企业应该能够以最小的支出获取影响其经营的有关信息，服务用户和消费者也应该能够简便地获取有关服务的信息。指令在程序上提出了"单一接触（Single Points of Contact）"的概念，提倡一次性集中提供所有信息，以减少搜索信息的困难；在实现手段上鼓励使用电子网站等先进的信息化手段。

（4）建立成员国之间的合作与互信，界定服务输出国和接受国之间的监管责任，避免对跨境提供服务产生重复管辖。由于服务产品的特殊性，对于服务企业和服务产品的监管尤其重要，跨境提供服务对于如何实现监管提出了新课题，指令提出成员国之间要明确责任、加强合作，既要避免重复管辖，又要避免出现监管的真空地带。

（5）明确服务产品消费者在一体化市场中的权益，保证其充分享有服务业市场一体化的好处。指令提出要从法律层面保障消费者自由选择服务的权利，消除任何具有歧视性和模糊性的规定，保证消费者在异地消费或者选用外国服务产品时也充分享有其权利。

（6）采取欧盟与成员国合作的形式，而非强制执行。鉴于服务业领域的开放是一个复杂渐进的过程，新老成员国在这个领域有着较大的利益分歧和不同的利益诉求，欧盟并不是通过法律法令这样具有强制性的手段，而是使用指令这样较为缓和的手段推动服务贸易的一体化，以求在执行过程中得到成员国更多的支持和合作。

9.7.3 服务业指令面临的困难和现状

如同服务贸易在多边谈判中遭遇的困境一样,一方面欧盟盟内服务市场的开放和一体化面临着迫切的需求;另一方面,服务市场的开放也引起了各方的忧虑,遭遇到了来自有关利益方的阻挠。

从欧盟一体化的长远趋势来看,服务贸易自由化是其发展的必然趋势,也是欧盟发展经济、提升国际竞争力的必不可少的重要举措。目前在推动盟内服务贸易自由化这个目标上,欧委会、成员国等各方基本上是达成了共识,但是在实现这个目标的进度、途径上,还存在着众多的分歧。

鉴于欧洲各国经济社会发展的不平衡,相互完全开放服务业市场这一经济增长潜力巨大的领域,将面临众多需要解决的问题。尤其是2004年5月1日欧盟东扩以后,经济发展相对落后、劳动力价格相对便宜的中东欧10国也将享受欧盟市场一体化的好处。这让许多高工资、高福利的老欧盟成员国心存忧虑,担心在这样的背景下全面开放服务业市场,会面临中东欧国家廉价劳动力的激烈竞争,从而冲击国内服务业。以法国为代表的老欧盟国家甚至提出了"社会倾销"的概念,认为通过服务业指令后,中东欧国家廉价的劳动力将会"倾销"到高工资、高福利国家,造成其工人下岗、产业受损,甚至会危及其社会福利和保障制度。

2005年3月下旬举行的欧盟首脑峰会专门讨论了服务业指令,而在此期间,反对服务业指令的工会组织在布鲁塞尔发起游行示威,反对通过服务业指令。法国和德国对该法案一直持反对态度,法国认为,该指令将使新入盟的10个中东欧国家的公民大量涌入法国打工,而他们的工资只相当于西欧国家平均工资的20%。在法国失业率高达10%的情况下,这将给法国带来严重的社会问题。在这次会议上,法国总统希拉克称:法国失业率居高不下,法国国内强烈反对开放服务业,指责该指令不可避免地会造成"社会倾销"。如果欧盟各成员国领导人不同意对该指令作出调整,他没有把握说服法国民众在5月29日《欧盟宪法条约》全民公投中投赞成票。

顾虑到法国民众可能否决《欧盟宪法条约》，原本不支持法国意见的欧盟成员国最终被迫作出了妥协。欧盟轮值主席、卢森堡首相容克表示，"欧盟成员国均认同开放服务业市场的必要性，但是欧洲传统的社会模式必须得到保留"。一贯秉持自由市场理念的欧盟委员会主席巴罗佐最终也表示："我们需要开放服务业市场，但同时我们需要遵从并维持欧洲的社会模式。"

2005 年 5 月 29 日，法国对于《欧盟宪法条约》的公投失败，紧接着荷兰对于《欧盟宪法条约》的公投失败。公投失败的原因尽管多种多样，但是欧盟发达国家民众对于欧盟高度一体化后来自新入盟国家的竞争的担忧，无疑是一个重要原因。

2006 年 2 月 14 日，欧洲议会对欧盟服务业开放指令展开辩论。讨论当日，来自欧盟各国的 3 万余名示威者在欧洲议会所在地斯特拉斯堡举行游行示威，反对服务业开放指令。2 月 16 日，欧洲议会对欧盟服务业指令进行了投票。最终以 394 票赞成，215 票反对，33 票弃权的结果通过了该指令。此次欧洲议会虽然投票通过了该指令，但对指令做出了长达 15 页的 200 多处修改，例如将争议较多的指令中原有"原属国原则"（Country of Origin Principle），即有关跨境经营的服务企业只遵守企业注册地法规而非营业地法规的规定予以取消；将有关教育、公共卫生、社会服务等领域排除在服务业开放的范围之外，等等。不过，通过的指令还是包含了要求各成员国确保其服务市场的自由准入和非歧视待遇，取消跨境经营企业须在营业地设立独立分支机构的要求等积极内容。

9.7.4 欧盟层面服务贸易领域管理体制

作为一个经济高度一体化和正在努力向政治一体化迈进的特殊区域组织，欧盟在对欧盟事务的管理上，具有一套既不同于一般国际组织，又不同于一般国家的行政管理体系。在欧盟专享的事权方面，欧盟具有高度的决策权和执行权，但在更多方面，欧盟机构需要与成员国政府分享事权。具体到服务领域的管理，欧盟层面更多的是起草法案、制定政策，欧盟机构的工作重点是推动盟内市场的一体化和代表欧盟参与服务贸易谈判,对于服务市场的具体监控、管理、促进等工作主要是由成员国政府负责。

在欧盟机构层面,涉及服务领域管理的部门主要有欧委会内部市场和服务总司、贸易总司、运输总司和企业总司。其具体分工如下:

(1) 内部市场和服务总司(Directorate-General of Internal Market and Services)主要负责推动欧盟"四大基本自由流动"中除货物以外的其他3项,即"人员、资本、服务"的自由流动(货物领域的盟内自由流动由企业总司负责)。由于货物领域的欧盟内部市场一体化已经基本实现,内部市场总司主要是着力推动以上3个领域的一体化进程,消除相关领域阻碍一体化的壁垒。

内部市场和服务总司内部涉及服务领域的部门有:

B 司(负责综合政策)四处负责与相关国际组织和欧盟外第三国在内部市场事务方面的交流协调,在有关内部市场的谈判以及服务贸易谈判方面,该处代表内部市场总司提出意见,在必要的时候参与谈判。

E 司负责服务业,但该司只负责广义的服务领域的一小部分,即所谓的商务服务(Commercial Services)。该司下设 4 个处,一处专门负责欧盟服务业指令的起草修改等,二处负责除指令起草以外的服务业领域事务,三处负责成员国之间在服务业管理领域的合作,四处负责邮政行业。

F 司、G 司和 H 司负责与资本自由流通相关的事务,即金融服务领域。F 司负责资本的自由流动、公司法和法人管理,下设 4 个处,一处负责资本自由流动和金融市场一体化,二处负责公司法、法人管理和金融犯罪(如打击洗钱等),三处负责会计事务,如会计标准的采用等,四处负责审计事务。G 司负责金融服务业政策和金融市场,下设 4 个处,一处负责金融服务业政策,二处负责金融市场的标准制定,三处负责证券市场,四处负责资产管理。H 司负责金融机构的相关政策,下设 3 个处,一处负责银行和金融类的合并,二处负责保险和养老金,三处负责金融服务领域的消费者政策、支付系统等。

总体来看,内部市场和服务总司主要致力于宏观的政策制定层面,协调、推动、监督成员国转化执行欧盟的相关法令,其自身并不承担具体的市场管理和执法职能。

(2)贸易总司(Directorate-General of Trade)主要负责代表欧盟进行贸易方面的对外谈判。其涉及服务贸易谈判的部门为 G 司(该司同时负责与中国的经贸关系)一处,该处负责服务贸易谈判,《服务贸易总协定》(GATS)和投资事务。在服务贸易谈判方面,贸易总司负责牵头协调欧盟内部立场、组织对外谈判;内部市场总司为服务贸易谈判提供专业意见,在某些技术级会谈场合,内部市场总司也会派主管官员参加。在世贸框架下的服务贸易谈判中,其相互的合作关系类似于我世贸司和业务主管司局。

(3)运输总司(Directorate-General of Transport)主要负责交通方面的事务,所以交通服务领域由该总司负责。企业和工业总司(Directorate-General of Enterprises and Industry)负责旅游服务领域,因为旅游服务领域多为中小企业,企业和工业总司负责中小企业事务,故旅游服务领域的相关事务也由企业和工业总司负责。

10 我国金融服务贸易产业的分析与对策

自进入 21 世纪以来,我国金融服务贸易产业出现巨大的发展。金融服务贸易是服务贸易进出口中的一部分,虽然现阶段所占比例很小,但第三产业的蓬勃发展必然会对其发展有巨大的推动作用。全球金融危机对我国第二产业的制造业造成了巨大的冲击,基于此,发展制造业不可能成为长久的目标。而金融是现代经济运行的核心,对于其在贸易中的进出口具有不可忽视的影响能力,所以金融服务贸易产业的发展,会进一步促进我国第三产业的发展,提高管理水平,甚至走和实物出口相同的道路,使我国成为金融服务贸易进出口核心国家,进一步促进经济发展。

10.1 我国金融服务贸易产业的主要模式

从 GATS 对国际服务贸易的相关定义来看,金融服务贸易可分为 4 种模式:

(1) 跨境交付。跨境交付指金融服务的提供者在本国向境外的非居民消费者提供服务,它是基于信息技术的发展和网络化的普及而实现的跨越国界的远程交易。

(2) 境外消费。境外消费指金融服务的提供者在本国向当地的非居民提供服务,例如一国金融机构对到本国境内旅行的外国消费者提供服务。

(3) 商业存在。商业存在指一国的金融机构到其他国家设立商业机构或专业机构,如果具有法人资格就可以该国的居民的身份为当地的消费者提供金融服务,这种贸易模式有利于避免跨境交付的限制,迎合了东道国消费者的"本土偏好",还便于外国金融机构与当地建立长期的业务关系。

(4) 自然人流动。自然人流动指金融服务提供者以自然人形式到境外为当地消费者提供服务。由于境外消费和自然人流动这两种模式在实际的交易中所占份额很小,所以国际金融服务贸易的提供方式主要是跨境交付和商业存在这两种模式。

从 1979 年至今,我国金融服务贸易产业的开放始终着眼于外资金融机构的引入。从这个角度而言,我国金融服务贸易产业的开放主要是对商业存在贸易模式的开放。从长期来看,要想获得金融服务贸易开放的整体利益,对跨境交付贸易模式的开放也不可或缺。考察这两种主要的贸易模式在我国的发展状况,是制定相应的开放政策的基础。

10.1.1　我国跨境交付金融服务贸易模式的考察

我国从 1997 年开始按照国际货币基金组织(IMF)颁布的《国际收支手册》(第 5 版)的原则编制国际收支平衡表,其中统计了保险服务和其他金融服务的国际贸易量。根据 IMF《国际收支手册》(第 5 版)对保险服务和金融服务统计范围的规定,国际收支平衡表的保险服务科目仅仅统计跨境交付的寿险、货运险、其他直接保险和再保险等几类保险服务;国际收支平衡表的金融服务科目也仅仅统计跨境交付的金融中介服务费用(如信用证承兑、信贷额度、金融租赁及与外汇交易有关的服务费用等)和与有价证券(如期货、期权、资产管理等)交易有关的佣金。大量的通过商业存在模式提供的金融服务尚不在统计之列。

10.1.2　我国商业存在金融服务贸易模式的考察

由于统计的缺陷,商业存在金融服务贸易额无法从一国国际收支平衡表中获得。鉴于金融机构的国际资产数是国际金融服务贸易的一个主要来源,因此商业存在金融服务贸易的情况可以用金融机构国际资产数来近似评价。由于我国银行业在整个金融产业中具有代表性,所以可以通过考察中资银行海外资产和外资银行在华资产的相对数来反映我国商业存在金融服务贸易的整体状况。

如果用中资银行国际资产数和在华外资银行资产数分别代表我国商业存在金融服务贸易的出口额和进口额,则我国以商业存在方式提供的金融服务贸易呈现出口远大于进口的态势。这种不均衡的贸易状况也反映了我国在市场准入、业务经营等方面对外资金融机构的限制还较为严格,制约了外资金融机构在华的发展。

10.2 我国金融服务贸易产业的基本概况

近几年来,我国通过一系列的经济金融政策改革,使得我国金融服务贸易不断发展,进出口快速增长。2003 年以来金融服务贸易逆转,从下降趋势转为快速上升,但逆差形势仍然将会持续下去。就贸易地点而言,大量集中在与我国贸易往来密切的国家。

2009 年汇丰、花旗、渣打、东亚在内的在华外资银行新增贷款仅为 18 亿元,与 2008 年国内银行的贷款规模相比少得可怜,2009 年全年人民币各项新增贷款 9.59 万亿元。如果这种疯狂放贷的不良后果会在将来的某个时刻集中爆发,外资银行最有可能幸免。2009 年末,在华外资银行各项贷款余额 7 204 亿元,同比下降 1.03%,占全部金融机构各项贷款余额的 1.7%。

从商业银行来看,我国各类银行的不良贷款率不断下降,这也许是因为大规模放贷的不良反应存在时间滞后性。2009 年,所有各类银行不良贷款的下降,也反映了高速发展的经济是大量有效投资带动的。总之,现阶段我国的金融业较稳定,金融服务贸易的发展与金融业的活跃性密切相关,这种低不良贷款率,必然促使金融服务的发展,可见未来几年内我国的金融服务贸易仍然会不断地上升。

金融服务贸易虽然在不断的发展,但也存在不少的问题。金融服务贸易所涉及的是经济运行的核心,尽管其占服务贸易总额很少,但金融服务贸易不稳定也会对经济造成影响。目前,影响我国金融服务贸易产业的各种因素主要包括:

(1) 外需的不稳定

由于当今世界正处在多变的形势下,发达经济体对发展中国家的需求是不稳定的,可能在发展中国家经济不断发展的情况下,发达国家对依靠外贸拉动经济发展的国家的进口需求会逐渐减少,这可能是多方原因造成的,同时历史积累的巨大优势也会促使拥有实力的国家对新兴经济体的核心领域控制的渴望。从第一家外商银行花旗进入我国以来,就显示了水土不服的特征,但其大多利用了定价转移实现盈利。外需的不稳定会使这些企业对我国的市场兴趣发生变动。毕竟都是在追求利益最大化,外需下降,会降低我国贸易在国际市场上的活力,同时影响跨国公司扩张的活力。

(2) 可能的保护主义

虽然大多数国家反对保护主义,但还是可能迫于国内政治压力,对于贸易弱项实施保护,保护主义对多方不利,不仅是出口国,对进口国内的物价等福利也会有一定的影响。2009 年全球贸易下滑 12%,是少有的大幅下挫。在匹兹堡 2009 年二十国集团领导人第三次金融峰会上,各方表示将共同反对贸易保护主义,致力于在2010 年打造公平的世界贸易平台。2010 年 3 月美国商务部宣布对中国出口美国的铜版纸和磷酸盐等产品征收初步反补贴关税。在当前的情况下,保持开放、自由的多边贸易体系,对于推动全球贸易增长,从而实现全球稳定经济复苏至关重要。对于金融服务贸易而言,直接的保护会加大我国"走出去"的难度,虽然我国的少数大银行实力比较雄厚,但在服务方面仍有不足,国内的天时地利人和,再加之国外投资难度的加大,会进一步减少我国"走出去"的活力与信心。

(3) 汇率上升的风险

中美对于人民币汇率问题的争论趋于白热化,美国对我国频繁施压的主要原因还是我国存在的巨大贸易顺差。但单独对于金融服务贸易而言,相反逆差持续加剧,而有理由相信汇率的上升会加剧这种逆差。美国 130 名议员集体要求人民币汇率升值,美联储主席伯南克也在参众两院经济联席会议上作证,还有诺贝尔经济学奖得主克鲁格曼做出了相应的声明。汇率的上升主要会对经常项目造成巨大影响,不论这种行为是否会造成顺差的减少,毕竟顺差并不应该是我国追求的目标,但对于金融服务贸易而言,这显然是不利的。汇率上升,会更加提高国际对人民币的获利预期,吸引外商在华加大金融服务的投资,获利预期相对的变化会直接对进出口造成影响。

10.3　我国金融服务贸易产业开放度的评估

《金融服务贸易协议》(FSA)是由世界 70 个国家在 WTO 框架内,历时 3 年经过两轮谈判后,于 1997 年 12 月 13 日达成一致的。FSA 的达成是全球金融服务贸易自由化的阶段性成果,标志着全球金融服务贸易自由化又向前迈进了一步。我国在加入 WTO 的谈判中也明确承诺,在保证国内金融稳定的基础上,以 FSA 为框架积极推进金融服务贸易自由化的进程。所以,当前我国金融服务行业的工作难点是在金融服务贸易自由化进程中如何准确把握"开放度",在定量和定性分析的基础上全面、客观地评估金融服务贸易的开放度。

10.3.1　基于贸易视角下的我国金融服务贸易开放度的评估

一国的贸易开放度,是指该国贸易总额占该国国内生产总值的百分比,它反映一国参与国际贸易的程度。同理,一国金融服务贸易开放度是指该国金融服务贸易总额占其国内生产总值的百分比,并以此衡量该国参与国际金融服务贸易的程度。金融服务贸易开放度的计算公式为:

$$HS = (TS_x + TS_i)/GDP \times 100\% ,$$

其中:HS 表示一国金融服务贸易开放度,TS_x 和 TS_i 分别表示该国金融服务贸易的出口额和进口额。

2010 年我国金融服务贸易进出口总额为 27.2 亿美元,GDP 为 397 983 亿美元。尽管近几年我国金融服务贸易中进口有所减少,出口有所增加,但距发达国家的金融服务贸易额还相差甚远,与美国等金融业发达国家相比,我国金融服务的规模无论从绝对数量上还是从相对数量上来看都处于明显劣势。2010 年,我国金融产业的开放度为:

$$HS = (TS_x + TS_i)/GDP \times 100\%$$
$$= (13.3 + 13.9)/397\,983 \times 100\%$$
$$= 0.068。$$

从贸易角度评估我国金融服务贸易开放度只有 0.068。总体而言,我国金融服务贸易产业的整体开放度不高。

10.3.2 基于外商投资视角下的我国金融服务贸易开放度的评估

金融服务贸易外商投资开放度可以衡量一国金融服务业对外商投资的开放程度。金融服务外商投资开放度的计算公式为:

$$OI = FDI/GDP \times 100\%。$$

其中:OI 表示一国金融服务业对直接投资的开放度,FDI 表示金融服务业中的外商直接投资额。

2010 年我国金融服务产业中的外商直接投资额为 21.7 亿美元,GDP 为 397 983 亿美元。2010 年我国金融服务外商投资开放度为:

$$OI = FDI/GDP \times 100\%$$
$$= 21.7/397\,983 \times 100\%$$
$$= 0.055。$$

从研究结果可以看出,我国金融服务产业的外资开放度比金融服务贸易的开放度更低一些,这与统计数据中忽略了间接投资和服务产业的对外直接投资有一定关系,但它基本上仍可以作为衡量金融服务产业对外开放程度的主要参考指标。

10.3.3　基于提供方式视角下的我国金融服务贸易开放度评估

金融服务贸易不同于一般的货物贸易,在评估金融服务贸易自由化程度时,还要考虑不同贸易提供方式和不同限制措施对金融服务贸易开放度的影响。著名经济学家麦图早在 1998 年的 WTO 工作报告中就提出了一个能够定量分析一国或地区金融服务市场开放程度的模型,并对当时 105 个 WTO 成员国的承诺进行了系统分析,这些国家大多数是发展中国家或正处于经济转型期的国家。

考虑到分析的方便性和该模型对发展中国家的适用性,麦图结合发展中国家和转型期国家的具体情况,对模型中的研究对象做了适当简化:

(1) 市场准入承诺和国民待遇承诺

按 FSA 规定,各成员国提交的具体承诺表中包括市场准入承诺和国民待遇承诺。金融服务贸易自由化程度关键取决于市场准入承诺情况,因为它决定了外国服务与服务提供者是否有权进入本国市场,而且国民待遇承诺的许多条款与市场准入承诺的许多条款有着高度的相关性。因此,可以认为市场准入承诺的研究基本上可以代表金融服务市场开放度研究。

(2) 保险业和银行业是该模型的主要研究对象

保险业只涉及直接保险,分为寿险和非寿险两类。银行业和其他领域分析了各种形式的存款业务和贷款业务,这些服务构成了金融服务部门的工作核心。

(3) 服务提供方式的选取

麦图没有对在金融服务贸易中所占比重很小的自然人的移动方式进行分析(因为这些国家基本上都统一限制了专业人士的流动),而着重研究了其他 3 种提供方式,尤其是商业存在方式的有关承诺对开放度的影响。

（4）模型的设计

$$L_j = \sum W_i R_{ji} \quad (i = 1, 2, 3, \cdots, n),$$

其中：L_j 表示 j 国各部门开放度指数，W_i 是 i 种模式的权重，表示在 j 国中 i 种模式开放程度的给定值。

对某一地区服务方式的开放程度 L，分为简单平均和 GDP 加权平均，分别定义为：

简单平均 　　　$L = \sum L_j / n$,

加权平均 　　　$L = \sum L_j G_j, \quad (j = 1, 2, 3, \cdots, n)$。

其中：n 表示这一地区的国家数量，G_j 表示某一国家 *GDP* 在这一地区 *GDP* 总量中的比重。

在市场准入限制的开放度 R_{ji} 数值的选择上，将完全不开放赋值为 0，完全开放赋值为 1。

过境交付方式与消费者移动方式在贸易量中所占的比重和模型中确定的权重较小，结合金融服务贸易的实际情况，麦图将其开放程度一律赋值为 0.5；对于商业存在的提供方式则采用了一种比较严谨的方法，因为市场准入对商业存在方式的限制往往是最为严格的。该模型根据限制程度，将开放程度分为 0.10，0.25，0.50 和 0.75 等 4 个等级。一般来说，限制越少，开放度越高，数值就越高。

利用上述公式和相关系数的选定规则，对我国银行和保险业开放度分别进行评估。由于我国目前实行严格的资本管制，以及我国金融服务贸易市场主要集中在商业存在提供方式上的现实和国际服务贸易所依赖的提供方式的特点，为了计算方便，将跨境交付和国外消费开放度设置为 0，只研究商业存在提供方式下的开放度。

对银行业而言，外国银行在我国经营的存款业务，由于大多限于外汇业务，只有少数几家银行获准在特定的城市内从事人民币经营，而且外资银行不能办理人民币个人存款业务，存款仅限于外商投资企业、外国人存款和外资金融机构对非外商投资企业人民币贷款的转存款。所以,外资银行在人民币存款业务方面存在限制,且对外资银行存款限制程度很高,综合考虑后可赋予存款服务市场商业存在的限制程度的量度为0.2,结合0.85的权重,得出我国银行存款开放度为0.17。

关于人民币贷款业务,按 WTO 对我国银行业的要求,对外汇存款业务不受限制,人民币贷款业务的业务对象也不受限制,只存在地域和酌情审批的限制,所以从各方面考虑,可以给商业存在贷款方面赋值为0.25,结合权重0.75,得到存款的服务贸易开放度为0.19。

对保险业而言,外资保险公司在内地的经营地域不断扩大,广州、北京、上海和苏州等城市都有一定数量的外资保险公司。考虑到在合资保险公司中,外资持股比例可以达到51%,但在团体和养老保险方面,外资还不能涉足,所以给寿险在商业存在的提供方式限制限度的赋值为0.5;另外需要考虑的是,虽然外资股权可超过50%,但它们在业务范围和地域上还存在限制。因此,在综合考虑后取值为0.35,结合寿险服务贸易商业存在的权重0.85,则寿险服务贸易的开放度为0.30。对非人寿保险方面,外资的持股比例同样可以达到51%,而且在经营业务上没有限制,只是在地域上有所限制,另外由于非人寿保险同时存在跨境交付,所以综合两种要素后估算非人寿保险的服务贸易开放度为0.40。

研究表明,拉丁美洲和非洲发展中国家银行业的开放程度上均高于亚洲国家。亚洲在各洲银行业中的开放度最低,我国银行业的开放度水平更低。亚洲地区保险业开放度方面在各洲中处于中游,拉丁美洲在各洲中相对最低。

虽然发达国家金融开放度普遍较高,但开放度最高的并不是发达国家而是非洲国家。这说明金融服务贸易的开放度不是和经济实力成绝对正比的,真正决定谈判结果的是成员国讨价还价的能力,而并非一定是经济因素。

与东南亚四国 2001 年的开放度相比,我国的银行业开放度小于印尼和菲律宾,大于泰国和马来西亚,基本上处于中等水平。从保险业来看,我国的保险业开放度只小于印尼,大于其他 3 个国家。由此可见,我国的保险业开放度相对四国而言处于较高的水平,明显高于我国银行业开放度,虽然保险业的开放时间不长,但开放速度相对较快。

10.4 我国金融服务贸易产业的发展对策

1. 竞争促进发展

发展是硬道理,对于金融服务贸易也不例外。要得到发展就要开放,促进竞争,只有竞争才能达到资源的最合理配置,运用最少的能量得到最大的回报。21 世纪以来,我国很多行业都是在引入竞争的情况下实力跃升,如汽车行业。所以竞争是提高我国金融服务贸易实力的根本激励方式。我国反对各种形式的保护主义,当然自身的开放也是经济政策的基础,加大开放程度,提升竞争,除了在我国国内银行的业务范围内取得了显著的成就外,在管理制度、服务质量等方面都获得了显著提高,促进我国的国内商业银行持续发展。

2. 增强我国金融机构品牌竞争力

2009 年,我国的几大商业银行同时成为世界 500 强金融机构品牌,并逐步步入世界领先的金融机构行列。但是大多数国内银行还只是依靠雄厚的资本实力和国内的垄断地位,加之巨大的收入和市政债券作为支持,其品牌价值与地位并不相匹配。由杂志《银行家》的计算,中国工商银行排名第 5 位,但其品牌价值和市场价值仅有 A 级的 5%。品牌价值占比小是我国商业银行普遍存在的问题,应继续加强对我国商业银行品牌价值的建设,真正达到内外兼修。

3. 服务是根本

金融行业也是服务业的一种,服务"以顾客为上帝"的理念已深入人心,服务的好坏会最终决定服务企业的成功与否。随着经济的发展,服务业在国民经济中的比重越来越大,其中金融服务业已经成为现代市场经济的血脉,是各种社会资源以货币形式进行优化配置的重要领域,甚至关系到整个国家的经济安全。自改革开放以来,尤其是进入 21 世纪,我国金融业快速发展,金融服务贸易产业取得了巨大的进步,成为增长最快的产业之一。与此同时,我国已基本形成了以信托、银行、保险、证券为基础,以其他非银行金融业为补充的金融服务贸易产业体系。

11 我国旅游服务贸易产业的分析与对策

11.1 国际旅游服务贸易的涵义

国际旅游服务是指旅游经营者为满足旅游者在旅游活动中各种需要所提供的各种服务,主要包括住宿服务、旅行代理服务、餐饮服务、导游翻译服务、游览娱乐服务、旅游交通和通讯服务等。

11.1.1 问题的提出

自 20 世纪五六十年代以来,国际旅游业已成为现代新兴产业。2010 年,我国入境旅游累计人数达到 13 376.22 万人次,同比增长 5.67%,其中,入境过夜旅游累计人数达 5 566.45 万人次,同比增长了 9.41%。全国实现旅游外汇收入 458.14 亿美元,比 2009 年同期增长 15.47%(见图 11-1)。据 WTO 预测,到 2020 年,我国将成为世界第一旅游接待大国,第四大客源输出国,这无疑对我国旅游业提供了机遇和挑战。近几年国际经济环境动荡不定,国际旅游市场竞争日益激烈,各旅游目的地之间竞争手段提升,获得客源的边际成本递增。

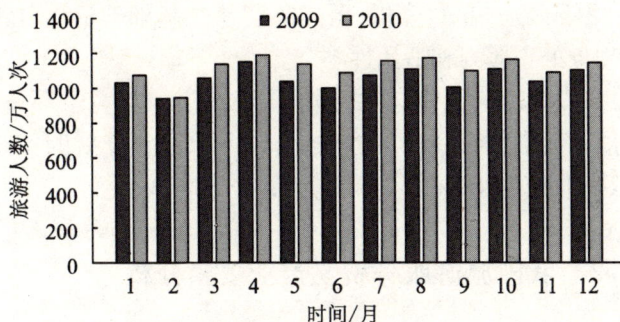

注：数据来源于国家旅游局，迈点旅游研究院整理

图 11-1　2010 年我国入境旅游人数

11.1.2　国际旅游学说的基础理论

现有的发展国际旅游业的基础理论基本上是以旅游资源为中心的，有这样几种代表性观点：

（1）旅游资源说

旅游资源说认为，发展国际旅游业的基础在于旅游资源，而旅游资源具有不可移动性、垄断性，从而吸引旅游者从异地向资源所在地移动。但该理论并不能说明旅游资源并不丰富、品位一般的国家或地区，如中国香港、新加坡等，发展国际旅游业却十分成功的事实。

（2）吸引力说

吸引力说以引力模型为代表，其基本内容为某时段客源地到目的地的旅客量，与客源地人口规模、财富或旅游嗜好的量度及目的地的吸引力或接待力成正比，与客源地到目的地的距离成反比。从引力模型看，其核心仍以旅游资源为基础。

（3）区域旅游持续发展潜力模型

该模型综合考虑了旅游资源、社会经济、环境和科学技术等因素的相互关联和独立性，构建了区域旅游持续发展潜力模型，但该模型未说明如何将区域旅游持续发展潜力转化为现实的生产力。一些学者试图将国际贸易理论中的生产要素禀赋理论、规模经济理论引入国际旅游业的分析,但国际贸易的基础理论用以说明国际旅游现象的说服力和适用性不强。

总之,以上理论说明,在激烈的国际旅游市场竞争环境下,旅游业发展的新形势存在着诸多缺憾,国际旅游业发展的实践需要新的思路和研究方法。

11.2 我国旅游服务贸易产业要素分析

1. 旅游资源

我国旅游资源具有类型丰富、知名度高的特点,对国外游客具有极强的吸引力。我国960万平方公里的辽阔土地,使得各种自然风光非常丰富。作为四大文明古国之一,我国具有5 000年悠久的历史,灿烂而独特的文化,积累了大量已开发和未开发的历史文化遗产。民风民俗方面,我国拥有56个民族,各民族甚至不同地区的同一民族间都有许多不同的风情和习俗,拥有较大的神秘性。

对比之下,虽然美国的旅游资源比较有优势的只有自然风光类和现代化休闲旅游类,但其旅游服务出口额仍位居世界第一。这主要是由于美国在世界经济中的特殊地位,使得在美国的商务活动较多,对美国的入境旅游有很大的带动。

2. 旅游安全

安全是旅游者非常重视的因素,世界上发生的战争、社会动乱、恐怖活动、飓风、地震、暴风雨、流行疾病等都使得相关国家和地区的旅游受到很大影响。改革开放以来,我国社会经济的发展速度令世界瞩目,在国际事务中的地位日益提升,与世界各国间的关系发展良好,政局稳定,社会安定,人民友好,除个别地区偶尔出现自然灾害外,世界最安全的旅游目的地的形象越来越巩固,安全已经成为我国对国外旅游者产生吸引力的重要因素。

比较而言,美国9·11事件以后,恐怖活动给游客带来心理担忧,加之接二连三发生的枪击案给美国旅游的安全带来阴影。西班牙、法国、意大利等国虽然有就业问题、种族问题等影响社会秩序,但对旅游业还不至于造成太大的影响,因此是旅游比较安全的国家。

3. 旅游成本

旅游成本包括价格、时间和精力。我国人民币与美元、英镑、欧元等外币的兑换比率比较低,国内整体物价水平低,因而在我国旅游的价格很便宜。旅游的时间和精力因素影响到游客在选择旅游目的地时会较多考虑旅途远近。

分析我国入境旅游客源市场,港澳台地区历来是中国最重要的客源地,韩国和日本则分别是中国第一和第二大外国客源国(见表11-1)。全球旅游集中于欧美国家,而欧美国家在我国入境旅游客源中却不占有重要位置。发达国家的旅游成本比较高,但还是能吸引到很多游客,这说明价格只是国际旅游的一个影响因素,而不是决定性因素。

表 11-1　2010 年主要客源国入境旅游人数和增长情况

序　号	国　　家	入境旅游人数/万人次	与上年比较(%)
1	韩　国	407.64	27.5
2	日　本	373.12	12.5
3	俄罗斯	237.03	36.0
4	美　国	200.96	17.5
5	马来西亚	124.52	17.6
6	新加坡	100.37	12.8
7	越　南	92.00	11.0
8	菲律宾	82.83	10.6
9	蒙　古	79.44	37.8
10	加拿大	68.53	24.5
11	澳大利亚	66.13	17.8
12	泰　国	63.55	17.3
13	德　国	60.86	17.4
14	英　国	57.50	8.7
15	印　尼	57.34	22.3
16	印　度	54.93	22.4
17	法　国	51.27	20.7

注:资料来自中国国家旅游局 2010 年中国旅游统计公报。

4. 旅游相关配套服务及设施

近年来,我国通讯、金融、餐饮、住宿、娱乐等旅游相关的配套服务与基础设施建设得到很快的发展,已形成了较大的规模,达到了较高水平,覆盖到了我国绝大部分旅游资源,给入境旅游的长期发展提供了保证。此外,我国航空运力不断提升,铁路客运提速提质,高速公路、高铁加快建设,交通工具的质量不断提高,制约旅游产业发展的大交通问题得到了很大缓解。

我国旅游信息服务是比较薄弱的一个环节。除航空售票和酒店业广泛采用计算机处理信息外,其他领域信息处理的自动化程度比较低。我国旅游景区的医疗救护还没有得到应有的重视,卫生条件比较差也是普遍存在的现象,这对于游客的满足程度显然是一个不利的影响因素。

11.3　我国旅游服务贸易产业发展的主要特征

1. 旅游服务贸易进口增长明显高于出口

2010 年我国旅游服务贸易规模(进出口总额)达到 960 亿美元。

入境旅游人数 13 376.22 万人次,比上年增长 5.8%。其中:外国人 2 612.69 万人次,增长 19.1%;香港同胞 7 932.19 万人次,增长 2.6%;澳门同胞 2 317.29 万人次,增长 2.0%;台湾同胞 514.06 万人次,增长 14.6%。

入境过夜旅游者人数 5 566.45 万人次,比上年增长 9.4%。其中:外国人 2 127.64 万人次,增长 20.2%;香港同胞 2 609.45 万人次,增长 2.3%;澳门同胞 392.89 万人次,增长 2.1%;台湾同胞 436.47 万人次,增长 13.9%。

2. 旅游服务贸易是服务贸易国际收支中的主要项目

我国是发展中国家,经常项目活动是我国对外经济交往的主要内容。近些年来,经常项目规模占我国对外经济金融活动总规模的比例为 67%～80%,其中,服务贸易规模占经常项目规模的比例为 10% ~ 14%。来华和出国旅游活动的旅游服务贸易一直构成我国服务贸易的主要内容。

3. 旅游服务贸易收支顺差

1992 年以来,我国服务贸易项目年年逆差。究其原因,是包括运输、通讯、建筑、保险、金融服务、计算机和信息服务、专有权使用费和特许费、各种商业服务(咨询、广告和其他)、个人文化娱乐服务以及政府服务等非旅游的其他服务贸易项目,年年呈逆差之势(通讯、建筑、金融、计算机、广告、政府服务和其他商业服务在一些年份是顺差)。而诸多统计数字表明,正是旅游服务贸易长期的顺差,即来华旅游收汇大于出国旅游用汇,有力缓解了我国服务贸易总体逆差的局面。

11.4　我国旅游服务贸易产业存在的问题

全球的旅游业正在进入深刻变革的时代,面临各种挑战。例如,与全球经济同步的低增长率;目的地国家或地区之间的竞争进一步加剧;信息传媒的大众化、现代化使旅游者对旅游目的地和旅行的了解和选择性增强;旅游产品价格和质量之间的吻合度要求愈来愈高;各目的地在世界旅游市场上占有率分散化、格局多元化等。随着海外客源市场趋向定型,新兴市场冲击波的消退,我国旅游服务贸易长期发展过程中存在的问题日益突出。

1. 旅游环境

旅游环境分自然环境、社会环境和法律环境,这三种环境都是旅游资源,应并重开发。旅游是投资少、见效快、就业广的新的经济增长点,全国有 20 多个省、市、自治区将旅游作为重点产业来抓,有的一个省就设了 40 多个旅游开发区,但是在开发的同时,环境破坏也比较严重。比如西双版纳是我国宝贵的热带原始森林,是一个极具开发价值的旅游风景区,但近十几年的毁林开荒,伐木取薪,使森林面积急剧下降,原来良好的生态环境现在已遭到破坏。一些官员为在任期内出政绩,不顾破坏和污染环境的后果,搞旅游资源的掠夺性开发,造成文化遗产的人为破坏。此外,据对我国42处风景名胜旅游景点的调查,其中31处存在严重的旅游垃圾污染问题,占被调查总数的73.8%;污染比较严重的有3处,只有8处的环境破坏与污染较轻,仅占被调查总数的19.05%。人们对于同属旅游环境的社会环境,在现代旅游开发中,比起自然资源来,对游客的影响往往更加认识不足。破坏社会环境也是破坏旅游资源的道理还未引起人们的重视。

一国旅游环境中种种因素包括政治的、经济的、自然的、社会的、文化的乃至心理的因素,但其中起决定作用是法律因素。因为上述各种因素,主要是通过一定法律体制和法律规定,对外国旅游者和旅游服务贸易投资者直接予以影响。

2. 国际标准化的旅游服务

旅游业实际上是跨国性的行业。只有消除国际旅游的障碍,保证国际旅游人数增加才能为国家赚取经济发展所需的外汇。而优质、高效、国际标准化的旅游服务,又是保证国际旅游者重复消费的重要条件。我国目前最缺乏的就是这种国际标准化的旅游服务,例如,签证手续繁琐、海关和边检的效率低下、兑币地点少等。另外,旅行社市场较为混乱,存在竞相压价、高额回扣、价格欺诈、非法经营、违规经营、违规操作、降格服务等无序竞争现象。

3. 旅游景点的开发和保护

旅游资源不等于旅游产品,更不等于旅游业。开发旅游业必须树立旅游产品的观念,而旅游产品是由旅游资源、旅游设施和旅游服务等方面有机组成的综合体。不注重旅游资源向旅游产品的转化,旅游业就不可能持续发展。

4. 旅游商品供应

国际旅游商品创汇占旅游收入的40%~50%,香港高达60%,而我国大陆这一比例平均只有20%。旅游是一种异地的精神和物质的享受活动,而购物则是旅游过程的延伸和旅游感受的物化,这就要求旅游商品具有地方性、民族性、纪念性、知识性、艺术性、趣味性、收藏性等特色,至少具备一项,兼有多项更佳。而我国的旅游商品样式陈旧、品种单一、粗制滥造、质量低劣,缺少地方特色,市场趋于雷同,商品文化含量、艺术品味不高。

5. 旅游业素质

这里所指的旅游业素质,一是队伍素质,二是产业素质。包括景点建设、商品开发、旅游规则、产业格局、市场网络、企业管理、市场秩序等。旅游业素质目前是我国旅游服务贸易的难点。如果不提高旅游业素质,将无法经营好经济全球化的国际旅游贸易。

6. 旅游业结构

(1)旅游产品结构单一。我国观光型产品比重大,非观光型产品比重小;旅游产品设计和组织上,团体旅游产品比重高,散客比重低。这些都严重阻碍了我国旅游产业向纵深方向发展。

(2)旅游消费结构不合理。旅游消费结构合理化是一个动态的过程。目前我国旅游消费结构不合理现象十分突出,其中旅游购物的销售收入占整体旅游收入的比重,不仅低于全球的平均水平,而且低于了30%这一国际"警戒线"。

(3)旅游企业分散化。我国旅游企业虽然数量众多,但目前仍未有在国际上有影响的旅游企业集团。

11.5 我国发展旅游服务贸易产业的潜力

20世纪90年代以来,世界旅游业持续高速增长,已超过石油、汽车工业,成为世界第一大产业,其发展潜力之大,目前还没有任何产业相匹敌。据世界旅游组织预测,未来10年中,亚太地区旅游业的发展速度将高出世界旅游业平均发展速度的1倍,到亚太地区的游客将以每年7.6%的速度递增,而我国可以成为亚太地区最大的赢家。

加入世界贸易组织后,我国与其他国家在商品、技术、管理、金融等方面的交流更加方便顺畅,这极大地促进了我国旅游服务贸易的发展。旅游市场的开放意味着各种限制减少,这使旅游者、高级管理者的流动更加方便。国外竞争者的引入,改变了我国服务业的竞争格局,有利于提高管理水平,降低旅游的各项费用,对国际旅游者具有很大的吸引力。

11.5.1　硬环境的建设

首先,我国旅游业经过多年的发展已具有一定的规模和管理经验,培养了一大批人才。其次,相关产业发展很快,为旅游业提供了良好的先行条件。2010 年全国纳入星级饭店统计管理系统的星级饭店共计 13 991 家,其中有 11 779 家完成了 2010 年财务状况表的填报,并通过省级旅游行政管理部门审核。这些星级饭店拥有客房 147.64 万间,床位 256.64 万张,拥有固定资产原值4 546.77亿元,实现营业收入总额 2 122.66 亿元,上缴营业税金111.36 亿元,全年平均客房出租率为 60.28%。

我国航空事业也有了较大发展,民航航线从 1985 年的 248 条增加到 2010 年的 1 880 条。截至 2010 年底,我国按重复距离计算的航线里程为 398.1 万公里,按不重复距离计算的航线里程为276.5 万公里("十一五"期间定期航班航线增加 623 条,年均增长8.4%,按重复距离计算的航线里程增加 125.6 万公里,年均增长7.9%,按不重复距离计算的航线里程增加 76.7 万公里,年均增长6.7%),定期航班国内通航城市 172 个(不含香港、澳门、台湾),定期航班通航香港的内地城市 43 个,通航澳门的内地城市 5 个,通航台湾地区的内地城市 32 个。国内航空公司的国际定期航班通航国家 54 个,通航城市 110 个。

11.5.2　软环境的建设

首先,发展国际旅游服务贸易符合我国进一步挖掘发展经济潜力的国情,产业关联度高,可创造大量就业机会,且就业成本低。"十二五"期间,全国大部分省、市、自治区把旅游业作为重点产业来建设,并将为国际旅游服务贸易的发展提供良好的政策环境和投资环境。其次,我国经济持续发展,综合国力逐渐增强,国际地位不断提高,将进一步吸引外资。中西部地区具有旅游资源优势,开发国际旅游服务贸易可以形成外商投资的新热点。

11.6 发展我国旅游服务贸易产业的对策

1. 积极有效地利用外资

我国旅游服务贸易要有较大的发展,除了提高管理水平和服务质量等内在的措施外,最根本的是要大量投入资金。进一步扩大利用外资是加快我国旅游服务贸易发展的重要途径。我国下一步还要依据 GATS 的规定,逐步对外开放旅行社市场。

2. 大力开发新产品

要提高我国旅游服务贸易的经济效益,旅游服务贸易就必须实现粗放型增长向效益型发展的转变。

(1) 旅游产品结构多样化

首先,应以充分利用旅游资源为基础,以国际旅游市场需求为导向,努力开发新产品;其次,要建立多元化的旅游产品销售体系,适应散客市场发展的需要;最后,要建立正常的旅游产品升级换代机制,在总体上使我国旅游产品结构与旅游市场需求结构趋于一致。

(2) 旅游消费结构合理化

要使旅游消费结构合理化,应做到:努力研制开发符合我国传统文化和民族特色的旅游商品,提高档次和质量,增加品种;增设销售网点,特别是应考虑免税店的增设数量和地域分布,完善国际旅游者的购物退税制度。旅游购物品的研制、开发和销售,不但可以完善消费结构,提高旅游业经济效益,而且还可以促进我国一批古老、濒临消亡的民族手工业的恢复和振兴,带动地方经济发展,增加就业渠道。

(3) 国际旅游企业集团化

集团化经营是科技进步和生产社会化的客观要求,是提高经济效益的重要途径。旅游活动是跨国界、地区、行业的综合性经济活动,更有必要建立旅游企业之间、部门之间、地区之间的横向联合。为此，必须大力支持、扶植建立我国的大型旅游企业集团，对外能够与国际旅游大企业较量，对内能够发挥引导和规范市场的作用，从而真正做到提高我国旅游服务贸易在国际市场上的竞争力。

3. 主动开拓海外市场

亚太旅游协会（PATA）交易会是国际旅游市场营销的极好场所。我国自 1994 年首次参加 PATA 活动以来，增强了营销意识，开拓了销售渠道。今后应组织更多的旅游企业参加 PATA 的各项活动，以增加销售机会，开辟新的市场。国际旅游服务贸易竞争首先是国家形象的竞争、国家实力的竞争。我国目前的旅游促销费每年只有数百万元，在国际市场促销方面还必须加大投入。

4. 组建大型现代旅游服务贸易企业

我国应该以建立共同市场为目标，以资产重组为导向，组建跨行业、跨地区、跨国界的大型现代旅游服务贸易企业集团，通过强强联手、编队起航、兵团作战，形成管理优势和人才优势，创造一批国际名牌，从而打好我国旅游服务贸易的基础。

5. 加快旅游人才的培养

旅游服务贸易的发展和进一步开放，对旅游人才提出了更高的要求。国际旅游服务贸易不仅需要一支在理论知识、外语运用和服务技能上达到相当水平的从业人员队伍，同时还需要大批掌握现代科学技术和管理知识、懂得现代旅游业发展规律和特点、熟悉国际旅游和善于旅游宣传促销的管理人才，这样才能从整体上提高服务质量。

6. 重视旅游资源的开发和保护

发展旅游服务贸易，开发利用资源，必须与生态环境的保护和改善相协调，依靠科学技术发展旅游服务贸易，完善政策法规。

7. 丰富旅游商品的供应

除了各个旅游景点的努力外，在旅游商品的供应上，国家可给予一定的政策扶持，如借鉴国外经验，在游客出境时实行购物退税；在特色产品的开发、产销上予以一定的资金支持。

8. 开发多元化旅游客源市场

在对我国各种旅游资源的宣传、推广中,应树立全面客观的中国形象。在强化原有优势资源宣传推广的同时,也应对我国的现代化旅游资源进行强有力的宣传。一般来说,发达国家游客比较偏好自然风光、历史文化遗产和民风民俗旅游资源,而发展中国家游客较偏好历史文化遗产和现代化旅游资源。

9. 充分发挥政府的调控作用

实践证明,我国旅游服务贸易发展历程中,政府主导与市场结合是有效的。在发展旅游服务贸易的过程中,一方面要充分发挥市场机制的作用,另一方面要强化政府的组织协调功能,加强政府与企业各界的联动。政府能够更加关注不同利益相关者的利益协调,应通过政府的干预建立公平有序的旅游市场秩序,为企业的竞争提供一个公平、自由的市场环境,维护旅游经营者和旅游者的合法权益,促进旅游业的健康发展。政府还应在旅游服务贸易发展规划制定、调节旅游资源的开发和利用、改善和保护环境、关注人与自然的和谐、促进旅游可持续发展、旅游相关基础设施建设、整体形象推广宣传和市场环境优化等方面发挥主导作用。

12 我国教育服务贸易产业的分析与对策

　　教育服务贸易是教育国际化与服务贸易相结合的产物,它已经成为国际贸易的一个重要的新兴领域,越来越受到许多国家尤其是发达国家政府和教育界的极大关注。国际教育服务贸易是属于国际服务贸易的范畴,是以教育服务为对象的贸易,是国际服务贸易的一个重要组成部分,是国际服务贸易在教育领域中的反映。据 GATS 相关规定,延伸到教育领域,可以理解为,除了由各国政府全额资助的教学活动之外,凡收取学费、带有商业性质的教学活动均属于教育服务贸易范畴。

　　2001 年 12 月,我国正式成为 WTO 的成员国。加入 WTO 意味着我国高校的国际教育服务进入全球市场,获得一个更加广阔的发展空间和新的市场环境;得到一个参与全球一体化,在全球化竞争中不断成长发展的机会;同时也面临世界教育服务强国进入我国的竞争压力和挑战。这种挑战是全方位的,会涉及国际教育服务贸易的不同方面和不同环节。为了有效地应对这一挑战,应该充分认识我国教育服务贸易的发展现状以及所面临的问题,采取更为积极的发展国际教育服务贸易的方针策略。

12.1　国际教育服务贸易产业的特点

1. 国际教育服务贸易发展迅速

20 世纪 70 年代以来,国际教育服务贸易迅速发展,贸易额直线上升。据统计,2010 年国际教育服务贸易额已超过 300 亿美元,数额相当庞大。美国是世界上最大的教育贸易出口国,自 20 世纪 70 年代以来,其教育服务业出口年年保持顺差,教育在十大服务出口行业中仅次于旅游、运输和金融,名列第 4。教育服务贸易同样在加拿大、英国、法国、澳大利亚等国家的服务贸易中所占份额越来越大。

2. 国际教育服务发展不平衡

目前,国际教育服务贸易的市场分布呈现出一种极不平衡的状态。首先,全球 95% 的留学生就读于美、英、法、德、俄、澳、日、加等工业国,形成国际留学生市场由发达国家垄断的局面。主要英语国家如美、英、澳、加等利用其传统的教育资源优势和语言优势,占据了境外消费教育贸易市场的绝对份额;其次,在这些发达国家内部,也存在着不均衡分布,美英两国遥遥领先,占全球市场份额的一半以上。其中,美国占 33.3%,英国占 17%。国际留学生流动的方向总是从经济不发达国家流向经济发达国家,这是国际教育服务贸易最典型的特征。我国每年有 30 多万学生出国留学,远远超过来华留学生人数,存在严重的教育服务贸易逆差。接受外国留学生为发达国家创造了大量的外汇收入,而发展中国家却从中流失了大量的外汇,进一步加深了国际教育服务贸易的不均衡。

3. 国际教育费用普遍较高

国际留学生正日益被东道主国家看做是收益的重要来源,尤其是英语国家,通过对其他国家留学生收取较高学费实现教育贸易创汇。一些欧洲大陆国家虽然收取较低的学费,或者根本不收学费,但对来自非欧盟国家学生收取的学费明显高于本国学生。同样,我国也对留学生实行高收费政策。

12.2 我国教育服务贸易产业优劣势分析

我国发展教育服务贸易既有比较优势,也有相对弱势。就目前我国的教育水平以及学术氛围而言,还不足以让我国教育在竞争激烈的国际环境中占有出色的地位,因此我国教育服务贸易存在很大的逆差。

1. 空间上的严重不对等性

我国教育服务贸易境外消费,无论在接收留学生数,还是出国留学生数都比以前有较大的发展。2010 年共有来自 194 个国家的 26.5 万名各类来华留学人员,分布在全国 31 个省、自治区、直辖市(不含我国台湾地区、香港特别行政区和澳门特别行政区)的 620 所高等学校、科研院所和其他教学机构中学习。其中,中国政府奖学金生达 2.24 万名,同比增长 22.72%。来自亚洲的留学生占来华留学生总数的 66.32%,排名第一。欧洲、美洲、非洲、大洋洲分列 2 至 5 位。来华留学生人数名列前 10 的国家是韩国、美国、日本、泰国、越南、俄罗斯、印度尼西亚、印度、哈萨克斯坦和巴基斯坦。来华留学生人数超过 5 000 名的国家还有法国和蒙古。按留学生类别来看,学历生 10.74 万名,非学历生 15.77 万名,比例约为四六开。

2010 年我国出国留学人员总数达 28.47 万人。从 1978 年到 2010 年底,我国各类出国留学人员总数达 190.54 万人。从资金流向看,流出的教育资金远大于流入的教育资金。由于我国在科技和教育领域的许多方面与国际先进水平有一定的差距,处于追赶者和需求者的地位,因此我国教育贸易存在较大逆差。我国留学生生源输出主要集中在美国、英国、德国、法国、澳大利亚和日本等国。2010 年,全球 6 大留学目的国共接纳了留学生总数的 67%,这 6 个国家及其接纳留学生的份额分别是:美国 23%、英国 12%、德国 11%、法国 10%、澳大利亚 7% 和日本 5%。可以看出,我国教育服务贸易具有空间上的严重不对等性,即生源输入与生源输出分布不对称。

2. 庞大的教育服务市场

在教育服务供给方面,目前我国已建立了一个体系完善、质量良好、教育严格的教育体系,建有各类高中阶段教育学校 31 407 所,普通高等学校和成人高校 2 236 所,民办高校(机构)7.85 万所,教育服务供给发展能力强劲。

我国经济发展迅速,国际影响力逐步扩大,汉语与英语都是世界上使用人口最多的语言,日本95%以上的大学将汉语作为最主要的第二外语,美国有超过700所大学将汉语作为公共外语,法国近几年参加汉语水平考试(HSK)的考生人数以每年60%的速度递增。我国作为汉语的母语国,提供和发展汉语教学服务贸易,具有得天独厚的要素禀赋优势。

我国高等学校生均运行成本目前维持在1.2万元左右,而美国高校仅生均经常性开支一项即达18 383美元。2010年我国高校教职工平均工资为25 054元,而美国高校全国教师平均工资达6万多美元。

3. 高等教育学历学位的国际认同度较差

我国高等教育学历学位的国际认同度较差,是制约我国教育服务出口贸易发展的瓶颈,也是教育服务进口贸易规模居高不下的主要原因。有许多国家和地区不承认我国高等教育的学历和学位。而且,高等教育中各个院校有权制订各自的录取标准,对于每一个国际学生而言,要顺利进入某所国外院校就读,仅有政府层面的资格保证是不够的,还必须达到该院校的具体录取要求。

长期以来,人们习惯于把教育服务仅仅视为公共产品,排斥市场机制的作用,即使举办各类民办学校也主要是针对政府对教育投资的不足。由于产权制度和竞争机制的缺失,在教育处于卖方市场的条件下,教育服务提供者就既无动力又无压力去提高效率和改善品质,是我国教育服务低效和优质教育供给匮乏的基本原因。

12.3 我国教育服务贸易产业存在的问题

1. 相关政策和法律法规的制定严重滞后

目前,国际上教育发达的国家都把国际教育服务作为一项重要的贸易产业来经营,积极给予政策扶持,大力倡导教育服务机构开展国际教育服务贸易。日本、英国、美国、澳大利亚、加拿大等国纷纷制定政策和法规,吸引来自世界各国的留学生,占有更大的国际教育市场份额。而我国现有绝大多数涉及发展教育服务贸易的政策的制定严重滞后:各级政府没有把发展国际教育服务贸易像发展信息、旅游、商贸等产业一样,列入国民经济和社会发展的整体规划,造成高校认识上的混乱和操作上的困难;没有形成合理和必需的教育服务贸易的政策框架,国家支持发展教育服务贸易的政策的有效性和直接性还不明显。到目前为止,我国还没有针对发展教育服务贸易的纲领性文件,各级政府也没有以直接发展教育服务贸易为出发点的政策和整体规划,现有的政策也主要是教育系统本身的行业规则。

在法律法规建设方面,我国先后颁布了《中外合作办学条例》及《实施办法》、《高等学校赴境外办学暂行管理办法》等法规,并清理了《自费出国留学服务中介管理条例》及《实施细则》、《高等学校接收留学生管理规定》、《关于中国政府奖学金的管理规定》、《中外合作举办教育考试暂行规定》、《关于开办外籍人员子女学校的暂行管理办法》等有关涉外教育的法规,但与国际教育服务贸易发展的要求相比还存在着许多不足之处。目前,我国还没有一个关于国际教育服务贸易的一般性法律,相当一部分领域法律处于空白状态,现有的法律法规未成体系,许多法律法规不符合国际自由贸易的法则和惯例,一些传统的法律法规成为开展国际教育服务贸易的羁绊,一些法律条文对教育服务贸易规范不够,缺乏行之有效的约束力。需要的还没有出台,已有的约束不到位。这些都成了我国发展教育服务贸易的瓶颈,这也从侧面反映出我国教育服务贸易立法相对滞后。

2. 教育服务贸易缺乏强大的竞争实力

经过 30 多年改革开放,我国教育事业取得显著成就,高校办学条件得到极大改善,办学水平也有了相应提升。但与一些教育发达国家相比,我国高校的整体办学水平还不高。教育服务产品的质量直接决定教育服务贸易的竞争力。目前,全世界留学生主要集中在教育发达国家的知名大学里,主要原因是这些大学能提供高质量的教育产品。美国被公认为世界教育最发达的国家,也是吸引留学生最多的国家,长期以来其高等教育发展水平处于世界前列,优质的教育服务产品是其拓展国际教育市场的优势。英国的教育质量在全世界享有盛誉,拥有像牛津、剑桥这样的世界一流大学,所以即使实行昂贵的收费,英国的教育对留学生依然充满吸引力。而我国高等教育内容和课程体系虽几经改革,但内容陈旧、结构不合理、人才培养模式落后的状况依然存在。无论在自然科学还是在人文科学领域,与发达国家相比,还存在着相当大的差距。我国的高等教育目前缺乏能够得到国际公认的质量标准,许多高校的教学质量得不到认可,缺少强有力的教育品牌出现,在吸引留学生方面处于劣势地位。加入 WTO 后,教育资源的跨国配置越来越加强,越来越多的外国教育机构进入我国。面对外国教育机构的优势,我国缺少与之抗衡的实力。由于跨境消费的出现,大量中国留学生涌出国门,漂洋过海到异国求学,造成巨额教育资金流向国外和大量人才的外流,在一定程度上制约了我国教育事业的发展,间接地影响了整个国民经济的发展。

教育服务贸易的有效开展离不开相关市场的支撑。教育事业的发展,国际教育服务贸易井然有序地进行,管理是关键。当前,我国高校的整体管理水平比较低,熟悉 WTO 规则的高层次的教育管理人才更是匮乏,这就使我国高校在国际上的竞争力大打折扣。出国留学中介市场很不规范,很多出国留学中介机构的从业人员素质普遍不高,只注重眼前利益,缺乏长远的眼光和整体规划,坑害消费者利益的事例时有发生。目前,我国留学中介基本上都是出国留学服务中介,还没有一家专业从事引进外国留学生,将我国大学的优势学科推向国外的中介。因此,对留学中介市场的管理进行规范和完善,使留学市场健康发展是我国发展教育服务贸易的重要环节。总之,全方位开展国际教育服务贸易,我国还需要在市场建设和机构健全方面作出更大的努力。

3. 教育经费不足

首先,教育投资尤其是政府教育投资增长缓慢,跟不上教育规模快速增长和教育质量提高的要求。与国际水平相比,国家财政性教育经费支出占国内生产总值的比例偏低。20世纪90年代末,世界这一指标的平均水平就达到了4.4%,发达国家基本稳定在5%~6%。而我国多年以来中央财政教育支出低于4%的发展中国家水平。在多方强烈呼吁下,2012年中央财政教育支出预算3781.32亿元,勉强占国内生产总值4%。仅仅依靠政府财政投入,在今后一个相当长的时期内都难以解决教育供求的矛盾。

其次,我国教育投资结构不尽合理。由于受原计划经济体制和前苏联教育体制与模式的影响以及在深层次上我国文化传统的内在作用,我国原有的教育管理体制基本上实行的是国家集中计划、政府直接管理、单一财政拨款的体制,政府是唯一的教育投资者。在现有的市场经济体制下,民间资金投向教育事业,近年来虽有所增长,但由于体制和政策等方面的原因,多元化的教育投融资体系仍然没有完全建立起来,还远不能满足教育发展的需要。

总之,我国高校教育服务贸易机遇和挑战并存,特别是在国际教育服务贸易领域,要与国际教育服务市场接轨,我国高校还面临着严峻的挑战。在防范发达国家的教育服务机构对我国教育服务市场冲击的同时,应积极地投入国际教育服务市场,在激烈的竞争中站稳脚跟,抢占国际教育服务市场的制高点。

12.4 提升我国教育服务贸易产业竞争力的对策

2008年,由美国次贷危机引发的金融危机对世界经济产生了极大冲击。对于受到经济危机影响的主要国家来说,一方面,经济危机带来的严峻就业形势促使人们在无法获得满意的工作待遇的情况下,选择继续接受教育以推迟就业时间和获取技能,降低了人们参与教育的机会成本;另一方面,危机导致的收入水平的相对降低使人们更加重视教育价格。因此,对我国来说,金融危机带来的国际教育需求增长以及对教育服务贸易价格的重视,是我国教育服务贸易发展的难得契机。

因此,为了大力发展我国教育服务贸易,提升我国教育服务贸易的国际竞争力,我们应该高度重视以下几个方面的问题:

(1) 继续培育优势学科并大力拓展学科的多元化

随着我国经济的发展和国际地位的提高,国际上学习汉语的需求日益增加,尤其是与我国有经常性贸易往来国家的学生以及我国传统文化的喜爱者,国际上对中医的需求也越来越大。因此,我们应该利用这一契机大规模接收来华留学的国际学生,把我国现有的优势学科汉语和中医教育进一步做大做强。与此同时,我们应该充分发挥我国工业制造业的巨大优势,利用技术上和专业上的优势,向发展中国家和落后国家或地区特别是周边发展中国家输出具有相对优势的专业技术培训服务,吸引这些国家的学生来华学习,改变学科不平衡的现状。

(2) 加大国际宣传力度并积极开展海外办学项目

目前,我国教育服务机构的国际营销意识还比较淡薄,缺乏到国际市场上去推销自己的主动性。虽然近几年有关部门和机构在国外组织了一些有关我国教育服务的说明会和展览,但方式和手段比较单一,很少采用一些适应信息时代市场需求的宣传手段,影响力有限,使我国许多的优秀教育服务产品没有为国外所了解,失去了很多教育服务贸易的潜在市场,影响了我国教育服务贸易的发展。因此,我们应该借鉴教育服务贸易发达国家的经验,加大在国际上的宣传力度,发展海外办学,在国外设立语言学校,并开办权威认证的中介机构,加强与国外政府、学校的合作,形成一套完整的海外发展体系。

(3) 改变教育理念并进行适度的教育改革

我国教育发展长期以来受到行政管理和监督,甚至在人们的意识里,政府将教育作为一项福利事业来办,而不是当成一项产业来经营运作。这种观念和由此导致的消极现实做法使我国国内教育资源难以迅速优化配置,也进一步影响了我国教育服务的出口。因此,应当及时转变观念,建立现代化的教育理念,进行适度的教育改革。只有建立现代的教育理念,才能不断扩展教育规模,发现新的教育需求和教育服务市场,提供多样化、有针对性、充分满足市场需求的教育服务产品。另外,之所以提倡适度教育改革,是因为以我国目前的国情和高校科研院所的实际状况来看,让我国教育像发达国家那样完全产业化、市场化是不可能的。但是,可以有选择地放宽限制,针对境外消费教育服务贸易出口优势教育领域,在有限范围内实行产业化运作。凡是能吸引外国留学生的专业,政府可以让学校根据留学生不同文化背景和特点,在招收留学生的过程中,在学费和学生管理上拥有一定的自主权。这不仅有助于培养国内学校的自主竞争意识,转变运行模式,增强学校的竞争能力,争取更多的留学生,还能使我国学校管理不断吸取优秀的国际教育经验,由专门的管理人员对国际教育活动进行计划、组织、领导与控制,以实现教育目标最大化。

（4）加大对外开放力度并建立完整的教育服务产业开放体系

从国际产业转移的发展趋势来看,服务业转移是新一轮产业转移的重点,国际教育服务产业的发展也成为世界各国关注的重点。因此,应该根据我国境外消费教育服务贸易领域的具体情况,有选择、有步骤地扩大我国教育服务市场的对外开放力度。这样不仅可以增加利用外资的规模,引进先进的教育技术和教育管理方法,还可以培育新的具有竞争优势的学科,改变我国教育服务产业发展滞后的现状,提高我国教育服务贸易水平,扩大我国教育服务贸易的出口规模。在扩大对外开放力度的同时,应该建立完整的、多层次、科学的教育服务产业开放体系,以确保我国教育服务机构对外交流与合作的顺利进行;积极鼓励我国高等学校和国外高水平大学采取多种形式的合作办学,这样不仅能够快速培养出与国际接轨、适应国际竞争和国家经济发展需要的各种人才,还有利于我国整体教育水平和教育服务贸易国际竞争力的快速提升。

13 我国劳务输出与对外承包工程产业的分析与对策

所谓劳务输出,是指我国境内企业法人与国(境)外允许招收或雇用外籍劳务人员的公司、中介机构或私人雇主签订合同,并按合同约定的条件有组织的招聘、选拔、派遣我国公民到国(境)外,为外方雇主提供劳务服务并进行管理的经济活动。

所谓对外承包工程,是指我国境内企业法人或者其他经济组织按照国际通行做法,在国外及港澳台地区承揽、实施工程建设项目的勘查、设计、施工、监理、设备材料采购、安装调试、工程咨询、工程管理等经营活动。

这两项业务是我国自改革开放以来新发展起来的对外服务项目,在我国的对外服务贸易中占有很大的比重。

13.1 我国劳务输出与对外承包工程产业的发展历程

劳务输出与对外承包工程属于我国起步较晚的一项对外服务贸易产业。改革开放以后,我国开始逐步开展劳务输出与对外承包工程业务。从 1979 年起,我国的劳务输出与对外承包工程大致可以分为 4 个阶段:

第一阶段,1979—1984 年。这是我国劳务输出与对外承包工程开始起步和发展的阶段。从 1979 年起,劳务输出和对外承包工程作为赚取外汇的一项重要手段日益受到我国政府的重视,使我国的劳务输出和对外承包工程有了迅猛的发展。1979 年,我国的劳务输出与对外承包工程合同数共 36 项,合同金额总计 222 万美元。其中承包工程合同额 220 万美元,劳务输出合同金额 2 万美元。到 1984 年,我国的劳务输出与对外承包工程合同数 690 项,合同金额 16.843 4 亿美元,其中承包工程合同金额 14.85 亿美元,劳务输出合同金额 1.99 亿美元。到 1984 年,我国从事劳务输出与对外承包工程的公司也从 1979 年的 4 家增加到 54 家,除了部属专业公司外,各省市也以"国际经济技术合作公司"的名义成立了地方公司。在外劳务人员人数则从 1979 年的 2 190 人上升到近 5 万人。

第二阶段,1985—1990 年。这一阶段由于我国劳务输出与对外承包工程的主要市场,即中东市场因石油跌价、战争等原因而出现萎缩,使我国的劳务输出和对外承包工程发展速度趋缓。到 1990 年,我国的劳务输出与对外承包工程合同总额为 18.67 亿美元,较 1984 年仅增长了不到 4 亿美元。在外劳务人数 1990 年底仅 5.8 万人,增长了不到 1 万人。

第三阶段,1991—2000 年。进入 20 世纪 90 年代后,我国根据国际劳务和承包工程市场的形势变化,改变了我国劳务输出与对外承包工程的发展策略,从而扭转了被动局面,使我国的劳务输出与对外承包工程又重新恢复了发展势头。到 1994 年底,我国共新签劳务输出与对外承包工程合同 17 491 份,合同金额 79.875 亿美元。到 1994 年,我国在外劳务人员达 222 578 人,从事劳务输出的企业达到 304 家,一些非专业的公司也开始涉足这一行业。从地区分布上看,我国的劳务输出与对外承包工程在 1994 年已遍及全球 171 个国家和地区,而且地区重心较 80 年代发生了根本变化,中东地区所占比重急剧缩小,而东亚和南亚则成为我国的最大客户。1994 年与我国新签合同额超过 1 亿美元的 9 个国家和地区中,东亚和南亚就占了 5 个(中国香港、中国澳门、韩国、新加坡、马来西亚),而中东地区则一个也没有,此外,独联体在我国劳务输出和对外承包工程业务中所占比重也有大幅增加。

第四阶段,2001年至今。2001年以后,我国劳务输出与对外承包工程业务取得了跨越式的发展,业务规模快速扩大,合作领域不断拓宽,项目档次稳步提高,合作方式趋于多样,经营主体逐步优化。我国公司在国际工程承包市场上越来越受关注,已成为我国实施"走出去"战略的主要形式之一。

2011年我国对外劳务合作派出各类劳务人员45.2万人,较2000年同期增加4.1万人,其中承包工程项下派出劳务24.3万人,劳务合作项下派出20.9万人。年末在外各类劳务人员81.2万人,同比减少3.5万人,山东、江苏、河南成为我国2011年对外承包工程和劳务合作业务派出各类劳务人员的前3位(见表13-1)的省份。

表13-1　2011年我国对外承包工程和劳务合作业务派出
各类劳务人员分省市区排序表

序　号	省市(区)	累计派出各类 劳务数量(人)	期末在外各类 劳务数量(人)
1	山东省	48 840	108 666
2	江苏省	39 167	89 254
3	河南省	38 664	64 193
4	广东省	35 679	42 638
5	福建省	27 920	27 601
6	辽宁省	20 798	43 262
7	湖北省	17 386	23 473
8	吉林省	14 878	63 352
9	上海市	14 308	23 491
10	安徽省	13 574	20 901
11	北京市	11 804	17 842
12	云南省	11 506	26 306
13	黑龙江省	11 200	11 315
14	天津市	11 081	16 084
15	湖南省	9 624	22 578
16	浙江省	8 933	15 736

序 号	省市(区)	累计派出各类 劳务数量(人)	期末在外各类 劳务数量(人)
17	四川省	7 496	21 781
18	河北省	7 228	8 873
19	陕西省	6 651	10 777
20	新疆维吾尔自治区	3 729	3 134
21	江西省	3 517	13 535
22	广西壮族自治区	3 337	4 394
23	新疆生产建设兵团	2 579	2 701
24	山西省	2 447	5 934
25	甘肃省	2 385	2 023
26	重庆市	2 149	4 361
27	贵州	2 019	1 938
28	青海省	1 697	411
29	内蒙古自治区	1 539	5 773
30	宁夏回族自治区	291	522
31	海南省	6	6
32	西藏自治区	无	无

注:中国商务部统计数据。

2011 年我国对外承包工程业务完成营业额 1 034.2 亿美元,同比增长 12.2%,新签合同额 1 423.3 亿美元,同比增长 5.9%。华为技术有限公司、中国水利水电建设集团公司等成为我国 2012 年对外承包工程新签合同额前 20 家企业(见表 13-2)。

表 13-2　2011 年我国对外承包工程业务新签合同额前 20 家企业

序 号	企业名称	新签合同额/万美元
1	华为技术有限公司	1 162 694
2	中国水利水电建设集团公司	772 754
3	中国建筑工程总公司	728 014
4	上海电气集团股份有限公司	684 216
5	中国港湾工程有限责任公司	510 185
6	中国寰球工程公司	452 790

序　号	企业名称	新签合同额/万美元
7	中国交通建设股份有限公司	446 270
8	中国葛洲坝集团股份有限公司	426 012
9	东方电气股份有限公司	361 007
10	中信建设有限责任公司	319 489
11	中国路桥工程有限责任公司	270 572
12	中国电力工程有限公司	247 533
13	中国机械设备进出口总公司	236 871
14	中国土木工程集团有限公司	234 879
15	中石化国际石油工程有限公司	228 694
16	中石化集团炼化工程有限公司	202 688
17	中国机械进出口有限公司	191 251
18	中国水利电力对外公司	190 998
19	中国中原对外工程有限公司	188 956
20	中国万宝工程公司	185 847

注:中国商务部统计数据。

13.2　我国劳务输出与对外承包工程产业的现状分析

13.2.1　我国劳务输出与对外承包工程的作用和地位

(1) 重新认识和定位对外承包工程的作用和地位

长期以来,我国政府主管部门对劳务输出与对外承包工程在开放型经济中的作用和地位认识不够明确,重视不足,往往把这项业务仅作为带动劳务输出、获取承包服务收入的手段。虽然从经济理论和发达国家的实践经验看,对外投资是"走出去"的主导形式,但就我国目前的发展阶段和竞争优势条件看,劳务输出与对外承包工程才是我国实施"走出去"战略的最主要形式,应以劳务输出与对外承包工程为先导,带动境外资源开发和对外投资的发展。当前,劳务输出与对外承包工程应该被定位在带动我国货物出口、境外资源开发、对外投资、技术贸易的综合载体,落实"走出去"战略的最成熟、最可行发展路径,是我国服务贸易出口的优势产业。

（2）我国劳务输出与对外承包工程已具备较强的国际竞争力

从宏观角度看，2001 年入世以来，我国劳务输出与对外承包工程连续保持高速增长，营业规模迅速扩大。即使是 2009 年面对全球金融危机的不利影响，在对外贸易和利用外资都大幅下降的情况下，对外承包工程逆势大幅上扬，全年完成营业额同比增长37.3%，新签合同额同比增长20.7%，达到 1 262 亿美元，成为我国外经贸领域的亮点，为稳外需、促就业、保增长作出积极贡献。2011 年，我国对外承包工程业务完成营业额 1 034.2 亿美元，同比增长12.2%，新签合同额 1 423.3 亿美元，同比增长 5.9%。新签合同额在 5 000 万美元以上的项目 498 个（上年同期488 个），合计1 123.7 亿美元，占新签合同总额的79%。其中上亿美元的项目266 个，较上年同期增加 5 个。中国寰球工程公司承揽的古巴西恩富戈斯炼油厂扩建项目（合同额 45 亿美元），是 2011 年合同额最大的承包工程项目。截至 2011 年底，我国对外承包工程业务累计签订合同额 8 416 亿美元，完成营业额 5 390 亿美元。2011 年我国对外劳务合作派出各类劳务人员 45.2 万人，较 2010 年同期增加4.1 万人，同比增长 10%。截至 2011 年底，我国对外劳务合作业务累计派出各类劳务人员 588 万人。

从微观角度看，我国劳务输出与对外工程承包企业目前已经具备了较强的国际竞争力。近年来，我国对外承包工程企业在保持成本优势的同时，加大了技术研发投入，逐渐向 EPC（设计—采购—施工总承包）、BOT（建设—经营—转让）、PPP（公共部门与私人企业合作模式）等高端业务模式迈进，大型合作项目比重提高，已经成长为国际劳务输出与对外承包工程领域的生力军。根据美国权威工程杂志《工程新闻记录》（ENR）的统计评选，2009 年我国有 50 家企业进入全球 225 家最大国际承包商行列，其中中国交通建设、中国建筑、中国机械工业集团、中国铁建、中国水利水电集团5 家骨干企业进入美国《财富》杂志世界 500 强。这显示了我国工程企业已经具备了与其他国际一流工程企业竞争的实力。

（3）对外承包工程仍是我国目前实施"走出去"战略中的最主要形式

从我国发展对外经济合作、实施"走出去"战略的 3 种主要形式，即对外承包工程、对外直接投资、对外劳务合作相对比来看，对外承包工程是其中的最主要的形式。

第一，从资金数额上看，对外承包工程业务远超过后两者。根据商务部统计，截至 2009 年底，我国对外承包工程累计完成营业额 3 407 亿美元，累计对外直接投资额为 2 200 亿美元，对外劳务合作累计完成营业额 648 亿美元，前者分别是后两者的 1.5 倍和 5.3 倍。

第二，从竞争优势上看，首先，近年来由于我国国内基础设施建设快速发展，带动我国对外承包工程企业竞争力的快速提升，使该行业快速发展。其次，我国对外投资业务的发展目前还尚处在起步阶段，发展不成熟。由于大部分国家人工成本高于我国，对外直接投资的作用主要还体现在绕开贸易壁垒、获取境外资源等方面。再次，在劳务输出方面，由于绝大部分国家有较严厉的就业保护政策，所以劳务输出的发展空间比较有限。

（4）劳务输出与对外承包工程具有较强的带动作用

劳务输出与对外承包工程对经济发展的促进作用绝不仅限于获取承包服务收入、推动劳务输出方面，而更多地体现在对货物出口、境外资源开发和对外投资具有较强的带动作用。

第一，房屋建筑、基础设施建设、交通运输和电力行业在带动出口和 GDP 增长方面所占份额最大。这些产业具有的较强派生需求和带动效应，对国产机电设备、原材料和技术服务的出口带动作用明显。据商务部资料，2009 年我国对外承包工程带动出口近 300 亿美元，促进了国内建筑、制造、运输、金融等多个相关行业的发展，拉动了劳务输出和国内就业。在带动 GDP 增长方面，对外承包工程营业额每增加 1 亿美元可拉动当年 GDP 增长 4.91 亿美元，即对外承包工程对国民经济增长约有 1 比 5 的拉动力。

第二，在带动境外资源开发方面，直接参股或收购国外资源类项目,往往会因政治因素受到外国政府的限制。而通过先在东道国实施承包工程,较好地完成为其修建桥梁、公路、铁路、医院、学校等基础设施工程,帮助其实现经济发展,则比较容易获得东道国政府的信任与认可,会比较顺利地实现获取资源类项目的目的。非洲、中东等资源型国家,有时还会以金属矿山、油气资源等作为支付手段,支付我国承包工程企业的工程费用。这都为我国获取境外资源开发提供了一条新的途径,即在已实施的"以贷款换资源"之外,还可以"以工程换资源"。

第三,对外承包工程向高端模式转移,带动对外投资。目前我国对外承包工程企业开始逐渐升级业务模式,扩大海外投资,在带动投资方面的作用日益显现。对外承包工程企业的海外投资活动是与工程承包紧密结合的,是其业务升级的必然要求,主要方式有:以 BOT(建设—经营—转让)、PPP(公共部门与私人企业合作模式)等带有投资性质的业务模式参与国外基础设施的投资运营;以工程承包项目为先导进而投资建材、农牧、矿山资源、商业物流等相关产业领域;以收购或合资的方式参股设计院所、工程企业等。大型国有企业是开展海外投资业务的工程企业的主体,投资的地区以非洲、东南亚等企业熟悉的传统市场为主。例如中国交通建设股份公司利用在刚果(布)承包建设工程的经验,在刚果(布)投资建设的水泥厂取得较大成功,2009 年实现营业额 2 550万美元,该项目是刚果(布)目前唯一的一家水泥生产厂家,为两国经济作出了贡献。

13.2.2　当前我国劳务输出与对外承包工程面临的主要问题

当前,我国劳务输出与对外承包工程发展处于有利时机,但仍然存在一些困难和问题。主要表现在:

(1)企业面临融资瓶颈

融资条件一直是困扰我国企业扩大对外工程承包业务的瓶颈之一。当前国际工程承包市场现汇项目少,工程预付款比例低,大多需要承包商带资承包,而且近年来我国企业的业务范围向工程总承包的方向发展,经营规模迅速扩大,这两点都对承包企业的资金实力和融资能力提出更高的要求。而我国对承包工程企业的金融支持体系不完善,与国际大承包商强大的融资及资本运营能力相比,我国承包商融资能力较弱。另外,企业在融资过程中,往往审批程序复杂,担保条件要求苛刻,运作时间长,难以适应国际承包工程项目竞争的需要。有些工程企业追踪到一些好项目,因为不能及时解决融资问题而丧失机会。对外承包工程所需的资金运作周期长、数额大,十分需要国家的政策支持和金融机构的积极合作。

(2)人民币升值给企业带来较大成本压力和汇率风险

我国对外承包工程企业在国外收入大部分以美元结算,回国后兑换人民币在国内采购设备、原材料等,人民币升值使企业成本增加,利润下降。尤其是对外承包工程合同周期长的特点,使其与一般现货贸易相比,面临更大汇率风险。据我国对外承包工程商会的估算,人民币升值将对价值 300 亿 ~ 500 亿美元的在建项目产生直接负面影响,人民币每升值 1% 将给对此行业带来约 1.75 ~ 2.75 亿美元的直接经济损失。而我国出口信用保险机构目前还没有针对汇率升值而设立相应的保险项目,企业只能主要依靠自身能力消化此类影响。

(3)企业综合服务能力和创新能力需进一步提高

在劳务输出与对外承包工程的经营中,部分企业之间存在过度竞争,甚至恶性低价竞争的现象,导致国家利益、行业利益和公司利益遭受损失。我国劳务输出与对外承包工程行业的综合服务能力还较弱,缺少有足够能力为承包业主提供包括项目规划、可行性研究、咨询设计等在内的综合服务的工程咨询、工程管理、法律服务、投资顾问类企业。另外,在项目的规划和实施中,缺少对人文、生态、环境等方面综合考虑并与国际接轨的自主创新理念。

13.3 我国劳务输出与对外承包工程产业的管理体制和社会服务体系

我国劳务输出与对外承包工程是一项新兴的产业,虽然起步较晚,但取得了可喜的成绩。政府有关部门在宏观管理上,因势利导,加强统筹规划,完善扶持措施,健全经济法规,促进了我国的对外经济合作事业进一步发展。

13.3.1　我国劳务输出和对外承包工程的管理体制

目前,我国劳务输出和对外承包工程已基本形成"商务部宏观管理、各部门协调合作、地方政府部门属地管理、行业组织协调自律、驻外经商机构一线协调、与有关合作国共同管理"的体系。

（1）商务部实行宏观管理

为确保劳务输出与对外承包工程业务的健康发展,商务部一直行使对这项业务的归口管理。从 1979 年开始起,原外经贸部就会同有关部门开展劳务输出与对外承包工程的政策和扶持措施。

商务部归口管理的主要职能是:制订劳务输出与对外承包工程的促进和监管政策,完善各项规章制度。上述制度主要包括经营资格核准及年审制度、外派劳务培训制度、对外劳务合作备用金制度、外派劳务援助制度、统计制度等。

（2）各部门协调合作

在劳务输出与对外承包工程管理方面,商务部与财政部合作,对劳务输出与对外承包工程项目贷款提供财政贴息,并联合授权中国银行办理对劳务输出与对外承包工程保函风险专项资金的管理工作;商务部与住建部联合负责对外承包工程质量安全问题处理的有关工作;海关总署负责管理劳务输出与对外承包工程项目下出口设备材料的工作;国家质量监督检验检疫总局负责对外承包工程项目下出口设备材料的检验检疫工作。

（3）对经营企业实行属地管理

地方政府部门在对外经济合作工作中发挥着组织领导作用,具体负责劳务输出与对外承包工程的项目审查,监督经营公司依法经营,协调和解决所属区域经营企业在对外劳务输出与对外承包工作中出现的困难和问题。

（4）行业组织协调自律

我国对外承包工程商会经民政部批准于 1988 年设立，是负责全国劳务输出与对外承包工程的行业社团组织。其宗旨是在国家对外经济贸易方针指导下，依据市场经济的要求和国际上同行业组织的通行做法，在政府和企业之间，发挥桥梁和纽带的中介作用，加强本行业的协调、指导、咨询、服务，维护国家和会员的利益，保证会员的正当权益。

商会的职责是：代表会员向政府部门及国内外相应机构反映情况，交涉解决存在的问题；建立本行业正常的经营秩序；为会员公司提供服务；培训人才；组织会员公司开拓国际市场；与国外同行建立联系，加强交流；组织会员公司参加国内外展览会、交易会、项目洽谈会。

（5）驻外经商机构一线协调

劳务输出与对外承包工程监管是我驻外使（领）馆经商机构的一项重要日常工作。我国对外承包劳务公司设在国外的分支机构或派出机构，其对外经营活动中的重大事项须接受我国驻外使（领）馆经济（商务）参赞处的指导和协调。

（6）双边政府间合作

目前，在双边政府经贸联委会框架下，商务部已与主要承包劳务合作国或地区建立了政府间磋商机制，与有关国家签署了政府间双边承包劳务合作协议，如与俄罗斯签订了《关于中华人民共和国公民在俄罗斯联邦和俄罗斯联邦公民在中华人民共和国的短期劳务协定》，与巴林签订了《关于劳务合作及职业培训领域的合作协定》，与马来西亚签订了《关于雇用中国劳务人员合作谅解备忘录》等。上述磋商机制对促进双边合作和加强双边政府对外劳务合作的共同管理起到了重要作用。

13.3.2　我国劳务输出与对外承包工程业务的社会服务体系

在社会服务体系方面，劳务输出与对外承包工程从项目立项开始所涉及的部门，包括外交部、商务部、公安部、外管局、地方外办、地方经贸委、地方有关人事部门、(村、镇、县)政府、街道办事处,加上内部系统和使馆等机构,构成一个庞大的办事关联网络。

在实践中,各级政府部门通过不断简化手续、提高各级政府部门的办事效率,逐步形成一个比较完善的、高效的社会服务体系。除此之外,信息服务和中介机构对对外经济合作的促进作用日益显著。

(1) 外经贸公共信息服务体系

外经贸公共信息服务体系,是指以外经贸主管部门为主导,以社会公众为服务对象,以政策、商情、经济环境等信息资源为主要内容,以开拓国际市场为主要目的,以公益性非盈利性为根本特征的国际通行的外经贸业务促进措施。

自2001年以来,外经贸公共信息服务体系建设的步伐明显加快,并已经取得了初步成绩。商务部政府网站内容不断丰富,在外经贸公共信息服务体系建设过程中发挥了主渠道作用。各国外经贸政策环境数据库、国内涉外政策法规数据库等若干大型数据库建设先后启动,为外经贸公共信息服务提供信息资源保障。

此外,随着信息服务推广力度不断加大,中国对外承包商会、各外经公司等机构承办的中国国际劳务合作专业网等对外经济合作专业网站,为企业和劳务人员提供全面的国际市场信息,帮助企业开拓国际市场,帮助劳务人员提供劳务输出就业信息。同时,让更多的国外业主了解我国企业和相关政策。

(2) 研究机构、刊物

商务部国际贸易经济合作研究院、中国国际经济合作学会等研究咨询机构及《国际经济合作》、《国际工程与劳务》、《国际经济合作研究》等专业性期刊为外经企业开阔视野、制定发展战略、改善经营管理、开拓国际市场等提供大量实用信息、最新研究成果和可供借鉴的有益经验,推动了我国对外经济合作事业的发展,在我国对外经济合作领域的影响与作用日益扩大。

商务部国际贸易经济合作研究院是集研究、信息咨询、新闻出版、教育培训等功能为一体的综合性社会科学研究与咨询机构。

在50多年的历程中,该研究院本着"为政府决策服务,为地方经济服务,为企业发展服务"的理念,在国际经济合作等方面长期进行政策和实务研究,为国内外政府部门、企业、各类经济实体及组织机构提供对外承包工程和劳务合作等方面的调查研究、信息咨询等方面的服务与合作,充分发挥了积极作用,在国内外享有较高声誉。

中国国际经济合作学会于1983年在北京成立,由全国政、学、企各界人士组成,是我国专门从事国际经济合作理论、政策研究与交流,参与策划与制定国外经济合作战略的权威性学术组织,是在全国范围内为所有从事国际经济合作事业的企业、研究机构、高校及政府部门提供有关国际经济合作理论政策研究成果和信息咨询服务及人才培训的非营利性机构。

我国现公开发行的对外经济合作专业性期刊包括《国际经济合作》、《国际工程与劳务》、《国际经济合作研究》等。

《国际经济合作》杂志由商务部国际贸易经济合作研究院主办,是中国对外经济技术合作领域的新闻、实务和理论月刊。杂志的内容包括:跨国经营、工程承包、劳务合作、设计咨询等。

《国际工程与劳务》由中国对外承包工程商会主办,以权威和专业的视角服务于对外承包工程和劳务合作行业,以我国驻外经商机构、国外驻华使馆、国外企业驻华机构、国际经济组织、国内外大承包商为资源依托。

《国际经济合作研究》由中国国际经济合作学会主办,内容包括有关国际经济合作理论政策及最新国外经济合作信息、动态等。

（3）中介商

随着我国对外经济合作事业的快速增长,一批管理规范、成绩突出、有一定实力的中介服务商脱颖而出。中介商通过提供项目和人才供求信息的收集、整理、储存、发布和咨询等服务,为企业搭建信息服务平台,帮助企业和劳务人员进行自我推介,寻找合作伙伴。

13.4　我国劳务输出与对外承包工程产业的发展对策

作为我国对外开放的一个重要组成部分,对外承包工程和劳务输出始于20世纪70年代末,是在对外援助基础上逐步发展起来的。其中,劳务输出与对外承包工程也有着紧密的联系,伴随着其发展而发展。20世纪90年代以来,无论是对外承包工程还是劳务输出,其规模、方式、结构、内容等都发生了实质性的变化,在发展过程中也出现了新的问题。形势的变化,向原有的管理模式和政策体系提出了挑战,需要我们解放思想、更新观念,认真分析国际市场环境和内部发展潜力,调整对外承包工程和劳务输出的发展战略、政策和管理职能。

13.4.1　对外承包工程和劳务输出的发展战略

对外承包工程应逐步实现以出口劳务为主向商品贸易、技术贸易、服务贸易的综合载体转变。我国发展对外承包工程的战略目标,不应仅限于劳务出口。如果说在发展的初级阶段,20世纪80年代在中东市场上,依靠劳动力成本低的优势,曾经推动了对外承包工程的发展,那么今天我们必须而且有条件进行战略性调整。

第一,这是国际工程承包发展趋势的客观要求。随着市场竞争的加剧,承包工程所提供服务的复杂程度在增加。鉴于业主在资金和技术方面的局限,承包工程内容逐渐扩展到设备采购与供应、设备安装与维护、人员培训和资金融通等方面。这就要求承包商具有综合的竞争优势。除此之外,各国对一般建筑劳务的市场准入普遍采取严格的限制措施。我国对外承包工程企业如果仅依靠劳动力成本低这一优势,不仅很难在国际市场上获得回报率高的大项目,而且很难保持在传统市场的份额。

第二,我国鼓励资源开发和开展境外带料加工装配业务,为对外承包工程的战略调整提供了新的机遇。发达国家的海外投资和贷款项目,往往为其承包商带来特有的竞争优势,我国企业很难与之竞争。我国开放海外投资,不仅为我国企业带来别国承包商难以插足的市场,而且也会使承包工程的内容发生质的变化。伴随投资的设备输出、设备安装和维护、技术转让、人员培训等业务,我国对外承包工程的综合经济效益将大大提高。

第三,我国援外方式的改革,已经而且将继续促进我国对外承包工程市场的扩大和业务的多样化。如果我们经过 5～10 年的努力,能够实现对外承包工程的战略性调整,这对我国工业和服务业乃至国民经济的发展将发挥更大的带动作用。

13.4.2 规范化、多样化的市场机制

我国的劳务输出是从对外承包工程中派出成建制劳务起步的。成建制劳务输出适合于建筑、采伐、加工工业等大规模集中劳动的行业,有利于有组织地派出和集中管理。这种劳务输出继承了援外工作的组织和管理方法,遵循国有企业的劳动工资制度和国家有关规定,派出单位是管理者,与劳工之间的关系比较简明,不会形成大规模非法移民,至今仍是一些国家的雇主乐于接受的方式。但是,这种方式带有浓厚的计划经济色彩,常常使用行政手段,如扣押外派劳工护照,管理层次多、手续复杂。而且,近年来,国外市场准入存在障碍,输出劳务的成本也比较高。因而,成建制劳务输出的局限性越来越明显。

20 世纪 80 年代以来,我国出现了许多劳务输出公司,逐渐改变了过去劳务输出渠道狭窄、方式单一的局面。但是,劳务输出公司与外派劳工之间的法律关系不明确,不清楚劳务输出公司是管理者还是市场中介组织。例如,劳务输出公司向外派的劳务人员收费十分混乱。调查中发现,虽然有关部门规定外派劳务收取管理费不得超过工人工资的 25%,但许多企业为保护自己的利益,较普遍的做法是公司对零散合同劳工派员收取管理费或委托雇主代扣,有的要求劳工出国前一次性交纳高额押金或预收高额管理费。这些不规范做法不仅与我国和属地有关法律法规相抵触,而且极易引起劳务纠纷和官司,导致公司和劳工的权益都受到损害。

　　30 多年来,劳务输出规模、输出方式、输出内容等出现较大变化,例如工程劳务与纯劳务出现分离的趋势。随着经济的全球化和我国改革开放的深入,必须调整劳务输出战略,应逐步实现由计划经济的成建制劳务输出为主向规范化、多样化的市场机制转变。

14 我国信息技术服务外包产业的分析与对策

信息技术外包(Information Technology Outsourcing,ITO)是指企业专注于自己的核心业务,而将其 IT 系统的全部或部分外包给专业的信息技术服务公司。企业以长期合同的方式委托信息技术服务商向企业提供部分或全部的信息功能。常见的信息技术外包涉及信息技术设备的引进和维护、通信网络的管理、数据中心的运作、信息系统的开发和维护、备份和灾难恢复、信息技术培训等。

14.1 国际信息技术服务外包产业概况

自从 50 年前计算机进入商业应用领域,各种形式的信息技术外包就一直存在,但是直到最近 15 年信息技术外包服务才盛行起来。

外包赋予了组织应对快速变化的全球经济所必需的灵活性,同时它也使组织在竞争激烈的市场环境中能将精力集中于组织的核心竞争力上。外包商通常在规模经济、经验以及在对最新技术的掌握等方面具有明显的优势,而这些优势是单个组织的信息技术部门所难以媲及的。美国著名的管理学家彼德·德鲁克曾预言:"在 10~15 年之内,任何企业中仅作后台支持而不创造营业额的工作都应该外包出去,任何不提供向高级发展的机会和活动、业务也应该采用外包的形式。"哈佛商业评论认为外包是过去 75 年来产生的最重要的管理思想之一。

自从柯达公司于 1989 年将其信息技术的主要业务外包以来，信息技术外包产业得到蓬勃发展。随着信息网络时代的到来，外包更得到了迅猛的发展。据美国《财富》杂志 1998 年 7 月 20 日的一期报道披露，全世界年收入 5 000 万美元以上的公司，都普遍开展了业务外包。邓百氏公司的《1998 年全球业务外包研究报告》表明，全球营业额 5 000 万美元以上的公司 1998 年业务外包的开支上升了 27%，比 1997 年的 23% 的升幅又有提高；1998 年全世界业务外包的总开支增加至 2 350 亿美元。其中信息技术应用服务外包的支出占企业所有业务外包开支的比重最大，据意大利的一项调查表明，信息技术外包占所有业务外包服务开支的大约 28%，几乎每一家实行业务外包的公司都将其信息技术的某些职能外包出去了。

企业可能因为许多不同的原因而外包他们的信息技术需求，比如伴随着全球化压力的市场收缩和产品生产周期的缩短，企业不得不经常调整他们的总体目标，这种情况下，市场就会迫使企业采取信息技术外包来提高竞争力。这样，企业能及时对市场变化做出反应，并且经常性地更新软件。还有的企业内部缺乏专门的信息技术人才，他们将外包作为一种切实可行的替代，以便能够及时获取介绍和发展新技术的专门技术。

外包已经成为了一种潮流，已经成为未来企业发展的方向，正如著名的外包专家米切尔·卡伯特所言："外包不仅仅是昙花一现的时尚，实际上，外包对于下一代的经理人员将像计算机对于我们的孩子一样自然。"

全球外包业务活动的 60% 集中在北美。外包在美国已是一个极为普遍的现象，欧洲与亚洲也在朝这个方向发展。Gartner Group 公司的研究报告指出，虽然中国的 IT 项目经理经验还很缺乏，基础的通讯网络设施还很有限，IT 业雇员在文化的兼容性、英语口语和书写方面还有所不足，但中国的 IT 外包业务将在 2007 年到 2010 年间进入世界三强。现在越来越多的中国企业开始选择信息技术的外包，信息技术外包正在中国升温。在提供信息技术外包服务方面,中国的信息技术外包提供商已经初具规模,北京的首创网络已经形成了一套十分完善的 IT 外包服务模式,中国的中创软件公司也已经为海外客户提供承接外包软件的服务。但是对中国的企业来说,外包还是一个新鲜的事物,还正处于起步阶段。国内公司有关信息技术外包的经验还很少,国内有关信息技术外包的研究还处于初级阶段。

14.2　国际信息技术服务外包产业的特征

专业化是市场竞争的必然选择,是企业形成核心竞争力的根本途径。专业化要求企业把主要资源集中于具有战略意义的领域或环节,准确把握竞争力市场定位,而将其余部分以签约方式外包给专业化合作伙伴。随着现代产业链的不断延伸和扩张,即使是世界 500 强企业,也只能选取最能发挥自身所长的某些甚至某个环节,做好、做强、做大,而其余部分则加以外包,借助外力以强化专业化能力。

14.2.1　外包是企业的战略选择

企业外包就是通过与其他业务承包商签订合同以获得某种产品或服务,把生产经营活动中的部分环节交给其他企业来做,而不是直接生产这种产品或服务,企业本身则专注于最具竞争力的关键环节和核心业务。企业外包的主要原因大致可以归纳为策略性质、战略性质和改造性质 3 类。策略性外包主要基于短期和即期利益,利用这一方式降低和控制运营成本,减少非核心业务的投资,将这些资金用于发展核心业务,还可以通过外包将企业的不动产变现,增加现金流量;战略性外包着眼企业的长远利益,主要是为了调整优化企业的主干业务,将枝叶性的业务外包出去,通过将业务外包给具有世界领先水平的企业获得新技术、新技能和新工具,分散经营风险等;改造性外包是指通过外包从根本上改变或改造企业的业务,实现企业业务转型,适应不断更新的产品换代升级,重新界定与供应商等协作伙伴的关系,细分市场,降低进入新市场的风险等方面的目标。企业通过外包方式,整合其外部优秀的专业化资源以降低成本和风险、增加企业的灵活性、提高生产效率和经济效益,从而有利于企业增强对环境的应变能力和市场竞争力。外包作为一种战略性经营转变和创新,其实质是专业化基础之上的分工协作和优势互补,供需双方形成了新的战略性合作伙伴关系,从而优化了业务流程管理,有利于增强各自的核心竞争力。

企业管理的最根本目的是优化资源配置,追求最大效益。现代管理中的虚拟化管理主张通过外包把那些非主流技术和非主流业务分离出去,以更好地把握企业自身的专业技术与专业管理。企业通过外包将非核心业务分离或剥离,将那些能为公司赢得最主要竞争力和最大化利润的业务归类为核心业务,并专注于其最擅长的核心业务,不断创新和培育核心竞争力。企业的核心竞争力,可以来自于核心技术,如果没有掌握核心技术,就要在以下方面寻找长处:生产管理、质量、规模、销售模式、售后服务、品牌认知、价格、人才等。做好其中一项或多项,就能形成核心竞争力。因此,核心竞争力是企业在某一行业、某一领域、某一环节、某一方面、某一局部的超常能力,正是由于各个企业最擅长的业务不尽相同,才有了将各种非核心业务外包出去的必要与可能。不只是流通、生产可以包出去,甚至人力资源管理、采购、后勤都可以包出去,目的是集中力量搞好专业化营销。如戴尔电脑,将战略重点放在直销模式上;法国皮尔·卡丹公司的核心竞争力是研发和设计,其在全世界市场上销售的产品,有90%以上是外包给发展中国家企业生产的,每年仅通过品牌和设计标准输出的收入近2亿美元。

外包是世界500强企业的战略选择。外包不仅仅出于降低成本、风险等的战术考虑,更是企业发展战略的需要。由于市场竞争越来越激烈,对企业专业化程度要求越来越高,企业只有专注于核心竞争优势,并尽可能地将非竞争优势环节外包给专业公司去实施,才能保证企业价值链的顺畅与增值。"做你做得最好的,其余的让别人去做",这是企业外包的共性。为了提升核心竞争力,世界500强企业逐渐将非核心业务分离出来,外包给第三方。目前,50%~67%的世界500强企业将他们的业务外包给发展中国家,其中前10强企业中有80%实施了外包,100强则有60%。外包增强了企业整合资源的能力,起到四两拨千斤的效果,从而大大提高了资产回报率。IBM对全球80余家典型外包企业的财务分析表明,他们的营销业绩在外包后的两三年内都有明显的增长。经济全球化推动了国际外包市场的迅速扩张,并逐步形成了一个规模巨大的市场,是全球范围内资源优化组合的重要方式。

全球外包市场从20世纪80年代起步,到2004年达到6.3万亿美元的规模,占全球商务活动总量的14.8%,并以每年近20%的速度递增,到2010年已经形成20万亿美元的市场。大型企业的外包开支约占全部外包开支的2/3。按产业区分,全球外包开支的一半花在制造业、建筑业、后勤服务、人力资源发展等领域,新一轮产业转移——国际服务产业转移趋势也越来越明显。随着产业链的不断延伸,企业的资源常常相对不足,发展缺乏后劲,整合资源是企业生存发展的内在需求。资源整合是为了创造一个真正的有机整体,使资源开发利用的效益最大化。资源整合必须紧紧围绕核心目标,也就是说要选取企业内部价值链中的关键部分,把资源集中于最能反映企业相对优势的范围内,提高专业化程度,将企业擅长的专业领域做精做强,将相对薄弱的环节外包给专业化合作伙伴,以提高企业的核心竞争力。

14.2.2　信息化是企业外包的技术平台

信息化是企业进行全球外包的有力手段。信息技术的飞速发展以及互联网普及所引发的知识快速传播,使得在全球范围内共享的生态环境下获取资源成为可能,移动办公、员工自助服务、迅速高效的信息沟通,促使组织结构发生了翻天覆地的改变。信息化大大降低了因距离和时间而造成的外包成本,不仅把人们从时间和空间的制约中解放出来,而且还把人们从受限于时间和空间的管理方式中解脱出来,从根本上改变了传统的企业管理模式,企业可以很方便地实现全球范围内的资源整合与共享。企业管理信息化是在统一的技术平台上,通过标准化的数据和业务操作流程,集成地体现企业的资金流、物流和信息流,以实现信息共享和开发,提升基础管理水平,有效增强管理的过程监督和控制力,全面提升企业管理水平,为企业实施全球外包提供有力的技术支持。建立在信息网络技术基础上的全球外包系统,以较低的成本实现全球市场信息的收集和整合,使世界 500 强企业快速了解全球市场资料,准确把握全球产品定位,科学制定全球外包战略。因而,以信息化为基础的外包战略,提高了企业资源整合与调控能力,突出了企业的关键业务,增强了企业的核心竞争力。

正是由于信息化已成为企业外包不可缺少的技术手段,世界 500 强企业普遍重视信息化建设,而这种重视并不意味着传统类型的企业也要发展信息产业,而是利用信息技术推动自身发展,运用的方式大多是将信息化业务外包给 IT 专业公司。因此,世界 500 强企业既通过信息化手段扩大外包业务,更将信息化管理本身加以外包。世界财富 500 强的公司中 80% 的公司部分或全部外包其信息管理功能。目前约占外包总开支 10% 的信息技术产业的外包出现了加速度增长的态势。

以信息化为基础的外包使企业运作与管理由控制导向转变为关系导向,企业分工更细更专业,传统上由企业内部组织进行的服务活动外置出来,采用契约分包的分工与协作方式外包出去,企业自身只保留核心业务,交易成本大幅度降低,而企业营销效率、经济效益和市场竞争力大大提高。如波音公司利用网络技术手段,将制造 747 飞机需要的 400 多万个零部件分包给 60 多个国家的 1 500 个大企业和 1.5 万个中小企业。在汽车产业,世界上大的汽车厂商通过网络,把装配以外的边缘业务尽量分包出去,而自身把力量集中在核心业务上。位于世界各地福特汽车公司的设计者可以通过信息网络分工协作,当新模型被展示在位于底特律的计算机终端设备上时,身在德国的设计者能参与方案的修改完善。宝洁公司与惠普达成为期 10 年、价值 30 亿美元的 IT 外包合同。惠普将为宝洁在全球 160 个国家的运营提供 IT 基础设施管理、数据中心运营、终端用户支持、网络管理、应用开发和维护支持服务。惠普公司预计将在 10 年内为宝洁节省大约 10% ~ 15% 的 IT 成本。美国金融服务巨头摩根大通与国际商业机器公司(IBM)签署了一项为期 7 年(2003—2010 年)、总额超过 50 亿美元的外包协议。据摩根大通说,公司将把"相当一部分"的数据处理基础设施外包给 IBM,其中包括数据中心、技术支持、分布式计算、数据和语音网络等。根据这个协议,大约 4 000 名摩根大通员工和承包人将转移到 IBM 公司。而应用软件的交付与开发、台式电脑技术支持等核心技术能力将保留在摩根大通。信息技术提高了信息的准确性和及时性,大大降低了企业外包的风险和成本,从而可大幅度提高企业的劳动生产率和经济效益。

信息化使世界 500 强企业管理呈现扁平化。以信息化为基础的企业组织结构的基本特征是网络化或网状结构,同时具有多种联系:既有股权联系,也有非股权联系,如战略性外包、战略联盟等;边界模糊、变动开放,企业是以一个个的企业群(网状)而存在的,每个企业群的边缘与其他企业群有所交叉,如分包企业同时承担若干企业的业务。在这种扁平化的结构中,管理层级减少,人员精简,权力下放,贴近客户,企业的灵活性和适应性全面增强,企业的管理水平和竞争力显著提高。如美国通用汽车公司管理层次从 28 层减至 19 层,日本丰田从 20 多层减少到 11 层, 企业总部规模显著缩小。壳牌公司在 20 世纪 90 年代中后期把总部的 3 000 多人裁去了 70% ,减少了许多中间管理层次,使过去需要用 1 个月和一个 20 人委员会通过的决策,现在仅需要由 1 人 1 天就能完成。因此,世界 500 强企业以信息化为载体的外包,体现了经济全球化时代的先进管理理念,使企业管理水平上了一个新台阶,推动企业低成本向国际市场扩张。

信息网络技术为世界 500 强企业推行全球战略构筑了理想的技术支撑平台。信息技术进一步扩大了外包的范围,企业在全球范围内进行业务外包,可获得自身所不具备的国际水准的知识与技术。世界500强企业在网络信息平台上建造全球性营销体系,通过外包以博采众长,大大加强了企业资源的调控能力,提高了劳动效率和经济效益;借助区域性的成本和资源优势实现集中生产、组装和现代化的物流管理,最终实现全球性的规模效益。随着经济全球化以及信息技术的快速发展,世界500强企业通过非核心业务的外包,逐步实现了由原来的劳动密集型转向资本和技术密集型。

14.2.3 外包增强了企业的核心竞争力

企业实施业务外包有多种益处:可以分散风险、加速业务重构、提高生产效率以及优化配置资源等。无论是经济繁荣时期还是衰退时期,业务外包方式都已成为关系企业生存与发展的重要经营管理手段。经济衰退时期,运用外包方式可降低运营成本,增强企业适应市场变化的速度和灵活性;经济上升时期,可节约机会成本,集中资源发展核心业务以增强企业的核心竞争能力,扩大经营规模,开辟新的市场。外包扩大了企业利用资源的范围,拓展了企业生存发展的空间。全球500强企业通过人力资源外包降低了成本的25%～39%,最高可节省70%。人力资源管理选择性外包有利于人力资源管理部门强化其核心业务,降低经营成本,促进人力资源管理职能的转型和定位,提供快捷和有效的渠道,获取关键的知识和专业人才。

外包将人力、物力、财力资源集中于企业最擅长、成功率与回报率最高的战略环节,以突出企业的核心竞争力,强化专业化营销之路,集中优势资源获得局部绝对优势是克敌制胜的法宝。比如美国通用电气仅生产飞机的核心部件——发动机,却不生产飞机;英特尔公司仅生产计算机芯片,却不生产计算机整机、鼠标、键盘、主板或硬盘;日立、松下、时代华纳等6大技术开发商不生产 VCD,却对每台零售价在90美元左右的国产 DVD 收取20美元的专利费;美国高通公司仅出售专利技术和标准,却不生产和销售手机;

耐克公司(NIKE)在美国运动鞋行业中处于领先地位,NIKE是世界上最大也是著名的经营运动鞋的跨国企业之一,但它不生产耐克鞋,而是抓住设计、营销两个环节,NIKE还将部分财务运作外包,它的总部不到70人,主要从事产品设计与营销,构建自己的核心能力,使之长盛不衰,而把生产制造进行外包,目前韩国、中国都是它的大生产基地。他们不是没有能力开发新的配套产品线,而是为了突出核心竞争力。市场经济中,任何企业的发展都面临资金、人才、信息、管理等资源限制,如果把有限的资源作相对集中,就能形成局部的绝对优势,做精、做透、做大、做强是专业化的成功经验;反之,如果将有限的资源过度分散,粗放型经营,其结果可能是广种薄收,根本不是那些善于细分市场的专业化行家里手的对手。

差异化、快速反应和高效率,是信息时代企业成功的基本要求。构建核心竞争力,企业要通过外包,集中公司资源从事专业化开发经营,形成在管理、技术、产品、销售、服务等诸多方面与同行的差异,建立自己的比较优势,并构建支撑这种优势的潜在核心能力。以此为基础的企业流程再造,是将那些能为公司赢得核心竞争优势和最大利润的业务归类为核心业务,然后重点围绕这些业务功能培养专业化能力;对那些不提供竞争优势或对利润不能发挥关键杠杆作用的业务功能,则外包给专业化合作伙伴。所以,对企业业务结构重新定义,说到底就是企业内部专业化和外部专业化能力有机结合的创新过程。通过业务外包方式,许多高科技公司(如IBM,HP等)将精力聚焦于不断创新,不断开发新技术、新产品,保持技术领先优势,获取新产品带来的高额回报。再通过将生命周期走向成熟的产品不断地外包出去,以大大降低营运成本和固定资产投入,轻装上阵,使资源得到最大化利用,生产效率获得最大化提高。

世界500强企业大多得益于在专业领域中精耕细作。只有一心一意地发展自己的主业,集中企业资源从事某一领域的专业化营销,逐步形成超出同行的差异化,使主业真正具备国际竞争力,企业才能获得巨大的发展。铃木汽车20世纪80年代进入美国市场后,只管生产制造,而把销售外包给通用公司,其核心能力就是精细化生产;劳斯莱斯将其主要精力集中于发动机的核心竞争力上,而对于车身等部分则完全外购,从而取得价值最大化;宝马公司控制着与其核心竞争力密切相关的关键部件,如发动机、车辆平台的设计,其他非关键零部件则外包出去。外包对世界500强企业来说更多地作为战略而非战术来采用。戴尔电脑公司就是把企业内部非常有限的资源,集中在特定配件和供应组合领域,整合出企业配件体系和装配机制方面的核心竞争能力,从而在短期内成长为全球PC市场的佼佼者。世界500强企业利用对战略核心资源的占有,而将其余部分外包,处于产业的上游和利润的高端,控制着产业发展的主动权,他们不愿意花同样的精力去赚取少量的低端利益。原因是轻易离开本行运营的机会成本很高,得不偿失。因此,资源整合就是要将专业技能归己,实施战略退出,腾出资源空间,更好地发展核心业务。

虽然业务外包有许多好处,但也存在着陷阱。如果企业盲目实施外包,就有可能事与愿违。因此,企业在实施业务外包时,应先进行竞争态势分析,挖掘竞争对手难以获得并难以复制的资源和优势,将其培育为企业独有的核心竞争力,在此基础上将其他非核心业务外包,才能取得应有的效果。

总之,外包是企业提高市场竞争力、实行专业化营销的必然结果,而信息化是企业外包的重要技术支持。世界500强企业以外包作为发展战略,博采众长,在全球范围内实现资源优化配置,进一步提高了企业的竞争力和市场适应能力。

14.3   国际信息技术服务外包产业类型和风险

14.3.1   信息技术外包产业的类型

信息技术外包根据不同的划分方法可以划分为不同类型,现在主要有4种划分方法:

（1）按照信息技术外包的程度可以将信息技术外包划分为整体外包和选择性外包

整体外包是指将 IT 职能的 80% 或更多外包给外包商。选择性外包是指有选择的信息技术职能的外包，外包数量少于整体的80%。整体外包因为牵涉的范围很广，风险是很高的，由于整体性外包合同往往要持续很长的时间（通常超过 5 年），而且整体性外包的用户必须花费大量的时间、精力和资金来分析外包交易并与外包商洽谈合同，另外整体性外包可能会导致信息技术灵活性的大幅度削弱，所以任何组织选择整体性外包时都必须三思而行。

（2）根据客户与外包商建立的外包关系可以将信息技术外包划分为市场关系型外包、中间关系型外包和伙伴关系型外包

罗伯特·克莱普尔和温德尔·琼斯在《信息系统、技术和服务的外包》一书中将外包合同关系视为一个连续的光谱。其中一端是市场型关系，在这种情况下，一个组织可以在众多有能力完成任务的外包商中自由选择，合同期相对较短，而且合同期满后，能够在成本很低或不用成本、很少不便或没有不便的情况下，换用另一个外包商完成今后的同类任务。另一端是长期的伙伴关系协议，在这种关系下，一个组织与同一个外包商反复订立合同，并且建立了长期的互利关系。而占据连续光谱中间范围的关系必须保持或维持合理的协作性，直至主要任务的完成，罗伯特·克莱普尔和温德尔·琼斯将这些关系称为"中间"关系。由于这是一个连续光谱，有些关系靠近市场关系，有些关系则靠近伙伴关系，而在两端之间就是中间关系。

这两位学者对以上各种关系的适用性作了分析，他们认为：与外包商建立的关系类型取决于资产专属性、不确定性和续签合同的问题。资产专属性是指构成外包交易一部分的资产，这些资产是与特定外包商的外包协议所特有的，如果交易破裂，资产的生产能力就会削弱。

如果任务可以在相当短的时间内完成，环境变化搅乱需求的几率很小，而且没有什么真正的资产专属性，这样就可以订立一份

规定了所有偶发事件的合同,此时,市场关系是适当的。

如果外包任务需要花费一些时间来完成,环境的变化可能改变需求,以及存在某些资产专属性,但是任务完成后,维持与外包商的关系没有任何特殊优势,中间关系型外包就是适当的选择。

如果完成任务持续的时间较长,相关需求会随着不可预见的环境变化而变化,资产专属性很高,以及与外包商续签合同能够最好地满足需要,这时就应当考虑伙伴关系型外包。在伙伴关系中,赢得另一方回报的信任和互利行为可以获得延续。管理成本和风险很高,因而伙伴关系带来的收益必须足以抵消这些成本和风险。例如,用户和外包商共同投资成立公司而建立的长期关系等。

(3) 根据战略意图可以把信息技术外包划分为信息系统改进(IS Improvement)、业务提升(Business Impact)和商业开发(Commercial Exploitation)3 种类型

信息系统改进型外包是指组织通过外包提高其核心的 IS 资源的绩效,从而达到其改进 IS 的战略目标。这些目标通常包括节约成本、改进服务质量以及获取新的技术和管理能力等。信息系统改进型外包可以划分为 4 个层次:提高资源的生产力;实现技术和技能的升级;引进新的 IT 资源和技能;实现 IT 资源和技能的转换。业务提升型外包的主要目标是通过外包使 IT 资源的配置最有效地提升业务绩效的核心层面。实现这个目标要求组织对其业务以及 IT 与业务流程之间的联系要有清晰的认识,同时要具有实施新的系统和应对业务变革的能力。这种形式的外包要求在引进的新技术和能力时重点考虑业务因素而不是技术因素。这种形式外包的有效实施要求双方共同努力开发组织所需补充的技术和能力,而不是对外包商的单纯依赖。业务提升型外包可以划分为 4 个层次:更好地整合 IT 资源;开发基于 IT 的新的业务能力;实施基于 IT 的业务变革;实施基于 IT 的业务流程。商业开发型外包是指通过外包为组织产生新的收入和利润或抵消组织的成本从而提高组织 IT 的投资收益。商业开发型外包可以划分为 4 个层面:出售现有的 IT 资产;开发新的 IT 产品和服务;创建新的市场流程和渠道;建

立基于 IT 的新业务。

（4）按照价值中心的方法可以将信息技术外包划分为成本中心型、服务中心型、投资中心型和利润中心型外包

成本中心型外包是指通过 IT 外包在强调运行效率的同时使风险最小化。服务中心型外包是指通过外包在使风险最小化的同时建立基于 IT 的业务能力以支持组织的现行战略。投资中心型外包是指通过 IT 外包使组织对创建新的基于 IT 的业务能力建立长期的目标并给予长期的关注。利润中心型外包是指通过 IT 外包向外部市场提供 IT 服务并获得不断增长的收入并为成为世界级的 IT 组织获得宝贵的经验。

14.3.2　信息技术外包产业的风险

厄尔、威尔库克和费里在 1996 年发表的《The Risks of Outsourcing IT》一文中将外包风险划分为 11 种：弱势管理的可能性、员工的经验欠缺、商业的不确定性、过期的技术、固有的不确定性、潜在的成本、组织失去学习能力、丧失变革能力、产生持续性"三角"关系的危险、技术的不可分割性和外包焦点的模糊性等。

厄尔对外包的基本批评意见是：如果将外包作为控制信息技术成本的手段，将导致信息服务的供应方不会仔细考虑成本的限制对服务需求方所产生的影响。当外包商接管数据中心、管理网络、运行桌面帮助系统时，成本能够有所削减。但是，管理者却失去了组织从数据中心、网络以及桌面帮助系统所能获得的利益并不再关注组织对信息服务的需求。结果可能会导致组织通过信息服务而获得的实效大打折扣，甚至危害竞争优势。

克拉克、兹马德和麦克格雷对外包风险进行了总结。他们认为：第一，外包可能不会降低信息技术的成本。导致费用更高的原因通常是那些不可预测和未予说明的变更；第二，风险还来自特定外包商公司的本性及其行为。在外包中企业的组织依赖于外包商，但却无法像控制自己职员的方式对外包商的行为进行控制；第三，由于外包，企业切断了组织学习所处商业领域技术的最新发展

及应用的途径;第四,由于外包,企业将失去一些灵活性。失去的第一种灵活性是短期灵活性或组织重组资源的能力及在经营环境发生变化时的应变能力。失去的第二种灵活性是"适应能力",即在短期到中期的时间范围内所需的灵活性。失去的第三种类型的灵活性是进化性,其本质是中期到长期的灵活性。

罗伯特·克莱普尔和温德尔·琼斯在《信息系统、技术和服务的外包》一书中对防范风险的方法进行了总结,并将其归结为:控制外包决策,选择合适的外包商,通过完善的合同限制外包商的投机行为以及管理外包关系。

14.3.3 信息技术外包对企业的益处

信息技术外包对外包信息技术的企业来讲有以下益处:

(1)资源在商业战略和企业部门中被重新分配,非 IT 业务的投资得到加强,有利于强化企业核心竞争力,获得对市场做出有效反应的能力;

(2)有利于信息技术人才不足的企业获取最好最新的技术,与技术退化有关的难题得到解决;

(3)由于是信息技术厂商提供专业化服务,信息技术服务的效率会得到较大提高,服务的成本也会得到一定的节约。

信息技术外包对提供外包业务的信息技术企业来讲有以下益处:

(1)形成外包业务产业,有利于促进信息技术厂商形成分行业的解决方案,有利于一批专业信息技术厂商的成长;

(2)由于规模化经营,能够持续降低信息技术服务的成本,提高服务效率;

(3)外包业务的集中,有利于知识和软件在不同企业间的共享,有利于信息技术人员的快速成长。

由于信息技术外包在国内尚属起步阶段,相关的成功案例和经验还十分缺乏,虽然国外有关信息技术外包的理论和实践已经较为成熟,但是由于各国的文化背景及市场状况迥然不同,各个企业之间的情况也存在着种种差异,国外的理论和经验还必须与中国的现实和实践相结合,所以必须对适合中国企业和现实的信息技术外包的理论和方法进行进一步的研究。信息社会是学习和创新的社会,中国已经加入了 WTO,随着经济的全球化和电子商务更加务实的发展以及电子政务的积极推进,研究和探索信息技术的外包有着广阔的理论意义和实践价值。

14.4　我国信息技术服务外包产业发展的特点

过去几年,我国信息技术服务服务外包产业年均增速高达 30%。预计未来几年,信息技术服务业年均增长率将超过 25%。目前全球信息服务业正加速向新兴国家转移,我国具有成为软件外包大国的比较优势。

2010 年,我国软件与信息服务外包产业摆脱国际金融危机的冲击,增长速度超过 35%,开始了新一轮高速增长。国家继续加大对软件与信息服务外包的支持力度,产业政策体系进一步完善。产业实力持续增强,龙头企业加速扩张,并购上市此起彼伏,国际市场加快开拓,软件与信息服务已经成为我国经济发展中的突出亮点。

目前,我国软件与信息服务外包产业呈现出以下特点:

(1) 产业高速发展态势恢复

2010 年,受宏观经济好转和经济刺激政策效果显现影响,我国软件与信息服务外包产业重新步入高速增长轨道。

(2) 业务流程外包比重上升

2007 年 BPO(业务流程外包)业务比重为 40.5%,2010 年这一比重已经提高到 43.6%。

(3) 国际外包业务反弹明显

随着 2010 年全球外包状况好转,我国国际外包业务增长显著,为外包产业恢复高速发展提供了有力支撑。

(4) 制造业外包业务快速增长

我国制造业已经走出最困难时期,制造业外包业务恢复明显。

（5）新技术新模式不断涌现

SaaS、云计算、物联网等新技术新模式对软件与信息服务外包产生了多方面的影响,部分技术改变了外包的方式。

14.5　我国信息技术服务外包产业的发展对策

尽管信息技术服务外包在我国发展迅速,但总体上看,我国信息技术服务外包仍处于产业发展的初创期。在很多国家,服务外包为其国民经济和社会发展作出了重要贡献,特别是印度的信息技术服务外包已经成为该国的支柱产业。从信息技术服务外包的价值链构成来看,信息技术服务外包产业也在由简单的 IT 服务外包开始向业务流程外包转化,向产业链高端进军。而在全球信息技术服务外包产业链中,我国的重点是 IT 服务外包,处在价值链的低端。这就对我国公司的能力提出了更高的要求。

第一,要抢抓跨国公司服务外包带来的机遇。现在,跨国公司启动了新一轮产业转移,开始了包括内部服务在内的服务环节外包。目前我国信息技术服务外包产业的产值只占 GDP 的 0.2%,而在美国,这一数字则为 1.5%。在未来 5～10 年,我国信息技术服务外包产业的发展速度必须大于 GDP 的增长速度,才有可能达到一个较为均衡的状态,因此还有很大发展空间。我国应当积极探索拓展吸收外资的新领域,争取使我国成为跨国公司信息技术服务外包的主要承接地区,使我国不仅成为全球制造业的外包基地,也成为全球服务业的外包基地。

第二,要大力拓展内外两个市场。发展离岸外包服务顺应了全球经济发展形势,将同时推动国民经济中关键部门和产业的转型,并通过人才、知识和基础设施的聚集,创造一个自主创新的良性循环。与此同时,也必须意识到,开拓在岸服务外包市场是我国区别于印度企业的发展之路。发达国家的经济仍在复苏中,我国获取大量欧美服务外包业务具有一定不确定性。同时,在欧美服务外包市场上,印度具有巨大的先发优势。因此,我国必须大力挖掘、开拓国内的信息技术服务外包市场潜力。我国日益扩展的巨大民生需求，以及国内制造业向研发和营销两端延伸，将为国内服务外包发展提供巨大的空间。

第三，要向价值链高端转移。我国信息技术服务外包要实现跨越式发展，起点就要高。不仅仅提供软件的开发、测试，更应该提供需求研究、总体设计、咨询以及详细设计等环节的高端服务，为客户提供涵盖整个应用服务生命周期的服务。信息技术服务外包领军企业要通过服务外包准确把握产业发展的生命周期，从被动地接受迅速进入服务产业链的上游，也就是在长期信息技术服务外包积累的知识和经验中，积极总结、归纳先进国家在服务行业中的独特流程、创新方法、先进意识，不断提升在信息技术服务中的智力创新力。

第四，信息技术外包服务还要考虑低成本的问题，因为这是信息技术外包服务能赢利的重要因素。业界通常用在岸、离岸相结合的交付模式达到降低成本的目的。离岸模式是通过区域的成本差异化和资源共享来降低成本，例如，印尼的客户我们不能在深圳进行离岸交付，因为深圳的成本很可能比印尼要高；对于在岸，主要是通过本地化交付及标准化的流程、工具等来降低成本。因此，本土企业要跻身全球市场，要懂得将在岸、离岸两种模式灵活结合，同时需要合理的全球离岸中心布局。

对于信息技术服务外包企业而言，企业核心竞争力包括 5 个方面：一是服务市场占有率，包括产业链业务覆盖范围、跨行业和跨文化的市场能力、品牌认知度、对客户的营销能力、客户关系管理等；二是提供服务交付的能力和水平；三是创新能力和技术储备，包括最新技术的跟踪、著作权和专利权的拥有数量、对客户需求的深刻认识和理解、自身信息化和知识管理能力等；四是人力资源建设，包括营销、技术、运营核心队伍建设、人员稳定性、企业核心价值认可度、企业文化建设等；五是企业战略规划及执行力。

当然，我国信息技术服务外包行业的发展离不开国内服务外包市场的发展。但是我国许多企业对于服务外包的好处仍然缺乏了解和认识,不太能够接受外包这种成熟的模式。另外,有些企业自身的内部管理不够规范,也使外包的可行性减小。这就需要政府能够出台更多的政策,引导和鼓励国内企业,特别是大型国有企业逐渐认识到信息技术服务外包的优势和益处,充分利用外包提升自身的竞争能力和运营效率,通过发展国内的信息技术外包市场带动整个中国信息技术外包产业的发展。如此,政府的持续支持和行业自身的发展就能够齐头并进,从而加速市场的成熟化。

2011 年国务院制定的《进一步鼓励软件产业和集成电路产业发展的若干政策》(以下简称《若干政策》)加强了对软件服务的政策支持。新政策对从事软件开发与测试、信息系统集成、咨询和运营维护的软件服务型企业提出了"免征营业税"的优惠,这适应了目前软件业"从产品向服务转型"的趋势,首次明确了对软件服务型企业营业税收优惠。新政策的及时出台,为软件与信息服务外包的发展提供了持续的政策保障。"十二五"期间,我国软件与信息服务外包产业在"十一五"时期快速发展的基础上,将迎来大有作为的黄金发展阶段。

《若干政策》让信息技术服务外包企业看到了我国政府发展这个产业的决心和信心,对于吸引更多企业和个人进入这个行业有极大的激励作用。所以短期内这个产业的发展速度将有明显的提升。此外,信息技术服务外包产业的发展也会带来一些知识产权保护和信息安全方面的新需求,这会为相关的 IT 技术公司带来一些发展机会,从而更进一步促进软件服务外包产业发展。与此同时,由于针对企业兼并重组的法律规章比较宽松,并且政府给予服务外包企业更多的融资渠道,行业内的整合会更多发生。

《若干政策》是对信息技术服务外包产业发展的巨大支持,其中最大的亮点是对企业财税方面的支持。此外,还针对信息技术服务外包行业以前遇到的融资困难出台了扶持政策,提出政府推动为企业担保,这将对解决企业融资难起到很好的引导作用。不仅如此,该政策还在人才政策、扶持企业成长方面进行支持,支持力度很大,但具体效果还要看以后的落实情况。"走出去"是我国企业的长期发展目标。我国企业要实现这个目标,在两方面可以有所作为,第一是通过海外并购以增加国外有经验的销售团队以及工程师。在并购所需资金方面,可以通过海外上市来进行融资,业内已有多家企业在海外成功上市的经验可以借鉴;第二是壮大本土的离岸服务,并配备相应人才的支持。在这方面要注意两点,一是吸引有大型海外外包服务企业管理经验的人才;二是培养外语人才。这是我国发展离岸外包服务业务的一个很大障碍。另外我国企业"走出去"还要把握好 3 个要点:一是确立自己的品牌;二是加大对语言和技术人才的培养;三是知识产权的保护。

15 我国国际运输服务贸易产业的分析与对策

国际运输服务贸易是不同国家的当事人之间进行的以国际运输服务为交易对象,由一方向另一方提供货物、旅客在空间上跨国境位移的运输服务,由另一方支付约定报酬的交易活动。运输服务贸易产业历来都是服务贸易领域里极为重要的一项,它不仅能直接影响各国的国际收支,同时还是国际商品贸易业务过程中必不可少的重要环节之一,是国际商品贸易的桥梁和纽带。

15.1 国际运输服务贸易产业竞争力指标分析

世界经济结构的不断调整和全球经济一体化进程的加快,使世界各国的服务贸易得到了迅猛的发展,全球贸易结构正逐步向服务贸易倾斜。GATS 的签订,既是对全球贸易中服务贸易地位日益增长的肯定,也为服务贸易在更广阔空间的发展提供了契机。

为了在更广泛的视野里考察分析,本书选择了全球运输服务贸易进口额和出口额都位于前 15 位的 10 个国家——美国、德国、日本、法国、英国、荷兰、丹麦、韩国、西班牙、意大利(根据 WTO, International Trade Statistics 计算排名),并将我国运输服务贸易与其进行对比,构造 11 国经济体模型来进行研究。利用进出口数据对各国运输服务贸易的国际市场占有率指标、显示性比较优势指数、贸易专门化指数进行分析,这 3 个指标相互联系和印证,从不同侧面反映了世界运输服务贸易主要国家的国际竞争力情况。

15.1.1　国际市场占有率指标分析

国际市场占有率指标是一国出口总额占世界出口总额的比例,反映一国出口的整体竞争力。一国特定产业的出口总额与世界同类产业的出口总额的比值,可以反映一国某一产业的国际竞争力或竞争地位。

在近些年的国际运输服务贸易市场上,美国的国际市场占有率一直都是最高,均保持在 10% 以上,这与美国强大的货物贸易国际市场地位及其较为发达的运输服务市场一致,这在某种程度上表明美国的运输服务产业较有竞争力。德国、日本、法国、英国的市场占有率都保持在 5% 以上,传统的发达国家在国际运输市场上还是占据着举足轻重的地位。荷兰、丹麦、韩国这些国家在运输服务贸易市场上的占有率也逐步达到了 4% 以上,是不可忽视的重要力量,西班牙和意大利在国际运输服务贸易市场上的占有率则均在 2% 以上,仅有我国一直都处于 2% 左右,显示了较弱的竞争力。从年度变动趋势来看,美国的市场占有率有大幅下降的趋势;日本、荷兰、法国、意大利的市场占有率也有缓慢下降的趋势;英国、韩国、西班牙则相对保持平稳状态;德国、丹麦在波动中有所上升;而我国的市场占有率则一直处于缓慢上升的态势。

应当指出的是,使用市场占有率指标时,某一产业国际市场占有率的下降并不一定意味着竞争力的下降,它可能反映的是国家产业结构的调整或是在总量增长情况下相对比例的下降,因此在使用该指标时,还应采用其他指标进行补充。

15.1.2　显性比较优势指数分析

显示性比较优势(Revealed Comparative Advantages, RCA) 指数是指:一个国家某一产业贸易的比较优势可以用该产业在该国出口中所占的份额与世界贸易中该产业占总贸易额的份额之比来显示。这个指数反映了一个国家某一产业的出口与世界平均出口水平比较来看的相对优势,剔除了国家总量波动和世界总量波动的影响,较好地反映了该产业的相对优势。一般而言,*RCA* 指数小于

1,说明该产业处于比较劣势；该指数大于1,说明该产业处于比较优势,取值越大比较优势越大。对于服务贸易,若 *RCA* 指数大于 2.5,则表明该国服务贸易具有极强的国际竞争力；*RCA* 指数介于 (1.25~2.5) 的区间内,表明该国服务贸易具有很强的国际竞争力；*RCA* 指数介于 (0.8~1.25) 的区间内,表明该国服务贸易具有较强的国际竞争力；当 *RCA* 指数小于 0.8 时,则表明该国服务贸易的国际竞争力较弱。

用进出口数据计算各国运输服务贸易的 *RCA* 指数,结果表明,近5年来丹麦的 *RCA* 指数最高,一直都大于2.5,表现出了极强的国际竞争力。很显然,丹麦是世界运输服务贸易市场上最具比较优势的国家,这种优势甚至超过了美国等货物贸易最强国。荷兰和韩国的 *RCA* 指数多年来一直都介于(1.25~2.5)的区间内,运输服务贸易国际竞争力也很强,而11国经济体中大部分国家如日本、法国、英国、西班牙的 *RCA* 指数则介于(0.8~1.25)的区间内,运输服务贸易具有较强的国际竞争力。德国、意大利、中国的 *RCA* 指数则小于0.8,是运输服务贸易较弱的国家,尤其是我国,其 *RCA* 指数一直在0.3左右徘徊。从近5年各国 *RCA* 指数的变化趋势来看,日本、美国、西班牙、英国、意大利的 *RCA* 指数一直处于小幅度稳定的波动之中,这几个国家的运输服务贸易处于比较平稳的状态；法国和荷兰有不小的波动,尤其是荷兰,其 *RCA* 指数一直在快速波动下降,其显示性比较优势正逐渐降低；韩国、中国、德国的 *RCA* 指数在波动中缓慢上升,说明这3个国家的运输服务贸易竞争力正在逐步提升。表现最好的则是丹麦,这个欧洲国家在运输服务国际市场上的竞争力极强且仍在快速提升,展现出了强大的发展势头。值得我们特别关注的是,与其他国家比起来,我国的运输服务贸易 *RCA* 指数极低,国际竞争力最弱,这是无可回避的事实。

15.1.3　贸易专门化指数分析

贸易专门化指数(TSC)是某一产业净出口与该产业进出口总

额的比例,用来说明该产业的国际竞争力。该指标作为一个贸易总额的相对值,剔除了通货膨胀、经济膨胀等宏观总量方面波动的影响,即无论进出口的绝对量是多少,它均介于(-1, +1)的区间内,从出口的角度来看,该指数越接近于 1,表明国际竞争力越强。若该指数为 0,即为水平分工,说明该国运输服务贸易与国际水平相当,进出口纯属在国际进行品种互换。如果 $TSC = -1$,意味着该国运输服务只有进口而没有出口,如果 $TSC = 1$,则该国运输服务只有出口而没有进口。

根据 UN Service Trade Database 计算所得,荷兰、丹麦和韩国 2005—2009 年的 TSC 值均为正,即为出口专业化,表明这 3 个国家 2005—2009 年都是运输服务贸易的净出口国,因而其出口竞争力很强,其中丹麦的竞争力最强,到 2009 年其 TSC 指数达到了 0.2。法国和西班牙两国的 TSC 指数在大部分年份里为正,说明他们的运输服务贸易具有较强的出口竞争力。2005—2009 年 TSC 指数均为负的有美国、德国、日本、英国、意大利和中国,皆为运输服务贸易的净进口国,是运输服务贸易进口专业化国家。相反,这 6 国的运输服务贸易出口竞争力则较弱,其中,2005—2009 年我国的 TSC 指数一直都是 11 国中最低的(见表 15-1),运输服务贸易的出口竞争力最弱。从 2005—2009 年各国的 TSC 值变化情况来看,法国、德国、日本和西班牙的 TSC 值一直保持相对稳定;而美国、英国和意大利的 TSC 值则在波动中有所下降,荷兰的 TSC 值一直处于下降趋势;丹麦和韩国的 TSC 值在波动中有所上升,我国的 TSC 值一直处于小幅上升态势。这说明,我国运输服务贸易要追赶世界发达国家,还有相当长的路要走。

表 15-1 中国运输服务贸易的 TSC 指数

年份	2005	2006	2007	2008	2009
运输 TSC 指数	-0.297	-0.241	-0.160	-0.134	-0.328

注:资料来自 UN Service Trade Database。

15.2 我国运输服务贸易产业的特征

1. 贸易规模特征

从贸易规模特征上看,我国占世界运输服务贸易份额趋于稳定,与运输强国仍有较大差距。2000—2008 年,我国运输服务贸易出口额从36.71 亿美元增长到384 亿美元,年均增长 36.45%,占我国服务贸易出口总额的比重由 12.2% 增长到 26.2%,是我国仅次于旅游的第 2 大服务出口产业。2000—2008 年,我国运输服务贸易进口额从 103.96 亿美元增长到 503 亿美元,年均增长 23.13%,占我国服务贸易进口总额的比重由 29% 增长到 31.8%,超过旅游服务,成为我国最大的服务贸易进口产业。

特别是 2007 年,我国运输服务贸易出口增长 49%,出口额位居世界第 5,占世界运输服务贸易出口总额的 4.2%;进口额居世界第 4 位,占世界运输服务贸易进口总额的 4.9%。2008—2009 年,受到全球金融危机的影响,我国运输服务贸易进出口增速下降,特别是 2009 年,更是出现了负增长。出口额为 236 亿美元,下降38.54%,占世界运输服务贸易出口的份额降至 3.4%,居世界第 7 位;进口额为 466 亿美元,下降幅度较小,为 7.36%,占世界份额上升至 5.6%,居世界第 3 位。

我国运输服务贸易在服务贸易中的份额以及在世界运输服务贸易中的份额都呈现明显的上升趋势。自 2000 年之后运输服务贸易占服务贸易的比重一直保持在 20% 以上,且逐年上升,特别是 2007 年,达到了近 30%;我国运输服务贸易占世界运输服务贸易的比重则从 2000 年的 1.8% 上升至 2007 年的 4.6%,且一直保持了该份额。尽管如此,我国运输服务出口与运输服务贸易强国相比仍有较大的差距。2009 年,我国运输服务出口额仅为美国的32.9%。

2. 贸易差额特征

从贸易差额特征上看,20 世纪 90 年代以来,我国的运输服务贸易一直处于逆差状态,并呈现快速上升趋势,是我国服务贸易逆差的最主要来源。90 年代初,运输服务贸易逆差较小,1995 年以后,进入了一个快速增长阶段,且这一差额不断扩大。2001—2008 年,我国运输服务贸易逆差从 66.89 亿美元上升到 119 亿美元,成为服务贸易最大的逆差部门。但 2004 年之后,逆差增速逐渐减弱,特别是 2008 年,逆差略有缩减。但是,2009 年受金融危机影响,逆差又大幅度上升,达到 230 亿美元,同比增长了 92.9%,占同期我国服务贸易逆差总额的 77.6%,逆差额仅略低于印度,为世界第 2 大运输服务贸易逆差国。

3. 商业存在特征

从商业存在特征上看,我国外资企业数量与投资总额逐年上升。

近年来,物流服务业一直是外商在我国投资的重要领域。2005—2009 年,交通运输、仓储和邮政业外商投资总额从 459 亿美元提高至 843 亿美元,增长了 83.7%;外商投资企业数量从 4 339 家增加到 10 605 家,增长了 144.4%。2008 年,交通运输、仓储和邮政业外资企业数量增长最为迅速,从上年的 5 149 家增长至 10 106 家,年增长率达到 96.3%,到 2009 年增长率陡降至 4.9%。该行业外商投资表现出的特点是企业数量少,但单个企业投资规模相对较大。以 2009 年为例,交通运输、仓储和邮政业外资企业个数占全国的 2.44%,而投资总额占 3.37%。

4. 运输方式特征

从运输方式特征上看,我国以海运方式为主,空运增长迅速。

我国运输服务贸易运输方式主要有海洋运输、航空运输、铁路运输和公路运输等。其中,海运为主要运输方式,海运服务贸易额占总额的 70% 以上,特别是运输服务进口更是以海运为主,所占比重达到 80% 以上;其次为空运,约占运输服务贸易额的 20% 左右。海运服务出口保持了较高的增长速度,2000—2008 年增长率达到了42%,而空运服务进口则增长速度最快,增长率为21%;公路、铁路等其他运输方式虽然所占份额较小,但近几年增长速度也较快。

15.3 我国运输服务贸易产业逆差原因分析

近年来,我国的运输服务能力日益增强,是公认的航运大国。运输服务贸易产业全方位对外开放的格局已经形成,几家大型国有运输企业集团经过多年的发展都已具备了一定的国际竞争能力,在整个行业中占主导地位。但是,我国运输服务贸易产业还存在一些问题,如运力过剩、运输方式独立分散、没能形成高效有机的综合运输网络、相关法律法规不太健全、集装箱多式联运的发展受到不少的限制、运输专业化程度不高、资金短缺、高素质人才不多以及货运代理市场不够规范等。

除了上述因素给我国运输服务贸易产业带来不利影响外,我国外贸运输服务由境外公司承运比重高而我国运输公司承运他国运输服务份额低,这是造成我国运输服务贸易巨大逆差的主要原因。我国运输服务贸易存在高额逆差且这种逆差有不断增大的趋势。尽管不必追求也不可能实现国际收支各项目平衡,但运输服务贸易收支存在着高额逆差,至少表明我国运输服务贸易出口发展相对滞后。

从水路运输看,我国是世界第一大需求国。2010年我国水路外贸运输需求11.3亿吨,其中散货约3.7亿吨、石油1.6亿吨、适箱货4.6亿吨、散杂货1.4亿吨。我国海运船队一方面承运我国进出口货物,另一方面也积极承揽第三国货物。据调查,我国外贸海运货物的1/4由我国船公司承运,其中集装箱和散货约占25%、石油18%、散杂货约35%。另外,我国船公司承运第三国货物约1.2亿吨。由此不难看出,外贸海运出口货物3/4由境外船公司承运,这是造成我国海运服务贸易逆差的最主要原因。

从公路运输看,我国公路口岸运输需求8 000多万吨(含内地与香港),由于种种原因,我国内陆卡车公司承运比重只有5.2%。

内陆公路口岸运量最大的是内地与香港的货物运输,占内陆公路口岸总量的84.8%,由香港卡车公司承运;第2位是越南,占我国公路口岸运量的5.6%,内陆卡车公司承运比重只有15.3%;第3位是俄罗斯,占我国公路口岸运量的2.1%,内陆卡车公司承运比重只有20.5%,这是造成我国公路服务贸易出口发展不快的直接原因。

从航空运输上看,我国航空货运市场同样呈现出需求放缓的态势。整个2011年,除1月份有过较强的增长之外,其余月份都几乎处于负增长状态。在航线市场上,国内强于国际。与明显放缓的市场需求相对的是,2011年的航空货运企业运力投放规模明显加速。仅以货机数量为例,截止到2011年12月,国内大小航空公司拥有的货机机队规模达到了91架,与2010年(77架)相比,绝对数增加了14架,增长幅度达到了18.2%,远远高于市场增长。我国内地运输进出口除与中国香港地区实现顺差外,与其他国家(地区)基本为逆差,主要来源于欧盟、中国台湾、韩国、日本、美国等国家或地区。

在我国服务贸易前3大行业中,旅游和其他商业服务贸易均为顺差,只有运输服务贸易长期逆差。1990年运输服务贸易逆差10.2亿美元,1997年发展到69.9亿美元,之后一年有所下降,但从2000年开始,运输服务贸易逆差继续快速攀升,2007年已达119.5亿美元,1997—2007年均增长5.5%,是我国服务贸易逆差的最主要来源,长期成为我国服务贸易第一大逆差行业。

15.4　我国运输服务贸易产业的发展对策

我国已经成为世界货物贸易大国。随着全面建设小康社会和现代化建设发展的需要,我国将更加依赖国际国内两个市场、两种资源满足发展需求,对外贸易需求将进一步快速发展。提高我国运输服务贸易竞争力,有利于带动我国服务贸易整体发展和保持外汇平衡,也是保证运输通道安全乃至经济安全的需要。提高我国运输服务贸易竞争力,首先应从国内入手,着重发挥国内外贸运输海运需求大的特点和地缘优势。

1. 全面推进海运强国战略

我国已经成为世界海运大国,但不是海运强国。当前,我国已经完成海运强国战略的准备阶段,应充分利用国家的综合实力和海运大国的基础,全面推进海运强国战略,为提高我国运输服务贸易国际地位和缩小逆差扩大态势作出贡献。

2. 积极参与有关国际组织活动

在经济全球化的今天,国际组织在规则制定上发挥着日益重要的作用,这些规则对各国运输服务贸易竞争力都将产生较大影响。我国应充分利用世界贸易大国和海运大国的优势,政府与大型企业联合互动,在国际组织活动和相关规则制定上发挥更加积极的作用,以利于我国运输企业公平参与国际竞争。

3. 积极参与国际重要通道事务

加强与其他国家的合作,逐步建立高级别政府交流和对话的定期会晤机制,在国际运输上为我国运输企业营造平等竞争环境。马六甲海峡、龙目海峡等国际海运咽喉要道对我国海运发展影响巨大,我国应不断加强与这些海峡沿岸国家的海事合作,逐步扩大我国在东南亚国际事务和马六甲海峡、龙目海峡安全的影响,维护这个地区的和平稳定,争取国际事务的主动权。

4. 营造产业竞争链

国家发改委、国资委、财政部和交通部营造大型货主企业与大型海运企业签订长期租船合同或长期包运合同的环境,使进口原油长期协议比重不低于50%,大宗干散货进口中方承运比重显著提高,便于我国船舶所有人在获得长期协议基础上按计划订造新船,使货主和海运企业通过长期合同规避一定的市场波动风险,并拉动造船工业的发展,营造我国产业竞争链,提高整体国际竞争力。政府采购物资中不低于50%的份额可由挂我国国旗船队承运。

5. 政府、企业共同构建融资平台

运输是贸易发展的派生需求,相对运输能力供给弹性几乎为零,所以造成运输服务贸易产业市场波动很大,波及造船等装备制造业同时进入低谷或高峰期。在低谷时海运企业经营往往亏损,但此时造船价格也最低,是海运企业集资发展运力或进行兼并的有利时机,但也是企业资金最困难的时期,同时也是银行最不愿意给造船业贷款的时期。我国海运企业虽然看到了投资商机,却无法实现其目标。因此,政府和企业应共同努力构建融资平台,为海运企业提供融资便利,使之具有抓住重大战略投资机遇的能力。

6. 为运输服务贸易产业提供宽严适度的发展环境

我国对于运输服务贸易产业,一方面存在管制过多、过严的现象,另一方面,也存在着管制不力或缺乏管制的问题。因此,我国要尽快建立符合 WTO 规则的管制体系,发挥政府在运输服务贸易产业发展中的协调监管作用,针对薄弱环节,加快制定或修改有关国际货物运输方面的法规和政策措施,既要考虑到国际惯例又要适合国情,为运输服务贸易企业的发展提供良好的政策环境和有序的市场环境。

7. 按照竞争优势原则改造企业的组织结构

我国运输服务贸易产业存在摊子多、规模小、抗风险能力弱的局面。运输服务贸易产业应当以现有大中型骨干企业为基础,通过联合、兼并等途径,在较大范围内进行资产重组和结构优化,使国内的企业实行强强联合,扩大企业规模,向集约化、规模化方向发展,提高管理水平和竞争能力,造就若干个规模大、实力强、经营区域广、能主导区域乃至全国市场的运输物流企业集团。

8. 加强专业人才的教育和培养

现阶段国际运输服务贸易产业的竞争要以信息技术和网络营销为依托,如网上计舱、运单、结算、跟踪、查询等,知识及人才将成为中外运输服务贸易企业竞争的重要因素。我国应加强与国外大公司的合作,从国外引进先进的管理人才,引进先进的技术和管理方法,同时培养国内高素质专业人才,实行有效的人才激励约束机

9. 重视发挥行业协会的作用

在国际运输服务贸易市场上,一些国家为了规避 GATS 的有关规定,常以行业协会的身份出现。面对严峻的出口环境以及船公司随意上调运价、货代市场混乱等情况,我国运输行业协会在协助政府协调运价、规范市场、加强行业自律和信息服务等方面大有可为,同时还能增强与国外运输企业平等对话的权力,有利于建立统一、开放、有序的国际货运市场,切实维护国内运输服务贸易企业的利益。

10. 加强综合物流设施建设

目前,世界市场竞争日益激烈,客户的需求也更加复杂,传统的运输服务逐步向综合物流方向发展。我国应积极推动东北亚国际枢纽转运港、中亚油气跨国管道工程、亚欧大陆桥、泛亚铁路等重大工程的建设,同时大力发展集装箱运输多式联运、集中运输等业务,并根据我国运输服务贸易在国际市场上的地位与实际,在产业结构调整的基础上加速实现向综合物流产业的升级,全面提高我国运输服务贸易企业的物流网络、服务产品和企业机制的竞争能力。

16 我国商业服务贸易产业的分析与对策

16.1 我国商业服务贸易产业概况

目前,我国商业服务贸易产业发展呈现以下特点:规模持续扩大,已成为我国经济发展中的重要产业;农村消费已经改变了过去的格局;中西部消费快于东部地区;服务消费快于商品消费。住宿、餐饮业零售额上升幅度比较大。随着电子商务、现代物流、连锁经营等现代商贸服务手段的发展,商业服务贸易产业已经成为拉动我国经济增长的先导力量。世界 50 家最大的零售企业接踵而来,国外物流企业对我国市场全面渗透。我国市场对外开放水平不断提高,多种经济成分、多种经营方式、多渠道并存,多元市场主体竞争格局已经形成。

16.1.1 城市消费逐步提升

改革开放以来,城市消费的比重在稳步的攀升。目前,我国正逐步形成以大城市为中心、中小城市为骨干、小城镇为基础的多层次的较为完善的城镇体系,60% 的工业增加值、85% 的第三产业增加值、70% 的国内生产总值、80% 的国家税收都来自城市。

据全球最著名的管理咨询公司麦肯锡公布的调查,到 2011 年,我国中产阶层的人数已达到 2.9 亿,这代表了我国城市中规模最大的社会阶层,已占到城市人口的 44% ,该阶层的增长到 2015

年将达到顶峰。21 世纪以来,工业产品的极大丰富推动了百货商店、超级市场、专业店、专卖店、便利店、仓储会员店、家居建材店等连锁经营形式在我国的飞速发展,我国城市居民开始习惯到超级市场、仓储会员店一次性购买许多生活用品,到专卖店购买品牌服饰,等等。

2009 年我国车市销量全年 1 364.48 万辆,增幅达 46%,不仅成为全球车市最亮丽的一道风景,更是首次超过美国位居全球第一。根据《中国统计年鉴(2009 年)》公布的数据显示,从 2001 年到 2009 年这 8 年时间里,全国商品房销售面积稳步增长,平均增幅达 18%。其中 2009 年,全国商品住宅销售面积增长 43.9%。种种数据表明,我国的城市消费价值观、消费习惯以及消费水平已经达到了质的飞跃。

16.1.2 农村市场体系逐步完善

"十一五"期间,中央高度重视农村市场,连续 5 年中央 1 号文件进行部署,商务部认真落实,把农村市场体系建设作为市场建设工作的重中之重来抓,中央财政累计投入 43 亿元支持"万村千乡市场工程"。"万村千乡市场工程"在农村支持建设 2 667 个物流配送中心,每个县平均拥有 0.9 个,覆盖城乡、多层次的农村商品配送体系加速形成。目前,连锁化农家店达 52 万家,营业面积近4 000多万平方米,平均单店面积 20 平方米以上;经营品种大幅增长,平均单店品种 400 种以上;覆盖 80% 的乡镇和 65% 行政村,年销售额近 3 000 亿元。农村基础设施大大完善,以城区配送中心为龙头、乡镇店为骨干、村级店为基础的农村现代流通网络正在逐步形成。例如山东家家悦超市依托在农村发展的农家店,发展农产品基地 37 万亩,年收购农产品 64 万吨。

2009 年的农村消费首次突破 4 万亿元,首次超过了城市的消费速度,这是 1986 年以来的第一次。随着城镇化的进程,工业化的加快,农民收入的增加,国家支持的力度加大,农村的消费增幅也随之加快。如今农村消费热点已经转向了过去薄弱的环节,包括汽车、摩托车、农机具、电脑、空调等。汽车销量突破 200 万辆。连锁经营方式不断发展,农村市场的组织化及集中度逐步提高;城镇化进程加快,带动农村市场重心向中心镇转移;农民消费安全意识日益增强,农村商品质量要求进一步提高。

16.1.3　流通现代化水平明显提高

21 世纪的新主题是"经济节奏的较量"。缩短流通时间、加快经济节奏、消灭耽搁迟滞和断档脱销,已成为新时期提高国家整体竞争力的最重要的战略问题。凭借技术创新和科技含量迅速提高,商贸流通服务业对于提高国民经济运行质量、优化国民经济流程、调整国民经济结构、扩大国内需求、增进消费、扩大就业、节能降耗、降低综合成本,从而增进社会总福利的影响力越来越明显、越来越广泛、越来越深入。一些制造企业、商贸企业开始采用现代物流管理理念、方法和技术,实施流程再造和服务外包;传统运输、仓储、货代企业实行功能整合和服务延伸,加快向现代物流企业转型;一批新型的物流企业迅速成长,形成了多种所有制、多种服务模式、多层次的物流企业群体。物流基础设施条件逐步完善,物流园区建设开始起步,仓储、配送设施现代化水平不断提高,一批区域性物流中心正在形成。物流技术设备加快更新换代,物流信息化建设有了突破性进展。

16.1.4　新兴业态迅速发展

知识经济的全球化辅之以日新月异的数字技术,凭借无比丰富的创意,一个个不同于传统产业的新兴业态崭露头角。这些新兴的产业形态,通过独特的商业模式,迅速吸引资本的眼球,创造了一个又一个财富神话,为经济社会发展作出了重要贡献。从连锁超市诞生算起,新型业态不断涌现,新老零售业态如便利店、折扣店、超市、百货店、专卖店、购物中心、网上销售,等等,均已在我国出现。与此同时,遍布城乡、土生土长的摊位制商品交易市场如雨后春笋,不断得到改造提升。新兴业态的发展,使商品经营与配套式服务设施能够相互配套,相互补充,增强相关行业设施的服务功能,促进城市商业与服务网络相互的配套,协调发展,为满足多样化的服务需求创造条件。

特别是随着信息技术的发展和技术设施的完善,电子商务近年来得到快速的发展,网上销售产业连续几年以 40% 的年均增长率发展,它不仅让消费者觉得实惠、快捷、新潮,还为生产商提供了售卖商品的新渠道,更为社会提供了大量的就业岗位。2010 年我国网购热门城市调查显示,上海、北京、深圳 3 大城市位居 2010 年网购热门城市前 3 名。其中,上海雄踞所有网购消费力城市之首,报告期内的网购消费金额达到 174.2 亿元,占比达到 8.67% ,成交达到 5 881.7 万人次。

2011 年淘宝网的交易额达到 6 000 亿元(见图 16-1),成为中国最大的综合卖场。网购以其独有的优势开始逐步取代了一些传统的购物方式,成为越来越多消费者的选择。

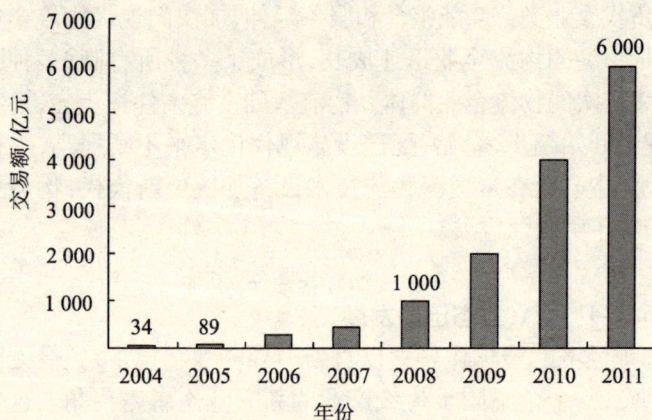

图 16-1　2004—2011 年淘宝网交易额统计

16.2 我国商业服务贸易产业的地位及作用

16.2.1 国际商业服务贸易产业总体现状

越是经济发达的国家,商业服务贸易产业越发达,人均 GDP 较高的国家,其商业服务贸易产业的产出与就业比重也相对较高,也基本代表了一国经济社会的发展水平。目前,在世界总量中,商业服务贸易产业产值已超过了 60% ,其中一些发达国家的产值已占国内生产总值的 70% ,个别国家接近 80% 。就就业比重而言,发达国家已高达 70% 左右,中等收入国家为 50% ~60% 之间。同时,国际服务贸易占到贸易总额的 1/4;服务消费占到所有消费的 1/2 左右。因此,可以说世界经济实际上以服务商品的生产为主,已经步入了"服务经济"时代。然而我国商贸服务业增加值占比重,到 2010 年仅为 34% ,就业劳动力占就业人口比重为 35% ,与国外相比,显然比重过低,整体水平滞后。

16.2.2 我国商业服务贸易产业在国民经济中的地位

近年来,我国商业服务贸易产业在国民经济中的地位不断上升,已成为经济增长和效率提高的助推器、经济竞争力提升的牵引力、经济变革与经济全球化的催化剂。

2009 年全国社会消费品零售总额达到 12.5 万亿元,比新中国成立初期 1950 年的 171 亿元增长了 733 倍,比改革开放初期 1978 年的 1 559 亿元增长了 79 倍。行业吸纳就业人数 2.7 亿人,比 2005 年增加了 2 832 万人。商贸服务业的发展较好地满足了人们不断增长的物质文化生活需求,行业空间布局状况和土地利用效率都有了较大程度的改善。

在我国现阶段,商业服务贸易产业的作用不仅表现在增加值对国民经济的贡献上,同时商业服务贸易产业的发展对孕育市场关系、完善市场机制以及解决劳动力就业问题均有重要作用。

（1）商业服务贸易产业对生产者和消费者具有衔接和协调的作用

市场经济条件下,商业服务贸易产业可以独立承担流通风险、降低交易成本,以起到使供求价格趋于协调的衔接作用。同时,在商品流通过程中,商业服务贸易产业是最接近消费者最了解消费者最能捕捉需求信息的行业。物流配送业的发展,新型业态的出现节约了消费者的时间、金钱成本,增加了消费者的闲暇,更大程度地满足了消费者需求。

（2）商业服务贸易产业对劳动力的吸纳作用

充分就业是所有国家宏观经济的重要指标。我国是劳动力供给大国,在经济改革中,我国社会遇到的一大问题就是失业问题。在大量农村剩余劳动力涌入城市,同时城市人口就业压力不断加大的形势下,商业服务贸易产业对劳动力的吸纳作用便尤为重要。

（3）商业服务贸易产业对国民经济其他产业的推动作用

随着制造业生产规模大、相对集约的趋势与消费购买量小、相对分散的特点,在商品空间、时间以及具体品类、特色上产生的矛盾呈日益扩大之势。这就要求商业服务贸易产业在规模、数量和质量上必须以一定速度增长以匹配工业、制造业高速增长的要求。

（4）商业服务贸易产业具有促进市场体系发育和完善的作用。

服务业是反馈消费者需求信息的第一道环节,最终产品的价格也是在商品市场上形成的,各类要素市场能否清晰无误地反映和折射需求并有效定价,在相当程度上,都取决于商品市场的价格机制是否具有及时性、准确性和效率性。因此,没有发育成熟、富有效率的商贸流通体系和中介组织,就不可能有完善的市场体系。

16.3 我国商业服务贸易产业的 SWOT 分析

随着我国市场的进一步开放,更多的国外资本通过多种方式进入我国商业服务贸易领域是必然趋势。在美国金融危机和欧债危机的形势下,我国商业服务贸易产业既面临内部的优势和劣势,也面临着外部的机遇和挑战。

1. 内部优势

（1）改革开放和引进外资以来，我国商业服务贸易产业发生了很大变化，主要表现在：商业服务贸易市场化程度大大提高；新的经营理念、营销方式、管理手段和技术在零售业率先使用，引发了国内以流通社会化、现代化为主要内容的流通革命；结构调整成效显著。

（2）与外商相比较，我国商业服务贸易产业的最大优势就是熟悉本国国情的本土化优势。这种优势主要体现在：民族文化优势；门店地理位置优势；与供应商长期关系优势；区域销售规模优势。

2. 内部劣势

（1）企业规模零、散、小，从业人员素质低下。尽管我国商业服务贸易产业已经具备较大规模，但放在全球背景下看，仍属中小企业。企业的核心是员工的服务，但我国的许多商业服务贸易企业只注重员工形象，而忽视员工的素质。

（2）经营管理水平不高，经营方式单一。我国商业服务贸易企业在管理上大多数是粗放式管理，离规范化、制度化、体系化和特色化还有很大的差距，表现出劳动密集型的产业特色。在经营方式上，商业服务贸易企业大多采用招商、联营、代销甚至出租柜台的方式，这种经营方式常常导致企业的管理与经营脱离，企业不仅无法提供有特色的优质服务，也无法形成企业的经营战略。

3. 外部面临的机遇

尽管与发达国家相比，我国商业服务贸易产业整体发展水平相对还比较低，但我们应看到，当前我国商业服务贸易产业正面临着难得的发展机遇。

2010年以来，世界经济进入复苏阶段，宏观政策、市场需求以及国际环境为服务业提供了良好的契机。一方面，商业服务贸易产业发展需要高度警惕国内外市场风险。在国际金融危机的影响下，国内外市场可以预见和难以预见的风险增多，商业服务贸易市场环境趋紧,产品销路不畅,竞争更加激烈,利润受到挤压。市场形势的变化和不确定性因素增加,导致消费者持币观望心态加重,保持消费稳定增长的压力加大。另一方面,也要清醒地认识到,国内市场潜力的进一步释放是商业服务贸易产业发展的重要机遇。

在当前国际市场需求不振、出口增长受阻的情况下,繁荣国内市场对于保持我国经济增长动力的重要性更加显著。党中央、国务院根据形势变化及时调整政策,加强宏观调控,实施积极的财政政策和适度宽松的货币政策,已经采取了降低银行存款准备金率、下调存贷款利率、减轻企业税负,以及扩大内需、促进增长等多项措施。

我国正处在工业化、城市化进程中,国内市场广阔,为应对国际金融危机,党中央、国务院加强宏观调控的预见性、针对性、有效性,着力扩大内需特别是消费需求,转变经济发展方式,调整经济结构,实现经济平稳较快增长。积极有效的宏观调控措施将使我国国内需求的巨大潜力进一步释放,将为国内消费品市场和生产资料市场规模扩大提供良好机遇,为商业服务贸易产业加快发展提供广阔平台。随着进一步对外开放,商业服务贸易领域的国际合作与交流也将进一步加强,有利于我国在商业服务贸易的运作机制和方式上同国际接轨,推动我国传统商业服务贸易产业向现代商业服务贸易产业的转化。与此同时,我国经济外向度持续提高,对外贸易持续稳定增长,也将带动商业服务贸易产业特别是物流业的发展。

4. 外部面临的挑战

我国商业服务贸易企业外部面临的最大挑战是跨国商业服务贸易企业的冲击,因为我国商业服务贸易产业与其差距是显而易见的,主要体现在以下几个方面:

(1) 规模上的差距

进入我国的外资商业服务贸易企业普遍规模较大,如沃尔玛、家乐福等。我国本土商业服务贸易企业普遍存在着规模相对较小、网点分布不合理、定位趋同化的缺陷,在总体经营规模上与跨国集团有较大差距。

(2) 业态形式上的差距

目前,外资商业服务贸易企业在我国市场所涉及的业态包括百货店、超市、大型综合超市等现代商业服务贸易业态。虽然目前外资企业的销售额只占国内消费品销售总额的 20% 左右,但在竞争激烈的高端大卖场,外资所占的份额已经达到 80% 以上,拥有绝对优势。

(3) 品牌资产方面的差距

跨国商业服务贸易企业的品牌优势是一种极具冲击力的无形资产。通常,外国商业服务贸易企业的无形资产占总资产的比例约为 5%,尤其是沃尔玛和家乐福这两大零售巨头的商誉已超过100 亿美元,而国内影响力较大的华联超市,其无形资产却只有0.75亿元人民币。

(4) 人才聚集能力的差距

我国商业服务贸易企业的中高层管理人员多数属于经验型人才,而在外国商业服务贸易企业中,各主要部门都部署了一批具有先进经营理念的高级管理人才和国际型人才。另外,在人才的争夺中,外国商业服务贸易企业凭借其各方面优越的条件赢得了求职者的青睐,更加剧了我国商业服务贸易企业高级人才的短缺状态。

16.4 我国商业服务贸易产业的发展对策

在商业服务贸易全面开放又面临全球经济持续衰退之际,商业服务贸易产业的竞争主要表现为外资企业和中资企业在本国市场的竞争。同时,我国的商业服务贸易要主动应对危机和寻求发展,通过竞争,加快民族商业服务贸易企业快速、健康、持续发展。

作为消费产业链中拥有稀缺性渠道资源的商业服务贸易企业,应具备更强的抗周期性。在通胀的刺激下,我国商业服务贸易产业持续偏旺,社会消费保持强劲增长态势,现阶段我国商业服务贸易行业仍处于以居民收入持续高增长及高储蓄率为核心推动力的消费升级时期。

1. 政府应加大对商业服务贸易产业的宏观调控力度

第一,在制定商业服务贸易产业发展的整体战略规划基础上,努力清除内外贸之间、地区经济之间以及流通供应链之间的行业隔墙,为商业服务贸易产业的跨地区、跨行业和跨越式发展创造良好的外部条件。

第二,要加快相关立法工作,在法律和行政方面为商业服务贸易产业发展提供保证。对外资进入我国市场实行法制化管理,如制定反商业服务企业垄断法、大店法,制约大店的快速发展和单个商业服务贸易企业规模的无限扩大,阻止外资企业的不正当兼并和收购,为国内中小商业服务贸易企业的发展争取生存空间。

第三,要充分运用银行、证券市场的融资功能和多种金融服务手段,引导和帮助企业拓宽融资渠道,提高资金使用效率,突破企业融资瓶颈。

2. 大力整合和壮大民族商业服务贸易企业

第一,要进行资本重组,实现规模经营。通过强强联合培育具有国际竞争能力的大型商业服务贸易企业集团,发展我国自己的商业服务贸易企业的航母;有条件的企业可以大胆出击,通过合作、合资等方式与跨国公司对接,形成有雄厚资本实力的跨国企业集团进行跨国经营。

第二,要通过制定科学的发展战略来提高企业竞争能力,以特色和差异化应对跨国巨鳄的竞争,塑造品牌,提升自身的核心竞争力。

3. 具备条件的商业服务贸易企业应主动地、有选择地走向国际市场

我国商业服务贸易通过这些年的对外开放和利用外资,已经涌现出了一批基本掌握现代商业服务贸易企业管理方法、具有跨地区经营实力和市场应变能力的大中型企业。另外,国际经济环境宽松,特别是非洲和南美洲的消费需求对我国商品与文化的偏好增强,以及我国政府对企业"走出去"的政策支持等有利条件,可以通过学习国外商业服务贸易企业特别是发达国家商业服务贸易企业的跨国经营经验,进一步走向国际市场。

17 我国技术服务贸易产业的分析与对策

    国际技术服务贸易是指世界上不同的国家或地区间按照商业条件签订技术协议或合同而进行的有偿技术转让,是以技术为交易标的的国际贸易行为。国际技术服务贸易的主要内容有:各种工业产权,如专利、商标;各种专有技术或技术诀窍;提供工程设计,工厂的设备安装、操作和使用;与技术转让有关的机器、设备和原材料等。

    根据 2002 年 1 月 1 日实施的《中华人民共和国技术进出口管理条例》的定义,技术进出口是指从中华人民共和国境外向中华人民共和国境内,或者从中华人民共和国境内向中华人民共和国境外,通过贸易、投资或者经济技术合作的方式转移技术的行为。前款规定的行为包括专利权转让、专利申请权转让、专利实施许可、技术秘密转让、技术服务和其他方式的技术转移。

17.1 我国技术服务贸易产业的发展历程

    随着我国技术实力的提高,技术出口能力不断增强,应转变以往商品出口的低值低端粗放化,要以技术领跑带动产品的国际化生产和销售,形成以技术开发为导向的出口模式,只有这样才真正有利于我国的对外贸易高品质发展。

    从我国这 30 多年来技术服务贸易进出口的发展来看,方向是明确的,那就是从大规模技术进口到核心技术进口,从选择性技术进口到知识产权进口,从技术内容进口到技术模式进口,从技术进口占主导地位到技术出口扮演重要角色,甚至于向技术出口推动对外贸易、技术开发领跑世界市场的方向发展。

一个国家的发展离不开世界,只有充分参与世界的竞争才会推动国家和民族的进步。而竞争的层次不再是小商品经济贸易的竞争,是技术强国的竞争。技术贸易的发展历程告诉我们,科技是脑,要不争而善胜,就要在科技上领先所有的竞争对手。

17.1.1　20 世纪 80 年代阶段

20 世纪 80 年代,随着商品经济的逐步发展,国民经济开始了轰轰烈烈的基础建设步伐,全国各地大兴土木,水电站、公路、机场、地铁、邮电等基础设施产业在国家的大力扶持下蓬勃发展。由于改革开放初期,我国的经济基础薄弱,自有技术力量不足,对这些基础设施建设所需的大型机组、设备、系统只能依赖进口,而伴随而来的外国专家技术指导、中方人员的技术培训、精密仪器的技术专利使用、运行软件等技术含量的贸易进口大大增加。例如,80年代中期规划建设的广州地铁一号线由德国西门子总承包,几乎全部设备和技术以及管理模式都是引进国外的成熟地铁建设经验。由于国家对大型先进设备引进的鼓励,这些与硬件进口相配套的技术贸易进口享有免除海关关税及增值税的待遇,一定程度上推动了我国的技术培育和发展。这种伴随着大型硬件设备引进而产生的技术贸易进口占据了全部技术贸易进口的绝大部分,并逐渐持续到90 年代中后期。例如,广东移动和广东电信在90 年代的大发展时期,绝大部分传输、交换和数据设备均在国家的免税鼓励政策下,引进美国 Lucent、瑞典 Ericsson、德国 Siemens 和加拿大 Nortel 等国外电讯厂家的产品和技术。

随着我国经济的逐步发展,自主研发能力的提高,硬件水平已经逐渐进入国际先进行列,同时在引进外国先进技术基础上培养出了一批自己的技术人才,技术力量的增强让我们可以选择性地引进国际技术服务。

17.1.2　20 世纪 90 年代阶段

20 世纪 90 年代后期,国家鼓励进口免税目录的变更缩小了设备免税的范围,对国内已经具备成熟生产能力的设备不再给予免税优惠政策。上述因素都让国内的采购方思考并逐步转变进口模式,从原来的全盘引进,转变为进口重点设备、核心部件。在此基础上,引进先进技术和专利权,应用于配套设备的自行生产以及原有设备的扩容和改造,充分利用"科学技术就是第一生产力",发挥技术服务贸易进口的优势,特别是计算机软件技术的引进更是加速了我国信息化事业的进步。

20 世纪 90 年代,技术服务贸易进口的一个显著特征是各行各业对知识产权的关注。经过多次国际知识产权纷争后,国内的进口方在引进国外先进技术的同时,更加注意对技术使用权的合法性保护,注意专利权、软件版权、商标使用权等知识产权的合法转让,大大促进了我国技术服务贸易进口的规范性发展。国家在政策上也对知识产权的技术服务贸易进口给予大力支持。例如,专利权的转让免征全部营业税和所得税,软件进口仅征收 10% 的税费(远低于设备进口关税和增值税),对于完全于国外形成的技术内容,免征全部国税和地税税种。

17.1.3　21 世纪以后阶段

进入 21 世纪以后,我国经济欣欣向荣,国民生产总值晋升世界前列,生产力水平进入前所未有的繁荣提升期,钢铁、交通、通信、能源等各大基础设施产业的设备需求已大部分国产化。例如,经过一号线的建设和学习,擅长钻研的中国人迅速成长,从广州地铁二号线开始 70% 设备国产化,仅部分核心高尖端技术从国外引进,到现在的七号线、八号线设备招标采购,国产技术和设备已经占据了地铁建设设备组成的绝大部分;再例如,广东移动和广东电信出于对技术差距消失和节约成本等因素的考虑,在 21 世纪初期的设备采购对象已由原来的国外供货商逐渐转变为华为、中兴、烽火等国内厂家为主。因此,与硬件相结合的技术软件贸易进口在这一时期大幅度减少。

随之而来的技术服务贸易进口表现在设计领域的技术服务进口。人民安居乐业、生活安康,必然对美的要求越来越高。国内各城市标志性建筑物的设计,包括北京奥林匹克体育馆鸟巢的设计、广州南沙整体规划设计、广州市珠江新城 CBD 几大核心建筑的设计均通过国际竞标的方式,采纳了国际的先进设计理念,引进了国外设计师的国际化审美和实用性设计方案。在工业领域,从"做大"转为"做强"已经成为行业的共识,为了更加优化生产流程、增进管理效率、控制工艺精度和风险,不少大型企业引进国外先进的工艺流程和管理模式设计。例如,惠州 LNG 电厂的新建,就是采用了日本先进而成熟的工艺流程设计,从而大大节约了流程改造成本和避免了安全风险。

在不断开展技术服务贸易进口的同时,我国也一直不断地为第三世界发展中国家提供技术服务贸易出口和技术援助。在中东、非洲等地区都有我国的国际援助承包工程,为不发达地区提供通讯、电力甚至油田灭火、救灾抢险等技术服务。随着我国技术力量的不断强大,企业的技术服务贸易出口规模日益扩大,国际工程承包能力越来越强。例如,华为、中兴等通讯器材企业,在占据国内运营商市场的同时,产品远销国际市场,甚至为中东、非洲等技术相对落后的地区提供从通讯网络设计到设备供货、安装和管线铺设,最终建成整个区域通讯网络的网络工程承包服务;我国的建筑工程、电力设计等行业企业均具备了雄厚和丰富的技术能力,不断开拓国际市场,将几十年来引进和研发的技术不断沉淀、提炼、成熟、改良、完善后再反馈到国际市场,以国际工程承包的方式最大限度地实现我们技术出口的价值。

如果说国际工程承包在出口技术的时候还包含着相当大比例的劳务输出,那么我国的长征火箭为欧美国家发射航天卫星就是典型的高科技贸易服务了。每年于深圳举行的高交会(高新技术交易会)是我国技术产品展示和参与世界竞争的最好舞台,我国技术产品的不断推陈出新显示了在科技与生产力之间转换的强大实力,成交额的逐年攀升也告诉世界,我国技术服务贸易的出口正逐渐在国际市场上扮演越来越重要的角色。

17.2　我国技术服务贸易保护体系的构筑

技术性贸易壁垒(TBT)是指一国或以维护国家安全、保护人类及动植物生命与健康、阻止欺诈、保护环境、保证产品质量为目的,或以贸易保护为目的所采取的种种技术性限制措施(包括技术法规和标准、产品检验和检疫措施、包装和标签要求、信息技术壁垒、绿色壁垒等)。

随着经济全球化和贸易自由化进程的加快,关税逐渐降低,进出口数量配额、许可证制度、外汇管制等非关税措施日益受到约束和限制。相反,以技术法规、技术标准、认证制度、检验制度为主要内容的技术性贸易措施的影响越来越大。据统计,进入 21 世纪后,世界贸易壁垒的 80% 来源于技术性贸易壁垒。近年来,我国有80%的出口企业不同程度地遭遇了国外技术性贸易壁垒,对我国使用技术贸易壁垒的国家越来越多,影响了我国出口总额的 60%。例如,日本设置了名目繁多的技术性检验检疫措施,严重影响了我国农产品出口。日本通过改制、修法、强检等手段,进一步强化食品卫生管理,通过技术壁垒限制我国农产品对日出口意图十分明显。此外,欧盟禁止进口我国禽肉等动物源性产品,至今尚未完全解禁,匈牙利、俄罗斯、沙特、日本、墨西哥、阿联酋也纷纷效仿,对我国大陆的禽肉和蜂蜜实施技术限制;美国以反恐为名,开始执行食品注册通报制度;俄罗斯对肉类产品实行进口配额管理等。

因此,在经济全球化和贸易自由化的大背景下,能否以核心技术专利为依托,建立起先进的技术标准体系,已经成为衡量一个国家创新能力、经济竞争能力的一个重要标志。从这个意义上说,构建与完善我国技术性贸易保护体系十分必要。

17.2.1 我国技术贸易保护方面存在的问题

（1）技术性贸易措施已经成为阻碍我国出口的主要因素

技术性贸易措施已经成为阻碍我国出口的主要因素。目前，技术性壁垒已经成为继反倾销后我国出口面临的最大非关税壁垒。我国每年受反倾销影响的出口额仅占 1% 左右，而受技术性贸易措施影响的已经占到 25%，约为 450 亿~500 亿美元，涉及农产品、纺织品、玩具和机电产品等不同的领域，并有不断扩大的趋势。

（2）我国对技术性贸易保护认识不够全面和准确

我国在对技术性贸易保护等一系列重大问题上的认识比较模糊，有时笼统地把贸易对象基于正当理由拒绝我国商品的出口都称之为技术壁垒。《TBT 协议》（WTO/TBT）明确规定一国基于维护国家安全、人类安全与健康、动植物安全与健康、环境保护、防止欺诈行为等方面的正当原因可以采取技术性贸易措施。我们反对的是违反规则和原则的不正当行为。我国农产品因有害物质超标、包装材料用木材易发生有病虫卵等原因而被贸易对象国拒绝入境等事件的发生，就不能认为是对方故意设置贸易壁垒。相反，应当看到并利用此类压力提高我国产品质量和技术水平，促进我国企业技术创新，加速企业技术进步与产业升级。

（3）我国的技术法规有待完善

我国的技术标准滞后，标准时效性差，标准修订和复审周期长，信息不灵，技术法规有待完善，标准化工作远不能适应社会主义市场经济发展的需要。有些行业或产品根本就没有技术标准，高新技术领域的标准研究几乎都是空白；有关合格程序规定基本上受官方控制，难以形成公平公正的机制。我国对国际技术标准、技术法规以及主要贸易对象的技术性贸易措施，缺乏应有的了解，在出口贸易中时常出现盲目性、进而陷入被动局面。在产品标准方面，我国的许多标准严重低于国际标准，或者是与国际标准协调性差。更大的问题是，我国至今还没有建立起全国各行业、各地区协调、统一的技术法规体系。

（4）我国的管理体制不够完善

我国目前在技术性贸易措施方面还没有形成统一、协调的管理机制，特别是在出口产品遇到问题时，常常是各部门各自为战，无法形成合力，贻误时机。现有的做法既不能向国内企业提供国外的最新信息，又不能向国外提供我国的有关法规，经常被指责为缺乏"透明度原则"和"非歧视原则"，从而造成被动。

17.2.2　构建与完善我国技术性贸易保护的建议

（1）构建技术性贸易保护措施的统一协调机制

要整体考虑，按照我国产业发展和 WTO 协议的规定，建立起一种能保证各执法机构通力合作、高效运转的机制。利用 WTO/TBT 协议和《卫生与植物卫生检疫协议》的有利条款，为我国的出口创汇服务。对于国外的歧视性技术贸易措施，要加大谈判和磋商的力度，可以配合各种报复和反报复行动，营造有利于我国出口的公平公正的环境。同时要加强信息沟通，应付一些突发性事件。加快通报咨询网建设，为企业提供信息咨询服务，及时向企业提供关于 WTO/TBT 和主要贸易对象国的国际技术性法规以及技术性保护措施的动态信息。

（2）参考国际规范，构建本国 TBT 体系

为了保护国民健康、生命财产安全和国家利益，在参照国际标准制定国内环境法则和标准的同时，应按照国际通行做法，构建我国的 TBT 体系。在涉及安全、卫生、健康、环保等诸方面制订强制性标准，制定和实施对国外相关技术产品有一定针对性、抑制性和限制性的有关法律、技术标准和检验制度，把未达到技术标准的产品拒于国门之外。首先政府应加快我国技术法规、标准和措施的国际标准化进程，有关部门应认真研究国际制度，并与其保持一致，在原有立法的基础上进一步健全相关法规。其次，加快制定和完善各类商品生产和销售中有关环境保护的技术标准，构筑我国的绿色壁垒。再次，强化检验检疫制度。对冲击国内市场的进口商品，可实施安全质量许可制度，要求加贴安全标志等。

（3）完善我国的认证制度

认证制度的健全和完善是我国商品成功跨出国门的先决条件之一。但我国的认证制度很不健全，保护国内市场的 TBT 体系远未建立起来。美国有 55 种认证体系，日本有 25 种认证体系，欧盟内部已有 9 种统一的认证体系，我国尚未形成统一认证体系。在我国已通过 ISO9000 认证的企业，不少是在用户要求下被动申请认证的，绝大部分企业都没有进行认证，制约了我国产品的出口。因此，我们应广泛深入宣传、大力推广 ISO，IEC 等一系列国际性标准的认证，进一步扩大生产企业认证覆盖面，使更多的有实力的企业获得 ISO9000 质量体系认证和 ISO14000 环境管理认证证书，为其产品进军国际市场取得"通行证"。同时加强与国际权威认证机构的交流与合作，签订认证协议，实行相互认证，避免重复认证的巨额花费，提高我国出口产品竞争力。

（4）积极参与国际标准的制定

目前采用的国际标准有很多都是发达国家的国家标准或者是发达国家的大企业的企业标准转化而来的，这些标准充分地反映了发达国家的利益，这显然不利于包括我国在内的广大发展中国家。从发达国家在国际标准化活动的参与率看，美国为 80%，法国为 70%，英国为 50%。发达国家在国际标准活动中还千方百计地争取领导权、发言权和主办权，竭力将本国标准转化为国际标准，以占领国际贸易技术制高点。因此，我们不能只满足于采用他们已经制定的一些标准，而应积极主动地参加国际标准的制定、修订和协调活动，使国际标准能充分反映我国的意见和要求，力争将我国已具优势的项目标准纳入到国际标准中去，特别是争取把具有中国国情特点的文化、传统工艺品、名品等纳入国际标准，以扩大我国的影响。

（5）加大宣传力度，培养专门人才

我国企业对技术性贸易知识知之甚少，对国外技术性贸易措施状况缺乏必要的了解，因此宣传、培训和普及工作亟待开展。要进一步加大对外宣传力度，宣传我国的技术法规及标准，努力使它们能为国际社会所接受,甚至逐渐使之成为国际公认标准和惯例。要采取多种形式,尽快培养大批熟悉 WTO/TBT 协议规则、精通外语、能够参与解决国际争端的专门人才。

17.3　我国技术服务贸易产业存在的问题

近年来,我国技术服务贸易迅速发展,在我国对外贸易中的比重不断上升,对国民经济发展的贡献越来越大,特别是技术进口为促进我国工农业技术进步、提高科学技术水平、缩小与发达国家经济技术水平的差距发挥了重要作用。但是与发达国家相比,我国在以下几方面还存在着较大的差距。

1. 对国际技术服务贸易活动规则缺乏了解和深入分析

由于我国对知识产权保护的国际规则缺乏深入了解和分析,致使近些年高新技术类无形资产流失比较严重。造成这种情况的重要原因就是由于许多人对国际技术服务贸易的特殊性、复杂性和程序知之甚少,以至于在技术服务贸易中束手无策,屡屡吃亏。此外,在签订技术服务贸易合同时,只重视有关技术价格确定、技术资料交付、支付方式等方面的内容,而忽视了考核与验收、技术服务与咨询、保密责任等所谓"软条款"的内容,极大地损害了我国的利益。

2. 技术的引进与输出结构不合理

在我国,技术进口远远多于技术出口,而且在技术引进中成套设备等硬件占 80% 以上,软件技术占的比重较小。出现的结果是引进的技术很多,但真正奏效和起作用的技术有限,不能很好地利用当前引进的技术为国内急需的技术领域和相关的经济建设服务,造成一些资金的浪费和技术的搁浅。

3. 技术引进与输出的科技含量不高

虽然近几年来我国的高新技术得到了较快发展,高新技术的贸易额逐步增大,但这些技术还远跟不上国际高新技术的发展。与世界高精尖技术相比,我国的所谓高新技术科技含量并不高,技术贸易的层次相对较低。

4. 技术的开发与创新不足

我国在技术引进中只重视对技术、设备等的引进，而忽视了对技术的消化和吸收，以及在此基础上对所引进技术的改进、研发与创新。据统计资料显示，目前全国尚有 40% 以上的大中型企业缺乏技术研发活动，而且大多数企业技术创新机制不健全，技术开发人员投入不合理。

17.4 我国技术服务贸易产业的发展对策

面对国际技术服务贸易发展的新形势，我国的技术服务贸易面临新的挑战和机遇。从长远来看，能否顺利融入国际贸易体系，参与并享受国际分工所带来的好处，取决于我国能否尽快提高对外技术贸易的科技含量和附加值，从而获取技术贸易的最佳效益。只有加快实施"科技兴贸"战略，才能重新配置我国出口产业和产品的比较优势，在未来的国际分工和国际贸易中取得有利的位置，逐步实现向技术贸易大国和强国目标的跨越。

1. 建立健全合理的技术引进和输出机制

（1）技术引进机制

技术引进是缩小技术差距的重要途径，需要一定的技术基础，这是技术消化吸收的前提条件。建立合理的技术引进机制的具体措施有：扩大技术进口的规模，使先进技术和软件技术的进口不断增加；以技术密集型战略产业技术为进口重点，实施向战略产业倾斜的技术进口战略；优化技术进口结构，不断提高产品设计、工艺、制造和生产管理等软件技术的比重；适应社会主义市场经济的要求；结合投资、金融、税收和外汇体制的改革，建立有效的技术进口管理机制；充分发挥沿海开放区的"窗口"作用，通过这些地区大力引进技术或提供技术信息，然后向资源丰富的内地辐射和传播等。

（2）技术输出机制

技术输出是技术贸易发展的重要环节。建立技术输出机制的主要措施有:大力发展成套设备和以高技术为基础的软件技术的出口;制定促进技术和成套设备出口的相关配套政策,建立技术出口信贷和风险基金以提供技术出口保障;加强技工贸结合,促进科技成果商品化、产业化;实施多元化市场战略;根据世界各国的不同需求,发挥自己的技术优势,以亚太和周边国家为重点,积极开拓技术出口市场;加强政府管理,重视知识产权,加强对科研成果的保密,采取经济手段或必要的行政手段来保护和促进技术产品的出口等。

2. 提高对外技术服务贸易的科技含量

高科技含量增大是国际技术服务贸易发展的一个重要趋势,通过提高产品的技术含量和附加值来获取更高的经济效益已成为国际技术服务贸易的重要手段。要使我国对外技术服务贸易在激烈的国际竞争中得到发展,就必须提高我国对外技术服务贸易的技术含量。改革开放以来,我国技术出口发展很快,初步具备了参与国际技术服务贸易的能力和条件。在技术引进过程中,对先进技术的选择和消化能力逐步增强,同时,我国在技术出口方面的能力和水平也有所提高。我国出口的技术和成套设备,如机电产品、重工业和轻纺织业具有一定的竞争力,但在技术服务贸易中仍然要坚持科学技术的发展和提升。一方面要利用高新技术改造传统产业,提高产品档次、质量和科技含量以进军国际技术服务贸易市场;另一方面要通过高新技术服务贸易的发展来促进高技术附加值产品的生产和出口。因此,我国有必要在部分条件成熟的城市和高新技术区建立一批高新技术贸易城,形成集高新技术信息交流、博览、贸易、开发及教育等多功能于一体的国内国际高新技术产品的集散地和信息库,以实现高新技术成果的展示和贸易;了解、引进、吸收国内外高技术成果并带动以高新技术贸易市场为中心的金融、信息、商品、通信、劳务等整个市场体系的发展。

3. 加强技术的消化、吸收和创新

对引进技术的消化、吸收,直接关系到对所引进技术的应用和横向扩展,这是目前国际技术服务贸易的重要内容和环节。在技术的消化、吸收方面应作如下考虑：在资金安排上，把消化吸收作为技术服务贸易投资的重点，从金融、财政和税收政策上给出一定的倾斜，搞好行业规划以及引进项目的布局；培养专门的技术人才，对引进技术设备进行合理合法的研究和推广，适当保护本国企业对进口技术的消化和吸收。此外，还要在技术创新上下工夫，只有技术的消化和吸收，没有技术的创新，技术水平就会永远处于被动地位，永远不能领先于世界。要建立合理的技术研发创新机制，加强科学与技术的合作。加强产、学、研的结合，促进科技经济一体化、系统化。加强开发与创新的国际分工与合作，发展高科技并促使其产业化。只有这样，才能提升我国技术服务贸易的层次和水平，才能应对国际技术服务贸易日趋高科技化的发展趋势。

4. 加强技术服务贸易的宏观管理

随着国际技术服务贸易在政府间进行的比例增大，以及我国在技术服务贸易宏观管理方面问题的突出，加强技术服务贸易的宏观管理和改善技术服务贸易环境已经成为当务之急。首先，要抓好法律法规建设，保护知识产权，使我国的技术服务贸易纳入全面法制化管理的轨道，为发展技术进出口提供良好的政策、法律环境；其次，应抓好重大技术贸易项目的内外协调与管理，对引进的技术做出正确合理的评估，做到引进国外先进技术和自主研究开发相结合，避免盲目引进和重复引进，特别要杜绝一些企业对同一技术进出口竞相压价以及一些高新技术、核心技术泄密的不正常现象；再次，要加强信息引导，收集和传递技术进出口的重大信息，使开发和引进有的放矢，为技术服务贸易提供良好的信息服务，创造良好的贸易环境。

18 我国文化服务贸易产业的分析与对策

文化服务贸易是货物和服务贸易的灵魂,在经济全球化中发挥了特殊作用,是实现经济贸易强国不可缺少的重要环节。加快发展我国文化服务贸易,就要在进一步认识影响文化服务贸易产业发展的基本因素、发展机遇和空间的基础上,实施服务贸易"三步走"的发展战略,让积淀几千年的中华灿烂文化,为我国在经济全球化大潮中拼搏提供新的巨大动力,加快经济和贸易强国的进程。

18.1 国际文化服务贸易产业发展的基本成因

文化服务贸易作为新兴产业和贸易类型的迅速崛起,必然迎来文化产业全球化的到来,是经济全球化发展的必然。从本质上认识影响文化服务贸易发展的基本因素,有利于发挥我国历史文化的优势。要制定文化服务贸易发展战略,从根本上采取政策和措施,促进我国文化服务贸易的快速发展。

18.1.1 强势文化是强势经济的产物

文化伴随着经济的发展而出现和形成,是社会发展的产物。当社会生产力和人们的生活达到一定水平,社会对文化的需求就会不断增长,生活水平越高,对文化的需求越旺,文化的发展就越快。从国际上看,有古代的希腊文化、罗马文化、文艺复兴文化,现代的美国文化、欧洲发达国家文化、日本文化、韩国文化；从国内看,有古代的先秦文化、唐宋文化、元明清文化等,这些文化都曾在当时的世界或地区处于强势地位,为其他国推崇和效仿。这些文化由发达的经济支撑其发展和传播,只有在一国的经济处于强势时,文化的强势才有可能形成。

文化发展是经济发展的继续,经济发展停滞,文化发展就会徘徊不前,落后的经济不可能造就先进的文化,有经济支撑的文化,就会兼收并蓄,不断丰富和发展。强势文化也会为经济注入活力,使经济具有人文精神和内容,更加贴近科学、贴近自然、贴近社会生活,促进经济在更高层次上发展。

在经济全球化的背景下,全球范围内经济贸易与文化紧密结合的程度和速度超过了历史上任何一个时代。在世界上我国尚处于弱势经济、强势发展、影响力不断提高的情形,加快文化服务贸易出口,我国经济贸易就会出现新的发展局面。

18.1.2　文化服务贸易的 5 个特性

文化的发展是一个漫长过程,有其自身规律,比起经济的发展更具独立性、稳固性、排他性、渗透性和传承性。

(1) 文化的独立性

一个民族、一个国家、一个地区的文化,以及一种信仰,呈现出不同于其他文化的特质。依独立的程度,文化之间有的是本质的独立,有的是非本质的独立。

(2) 文化的稳固性

一种文化的形成和确立是一个漫长的过程,长期的积淀将使其在一个民族、国家和地区稳固扎根。

(3) 文化的排他性

长期接受某种文化教育和影响,就可能对这种文化产生优越感和信赖感,进而崇尚自己的文化,排斥其他文化。

(4) 文化的渗透性

文化通过有形物体和无形的思想精神向人们渗透,逐渐使人们接受和认同一种文化及其价值观。渗透不断加深和长期发展，就可能出现文化同化。

（5）文化的传承性

一种文化如果只有继承而没有发展，文化的传承就没有生命力。文化的继承不是全盘的继承，而是取其精华和核心，文化的发展则是在对社会所处阶段可及的范围内的优秀文化的兼收并蓄基础上的创新和发展。文化的传承性是文化发展的基本特性。

文化的 5 种特性在相互关联、相互作用、相互调整中推进文化发展。经济全球化加快了文化渗透和融合，强势经济必然推动强势文化，促进文化全球化。但文化全球化与经济全球化相比，由于 5 种特性的作用必然呈现出不同的特质，即世界文化的发展既有主流思潮，又呈现不同的民族特色。因此，文化服务贸易产品输出方的文化应保持历史传承性，紧扣时代发展脉搏，以本民族文化为基点，吸收世界先进文化内容和表现方式，将历史与现实紧密结合，还必须根据文化的 5 种特性，考虑输入方的接受程度和方式等因素，文化服务贸易出口才有可能。

18.1.3　文化服务贸易的 4 种方式

在经济全球化的竞争中，文化全球化的竞争日益凸显，其发生主要表现为 4 种方式：

（1）文化直接创造产值

全球每年文化产品创造的产值达 79 200 亿美元，并以 5% 的速度增长，一些主要发达国家和地区的文化产业产值对生产总值的贡献居各行业之首。

（2）文化产业与现代科技密切结合

现代传播技术飞速发展，文化与现代传播技术结合产生出的扩散迅速、范围广阔、途径多样、品种翻新，使文化借鉴、接受、融合、创新的周期大大缩短，文化竞争将成为经济竞争的核心力量。

（3）文化渗透到货物贸易和其他服务贸易中

文化在决定人们的价值取向中发挥了关键作用，人们对某种产品的认同,在很大程度上是以自身的文化取向进行判断。文化渗透也表现在有形和无形产品的技术开发和内外设计中,使文化与有形和无形产品相融合。从某种意义上讲,文化已成为品牌企业和品牌产品的核心。

（4）文化与经济整体输出

发达国家在经济输出的同时,通常采取与文化输出并进的方式,通过别国对本国文化的认同,引发对本国产品的认同,取得和保持其国家的经济、文化甚至社会制度和政治理念向世界输出的强势,使经济输出插上灵魂的翅膀。

18.2 我国文化服务贸易产业发展的机遇与空间

经济全球化不仅为我国经济发展带来了历史性机遇,更为我国文化产业发展带来了跨越式发展机遇。我国几千年的文化积淀在世界经济大潮面前的优势将逐步展现,只要把握机遇,加快发展,我国文化服务产业在国际上就能释放出巨大的能量,在抢占世界经济发展的制高点中发挥重要作用。

1. 不断增强的综合国力奠定了文化服务贸易产业发展基础

我国工业化发展进入了中后期,综合国力迅速增强,这一时期也正是人们由更多地追求物质生活向更多地追求文化精神生活的阶段过渡,工业发展进程正在由更多地购买技术、设计和贴牌生产,向更多地自主研发核心技术、设计和经营自主品牌的阶段过渡,在经济发展和人们生活中对文化与精神的需求处于全面快速上升的阶段。

我国在国际上经济和政治地位不断加强,在国际事务中作用不断提高,综合国力强势发展的大趋势,使国际社会想感知中国文化的欲望不断增强,形成了支撑我国文化服务贸易快速发展的基础,为中国文化"走出去"带来了难得的发展机遇,在世界范围营造了对中国文化的巨大需求空间。

2. 深厚的文化底蕴为文化服务贸易产业发展提供持久支撑

我国几千年所积淀的精神财富,是渗透在广袤大地上和人们心灵中世代传承下来的不可再生的巨大资源,是现代科技所不能创造的。深厚的文化底蕴是我国文化服务贸易发展的源泉和优势,将为我国文化服务贸易发展提供有力的持久支撑。

3. 以文化服务贸易产业引领综合国力跨越式发展

经济竞争的最高形态是文化竞争。国际文化的发展较之经济的发展更为缓慢和复杂,遇到的阻力更大,但打造强势文化是打造强势经济不可逾越的关键环节。要把经济、技术和文化结合起来,使文化发展与经济技术的发展相适应,发挥文化对经济技术的引领作用,以文化服务贸易的跨越式发展引领文化产业和经济贸易的跨越式发展,实现综合国力的跨越式发展。

18.3 我国文化服务贸易产业存在的问题

我国发展文化服务贸易具有较大的比较优势,经济贸易的强势发展为文化服务贸易的发展提供了有力支撑。针对决定文化服务贸易发展的基本因素,在发展的起步阶段,就应把发展的目标定在利用"两种资源"和"两个市场"上,确立"三步走"战略,走高起点的发展道路,有节奏、有重点、分阶段、稳步推进,以文化服务贸易引领文化产业和经济贸易,实现综合国力的跨越式发展。

我国文化服务贸易的发展具备了很多优势,但也面临着一些问题,理清面临的问题是选择发展战略、制定发展政策、促进服务贸易发展的前提。

1. 服务贸易将在经济弱势地位下发展

我国尚处社会主义初级阶段,工业化尚未完成,与发达国家相比存在着相当大的差距,我国文化服务贸易出口在相当长一个时期内,将在经济总体上处于弱势地位的态势下发展,这是面临的最基本的局面。

2. 文化的国际影响力较弱

近百年来,我国社会发展经历了经济衰落、社会制度多次变革,这使文化的发展也必然受到一定程度的削弱和影响。我们在挖掘继承本民族文化和学习借鉴世界先进文化的过程中,尚未形成能够影响世界文化的思想文化理论以及文化应用。

3. 文化产业的规模化、市场化、国际化程度较弱

我国对世界文化服务贸易的发展规律、市场运行规则和运作方式缺乏系统认识。文化服务贸易出口产品品种少、定位不准、国际认知度不高、国际竞争力不强,尚未形成完善的文化产业化的支撑体系,尚未形成对世界文化具有冲击性的门类和作品,尚未建立有效的文化服务贸易的贸易渠道和营销网络,尚未形成对文化服务贸易出口的总体策划和宣传。文化服务贸易出口企业的规模小,市场化和国际化程度低,文化服务贸易的法规、政策体系尚未形成,文化市场的对外开放不够,总体上看文化服务贸易才刚刚起步。

18.4 我国文化服务贸易产业的发展对策

文化服务贸易产业发展战略是对文化服务贸易产业的全面筹划。确立文化服务贸易产业战略、明确战略的基本要素和措施,即可对战略的总体架构有一个基本认识。

18.4.1 实施我国文化服务贸易产业"三步走"战略

考虑到我国经济发展水平、在国际上的地位、文化产业的特殊性、文化服务贸易出口刚刚起步等因素,在文化服务贸易发展战略的抉择上应遵循循序渐进、逐步渗透、重点突破的原则,可分三步走战略。

第一步,主要是有重点地推进文化服务产品出口,扩大中国文化在世界的影响力,实施我国"文化感动世界"战略。

第二步,全面推进文化服务产品出口,加快文化产业与其他经

济贸易类产业的结合。从现在开始到 2020 年,实施我国"文化共享"战略。

第三步,文化与经济紧密结合,使货物贸易和其他服务贸易具有更多的文化内涵,打造强势文化和强势经济,整体推进文化和经济的协调发展。从 2020 年始,实施我国"文化崇尚"战略。

所谓的中国"文化感动世界"战略(简称"感动世界"战略),就是根据文化的基本特性和我国文化服务贸易产业的发展现状,通过文化服务贸易产品有重点、大规模、高集中地推向世界,在较大的范围让世界感知中国文化,增强中国文化的感染力,增大国际社会接受中国文化的程度。

18.4.2 确定战略构成的基本要素

确定"感动世界"战略构成的基本要素,是确立和正确把握战略脉络并将战略落到实处的关键。基本要素主要包括:战略重点、战略方向、战略布局和战略保障等。

(1) 战略重点

战略重点是战略基本要素的核心。影视、演艺、出版、动漫等产业是国际上喜闻乐见的文化形式,具有易于传播、受众面广、影响力大的特点,能集中反映一国文化产业的整体实力,是世界上文化服务贸易中发展较快的产业。我国影视、演艺和出版物在国际上有一定影响,动漫产业有一定的发展基础,且发展潜力巨大,在国内外有广阔的市场。将这四个产业作为我国文化服务贸易发展的战略重点,有利于文化产业较快发展,形成规模;有利于四个产业互动,成为文化产业的支撑;有利于进军并站稳国际市场,带动文化产业整体发展。

(2) 战略方向

战略方向是指产业发展的定位和主要路线。我国文化服务贸易出口应建立在我国民族文化的基础上,但一定要结合国际文化发展的最高成就和最新趋势,选用高新技术在文化领域应用的最新成果,参考国际文化市场营销的运作规律和方式,选择高起点、数字化、系列化、多媒化、规模化、品牌化的发展方向。

（3）战略布局

战略布局是对文化服务贸易发展力量在空间上的分配和使用。国内布局，应以东部为主，形成以北京、上海、广州为中心，连接周围城市，向中、西部辐射的格局，成为支撑文化服务贸易出口的产业聚集区；国外布局，应加快向亚洲市场的深度和广度扩张，加大非洲市场的开拓力度，集中精品、集中力量、集中时间进一步打开欧美市场，以拓展贸易渠道和建立营销网络为重点，适时以收购、参股和合作等各种方式，引进国际战略投资者，加快与国际先进企业的合作，推进文化服务贸易出口企业的市场化和国际化。

（4）战略保障

战略保障主要是为实现战略意图而动用的财力和物力。战略保障通常通过政策的规定和引导来实现，目前在促进文化服务贸易发展上已有了一些政策，在把现有政策细化落实的基础上，还要进一步制定鼓励文化服务贸易产业在科研、生产和销售等各环节的政策，发挥政策体系的综合效应。还可考虑设立文化服务贸易产业发展基金和风险基金，采取发行文化彩票等社会集资的方式，使对文化服务贸易发展的支持能够成为长期性、持续性、社会性的公益事业。

18.4.3　战略实施中需要把握的几个基本问题

（1）加强理论研究

国际文化市场与国内文化市场相比有许多不同的特点，文化产品的研发、生产和销售建立在思想理论基础之上，生产适销对路的文化服务贸易产品，才能打开市场，扩大和占领市场。总体上看，我们对国际文化思想理论的研究还处于纯学术层面，十分缺乏对国际文化市场基础理论和应用理论的研究，特别是缺乏对国际文化市场营销理论的研究。对文化服务贸易市场理论进行深入、系统研究，可以增强文化服务贸易产品的研发、生产和销售的科学性、针对性和系统性，以市场为导向，在高起点、高回报、树品牌的基础上创新和发展。因此,要加强国际文化市场理论研究队伍建设,加深国际文化市场理论研究的国际交流和合作,使我国文化服务贸易思想理论既有民族特色,又适应国际文化市场的需求规律和特点,推进文化服务贸易各个产业、各个环节、不同市场、不同受众群体的全面细化研究,建立我国文化服务贸易国际市场理论体系,为我国文化服务贸易发展提供思想理论支撑。

(2) 利用"两种资源""两个市场"做大做强企业

文化服务贸易较之其他产业更多地体现了国家的意志和行为,渗含着国家政策的鼓励和支持,文化服务贸易的竞争实质上是国家间通过企业的竞争来实现的。面对文化全球化的浪潮,及已形成的世界文化市场格局,我国文化产业要想跻身国际市场并站稳脚跟,必须走跨越式发展道路。我国经济发展为文化产业发展提供的支撑、文化产业的属性,使文化产业跨越式发展较之经济主体产业跨越式发展成功的可能性更大。

一是在高起点上发展文化贸易产业。文化企业集团所有权无论属于中央还是地方,无论是国有还是民营,都要有全民族的文化意识,把文化产业的发展建立在民族文化基础上,以全民族的文化作为自己的资源,同时也要树立全球意识,挖掘和利用国际上先进文化和理念,以世界文化作为自己的另一资源。利用"两种资源"的目的是为了整合和加工资源,更好地拓展全国和全球市场,实现市场化和国际化并举,"两种资源"、"两个市场"并用,在高起点上打造我国文化产业。

二是企业在"两个市场"竞争中确立发展定位。企业在市场组织方式上可以在全国跨地区经营,吸纳国际战略投资,建立多种形式的国际战略联盟,企业间通过将自己的触角伸向全国和全球,以有序的重叠、交叉和覆盖性竞争,不断挖掘和焙炼出文化的精华,碰撞出精神的火花,从而科学确立企业的业务定位和优势范围,形成核心竞争力,把企业做大做强。

三是人才是企业的核心竞争力的根本。文化产业的创意性凸显了人才在企业中的核心地位。创意体现和渗透在整个文化产业各个环节之中,文化产业选择、培养和吸纳国际型策划、创作、营销等方面的人才显得尤为重要,是文化服务贸易产业实现市场化、国际化的关键。在加强国内外人才培养和引进的同时,还要整合人才资源,形成人才链,使策划、创作、生产、营销等各环节人才形成协作有力的人才团队。要按照市场化、国际化的运作方式,采取以一品带多品、一业带多业的理念和方式,对产品开发、生产、销售以及衍生业务进行总体设计,使之具有前瞻性、系统性、综合性和持续性,通过一点突破,带动系列推进,以精品和规模效应,逐步跻身和站稳国际市场,实现文化服务贸易产业的跨越式发展。

(3)严格审查制度

文化产品涉及一国的意识形态,对文化服务贸易产品的内容各国都有不同侧重和程度的限制,并制定法规加以规范。加快制定和完善关于我国文化服务贸易产品的法规,建立文化服务贸易产品的审查制度,进一步明确文化服务贸易的发展方向,确定发展内容和范围,使文化服务贸易的发展建立在公开透明的基础上,这样有利于吸纳国际人才,有利于吸纳国际战略资本,有利于企业制定发展战略,可以保障文化服务贸易产业蓬勃发展。

19 我国服务贸易产业变革的战略研究

20 世纪 90 年代以来,扩大国际服务贸易越来越成为各国改善国际贸易现状,提高经济效益及国际经济竞争力,乃至增加外汇收入、扩大就业的重要途径。从战略意义上看,提高我国服务贸易的国际竞争力,从而逐步构筑国际服务贸易国家竞争优势,对于我国全面建设小康社会,大力发展社会主义新型化,更加有效地参与国际分工、提高国际经济地位至关重要。

19.1 我国服务贸易产业变革的主要特征

"十一五"时期以来,我国服务贸易稳步发展,服务贸易进出口总额从 2005 年的 1 571 亿美元增长到 2011 年的 4 191 亿美元,服务出口和服务进口分别位居世界第 4 和第 3 位。但由于起点低、底子薄,仍处于发展的初级阶段,总体水平与发达国家比差距较大,国际竞争力仍然较弱,主要表现在以下几个方面。

1. 与货物贸易相比服务贸易发展水平偏低

与我国的货物贸易相比,服务贸易发展水平较低。2011 年我国服务进出口与货物和服务进出口总额之比为 10.3%,低于同期 18% 的世界平均水平;从我国服务贸易总额占世界服务贸易总额的比重来看,水平也较低,2011 年该比值仅为 5.2%。同期,我国货物进出口总额占世界货物进出口总额的比重则为 20%。一方面,我国服务贸易出口总额占贸易出口总额的比重远低于全球平均水平;另一方面,我国服务出口不到货物贸易的1/2,说明我国服务出口的比较优势不如货物出口。长期以来,我国就是服务贸易净进口国。

2. 服务贸易结构不合理

我国服务贸易结构不合理,一段时期以来处于逆差状态,2011年逆差额为549.2亿美元。逆差行业主要集中在运输服务、旅游和保险服务以及专有权利使用和特许费等领域,反映了国内经济和货物贸易发展所产生的国际航运、货运保险、先进技术等方面的竞争力不强。服务贸易行业结构不平衡,计算机和信息服务、保险服务、金融服务、咨询服务等高附加值服务贸易在服务进出口总额中的比重仍然偏低,运输、旅游、建筑等传统服务贸易仍占据我国服务贸易的主导地位(见表19-1)。

表 19-1　2010 年我国服务贸易发展状况　　　　　亿美元

类别	进出口		出口		进口		贸易差额
	金额	同比增长(%)	金额	同比增长(%)	金额	同比增长(%)	
总计	3 624.2	26.4	1 702.5	32.4	1 921.7	21.5	−219.3
运输	974.7	39.0	342.1	45.2	632.6	35.8	−290.5
旅游	1 006.9	20.8	458.1	15.5	548.8	25.6	−90.7
通讯服务	23.6	−2.1	12.2	1.8	11.4	−6.0	0.8
建筑服务	195.7	27.6	144.9	53.2	50.7	−13.6	94.2
保险服务	174.8	35.5	17.3	8.2	157.5	39.3	−140.3
金融服务	27.2	133.8	13.3	204.6	13.9	91.2	−0.6
计算机和信息服务	122.2	25.4	92.6	42.1	29.7	−8.3	62.9
专有权利使用费和特许费	138.7	20.7	8.3	93.4	130.4	17.8	−122.1
咨询	378.6	18.2	227.7	22.3	150.9	12.5	76.8
广告、宣传	49.3	15.4	28.9	24.8	20.4	4.4	8.4

类别	进出口		出口		进口		贸易差额
	金额	同比增长(%)	金额	同比增长(%)	金额	同比增长(%)	
电影、音像	4.9	31.4	1.2	26.4	3.7	33.2	−2.6
其他商业服务	527.6	21.4	355.9	44.1	171.8	−8.6	184.1

注:资料来自商务部综合司统计数据。

运输服务、旅游在我国服务进出口总额中的占比超过 50%,是促进服务贸易总量增长的主要动力。遭受国际金融危机的重创之后,2010 年全球运输市场回暖,运价回升,运输服务贸易恢复较快增长,世界运输服务出口由 2009 年的下降 23% 转为增长 14%。2010 年,我国运输服务进出口总额为 974.7 亿美元,由 2009 年的下降 21% 转为增长 39%,在我国服务进出口总额中的占比由 2009 年的 24.5% 上升到 26.9%。

2010 年,我国入境旅游市场逐步恢复,出境旅游市场再度升温。上海世博会和广州亚运会的召开将入境旅游推向高潮,而居民消费观念的日趋理性以及人民币的持续升值促进了出境旅游的增长。2010 年,我国入境旅游人数(含港澳台同胞)较 2009 年增长 5.8%,出境旅游人数同比增长 20.4%。我国旅游进出口总额首破千亿美元,达 1 006.9 亿美元,居各项服务进出口总额之首,同比增长 20.8%。其中出口 458.1 亿美元,同比增长 15.5%,拉动我国服务出口 4.8 个百分点;进口 548.8 亿美元,同比增长 25.6%,拉动我国服务进口 7.1 个百分点。

2010 年,我国咨询出口总额为 227.7 亿美元,同比增长 22.3%,占我国服务出口总额的 13.4%。我国计算机和信息服务出口 92.6 亿美元,同比增长 42.1%,占比为 5.4%。专有权利使用和特许费、金融服务占比虽小,但出口增幅显著。2010 年,我国专有权利使用和特许费、金融服务出口额分别比 2009 年同期增长

93.4%,204.6%。

3.服务贸易主要贸易伙伴仍占较大比重

2010年,我国对主要贸易伙伴进出口增长迅速,服务进出口仍集中于中国香港、欧盟、美国、日本、东盟等国家(地区)。2010年,中国香港、欧盟(27国)、美国、日本和东盟继续成为我国前五大服务贸易伙伴。2010年我国与这些国家(地区)实现服务进出口2 209.1亿美元,占我国服务进出口总额的61%,比重较2009年略有上升。除对中国香港地区呈现贸易顺差外,我国对其他4大服务贸易伙伴均为逆差。2010年,香港地区继续保持我国最大服务贸易伙伴地位。内地与香港服务进出口总额为931.6亿美元,比2009年增长46.7%。其中,对香港服务出口593.8亿美元,同比增长59.7%;自香港服务进口337.8亿美元,同比增长28.4%;贸易顺差256亿美元。香港地区依然是我国最大的服务出口目的地、进口来源地和顺差来源地,双边服务进出口总额占我国服务进出口总额的25.7%。2010年,美国仍然为我国服务贸易最大逆差来源地。全年美国对我国服务进出口总额296.9亿美元,其中,对我国服务出口200.6亿美元,自我国服务进口96.3亿美元,贸易逆差进一步扩大,达到104.4亿美元,为2009年逆差的1.4倍。此外,我国对日本、澳大利亚和欧盟(27国)服务贸易逆差分别为72.5亿美元、66.1亿美元和60.3亿美元,分别是2009年逆差的1.3倍、1.4倍和1.9倍。

4.服务贸易发展不平衡

首先,从国内地区发展情况看,东南沿海经济发达地区开放程度高,服务贸易发展较快,规模也较大。而经济发展相对落后的中西部地区,服务贸易所占份额很小,增长也比较缓慢。服务贸易的地区分布不均衡,形成了我国服务贸易发展总体水平偏低,短期内难以有所突破的格局。

其次,我国服务贸易目前主要以传统的服务部门为主要经济支柱,如旅游、远洋运输等劳动密集型部门和资源禀赋优势部门,而在全球贸易量最大的金融、保险、通讯等技术和知识密集型行业,我国仍处于初级阶段。从服务贸易出口结构看,主要以旅游、运输等劳动密集型为主,旅游及运输之和占服务贸易总出口的60%左右。而新兴服务业则是明显的弱项,所占的出口比重与世界平均水平相比明显的偏低。从服务贸易进口结构上看,通信、计算机和信息等新兴服务贸易进口呈逐年上升趋势。近年来新兴服务贸易发展较快,在出口份额中有所上升,但与进口份额相比较,仍然偏低,处于劣势状态。

5. 服务贸易产业人才缺乏

随着我国服务贸易的不断发展,该产业需要的高层次人才也不断增加。人才是生产力最活跃的因素,是当今世界经济发展的主要力量。有了人才,企业才会有活力,才有创新意识,才有高效率的发展,特别是现代服务业主要是知识和技术型服务产业发展为主要领域,而我国的各类人才虽然不少,但长期以来服务贸易产业人才的培养没有得到足够的重视。因此,在从事服务贸易产业的人中,专业技术人员较少,特别是从事金融、保险、咨询、信息、技术服务方面的人才比较缺乏,因此造成了我国人才培养和发展上的滞后。其次,改革开放以来,三资企业在我国发展迅速,需要大量的优秀人才,他们以优越的工作条件和高薪福利吸引了国内大批优秀人才和骨干,进一步导致了我国技术和管理的高素质人才流失,人力资本的数量和质量的短缺,制约了我国服务贸易的发展和竞争力的提高。

6. 服务贸易管理落后

由于服务贸易产业是由许多相关行业组成的产业群,国际服务贸易涉及的行业范围极广,国际社会要求一国对其国内的服务业进行整体协调和管理。目前,我国对外服务贸易管理体制存在许多缺陷,服务业各有关职能部门职责不明确、分工不清、管理部门交叉且力量分散,如中央与地方在服务业对外贸易政策和规章方面还存在一定的差别,服务贸易产业的统计也不规范,行业标准等方面有许多不符合国际惯例,所有这些都是阻碍我国服务贸易发展的重要因素。

7. 服务贸易法律法规不健全

世界各国对于服务贸易一般都通过立法进行调节。长期以来，我国服务贸易立法严重滞后，部分领域的法律法规仍是空白，主要依靠政府职能部门的规章和文件来对服务贸易的发展进行规范。这些规章和文件立法层次低，而且缺乏协调，影响服务贸易立法的统一性和透明度，没能形成我国完整的服务贸易立法体系，缺少完善的配套法规，制约了我国服务贸易的规范化发展。近年来，我国加快了服务贸易立法步伐，先后颁发了《海商法》、《商业银行法》、《广告法》、《保险法》、《建筑法》、《民用航空法》、《注册会计师法》、《律师法》等一批涉及服务贸易领域的重要法律法规，对构筑真正适应社会主义市场经济和国际通行规则需要的统一开放、有序竞争、规范管理的服务贸易体制起到重要作用。但是，这些法律、法规多为行业行为准则或行业法，一些法规与国际规则尚有一定的差距，即使已颁布的一些有关服务贸易的法律法规也比较抽象，缺乏可操作性。作为一个经济发展速度很快的国家，在服务贸易这方面必须建立和完善法律法规，增加透明度，规范服务贸易市场。

8. 服务业整体开放程度较低

我国服务贸易的开放程度远远落后于制造业，许多服务业的对外开放都是在20世纪90年代才开始试点的。银行、保险、电信、民航、铁路、教育卫生、新闻出版、广播电视等，至今仍保持着十分严格的市场准入限制，其他一些行业对外资也没有完全开放。从整体上看，我国服务业在跨境交付、境外消费和自然人流动方面开放程度较高，但在外资准入资格、进入形式、股权比例和业务范围等方面还存在较多限制。

19.2　流通规律是服务贸易产业变革的根本动力

所谓的流通规律，即体现为以流通能力为基础的社会生产组织能力。流通能力的强弱决定了社会生产组织的规模和现代化程度,决定了社会生产的组织方式。

找出国际服务贸易发展的规律,抓住对国际服务贸易的发展具有战略基础、支撑作用的一类或几类作为突破口和主攻方向,带动整个服务业和服务贸易的发展,这是对我国发展服务贸易具有战略决定意义的一步。

国际服务贸易的发展建立在大工业基础之上。工业化促进服务发展成为产业,工业化也促进了服务业和服务贸易的现代化,社会化大分工和大规模生产在现代服务业和服务贸易的形成和发展过程中起了关键作用,而社会化大分工和大规模生产是通过大流通引发的。现代化服务业和服务贸易快速形成和发展的推动力是现代化大流通,现代化金融和电子信息网络技术提供了根本保障,研发成为了先导力量,从而构成了现代化服务业和服务贸易发展的基本支撑。可见,在市场经济中,流通规律在社会生产组织方式上发挥了基础性作用。

美国经济的强大并充满活力主要是来自于流通先导型经济。强大的流通能力不仅带动了美国现代服务业和服务贸易的快速发展,还使美国经济在全球配置中获得巨大利润,并掌握了对国际市场的控制力,美国 GDP 占全球重要份额,美元在全球的外汇交易中的比重为 62%,占全球外汇储备的 64%,占全球贸易结算中的货币分布达 66%。一个国家竞争力的强弱,不仅在于生产多少产品,更为重要的是在国际市场得到多少份额。全球前 500 位的跨国公司中,美国公司占 2/3,美国企业的规模和实力几乎在各个行业都排在前列,在世界知名品牌中美国占 2/3。

美国国内物流成本为 5%~6%,国际物流成本为 10%~25%,国内外综合成本为 9% 左右,我国是美国国内物流成本的 4 倍左右,是国内外物流综合成本的 2.3 倍。此外,第三方物流已被发达国家普遍采用,而我国第三方物流仅占物流市场营业额的 5%,大部分企业还处于大而全、小而全的运作模式。我国流通业与发达国家相比存在着成本高且效率低、库存量大、资本周转慢等问题。流通不仅是制约我国服务业和服务贸易发展的瓶颈,也已成为严重制约我国经济发展的瓶颈。

　　大流通不仅是生产型企业集团发展的原动力,而且是服务型企业集团发展的原动力。现代化大流通产生的流通速率的提高,使企业到企业和企业内部的物流成本都大大降低,生产组织的社会化成为效率最高、成本最低的生产组织方式。企业为追求利润的最大化,自发向生产大规模和专业化方向发展。企业规模化和专业化的发展,对服务的数量、质量和种类的高要求日益增强,极大地促进了服务业和服务贸易企业向规模化和专业化方向迅猛发展。麦德龙和宜家集团的销售总额超过了我国 100 强零售企业的销售总额。麦德龙集团在 28 个国家拥有 544 家商场,在国内没有仓库,完全靠第三方物流;宜家集团在 34 个国家开设了商场,在 54 个国家定牌采购,在 9 个国家拥有 36 家工厂,在 16 个国家设立了 28 个物流中心,海外业务占集团利润的 92%;沃尔玛公司在美国国内就有 108 个配送中心和 3 000 个分店。

　　大流通孕育大的企业集团,大企业集团又加快了大流通的现代化进程。没有现代化的大流通,生产社会化分工就缺乏动力,研发缺乏环境,金融和电子信息网络技术的发展受限,社会化大生产难以真正形成,服务业和服务贸易的整体发展也难有大的突破。而没有金融和电子信息网络的保障以及研发的引领,流通现代化就难以为继。优先发展现代化流通,可以引发金融和电子信息产业以及整个服务业和服务贸易向现代化、规模化和集团化方向发展,提高金融和电子信息产品的质量和效率,并使研发充满活力。加快发展现代化大流通是从根本上解决大规模和集团化生产的关节点,也是整个服务业和服务贸易向现代化、规模化和集团化发展的动力。

　　流通业的现代化的作用不仅仅表现在流通业的效率提高和成本降低引发了社会生产组织方式的巨大变革,企业的分工向社会化和规模化发展,更为重要的一点是,在大企业集团的主导下,中小企业为了生存和发展也要向分工更精细的专业化发展,以适应现代化大生产的需要。反之,这种分工和组织形式的进步,又进一步促进了流通现代化水平的提高,促进了服务业和服务贸易的发展,促进了市场竞争和经济进步,从而使经济发展进入了良性循环。

经济结构的调整,在于产业和企业结构的调整。产业和企业结构的调整在于社会生产组织方式的调整,影响社会生产组织方式、服务业和服务贸易发展的基本因素是流通,流通也是解决市场速率的关键因素。

因此,认识流通规律,遵循流通规律,利用流通规律,发挥流通规律的作用,对于理解市场经济、理解服务贸易、解决我国经济发展等一系列问题极其重要。

在经济全球化的形势下,经济的竞争说到底就是服务业和服务贸易的竞争,就是流通能力的竞争。应把发展服务业和服务贸易上升为国家战略的高度去规划,上升到政策的层面去推进,作为商务领域的中心工作去抓,形成以服务贸易带动服务业的发展,以服务贸易和服务业引领的现代化引领工农业现代化发展的格局。

19.3 生产组织方式变革是服务贸易产业发展的核心

国际服务贸易的发展不同于国际货物贸易的发展,主要是循着两条不同的发展路径:促进国际货物贸易发展主要是以物化的产品为核心而展开,而促进服务贸易的发展则主要是以无形的社会生产分工和消费供给方式为核心而展开。促进国际货物贸易发展的法规和政策等是围绕着产品的质量、价格等而制定,而促进国际服务贸易发展的法规和政策等则应围绕着以社会化大分工为前提,以发展大规模和专业化生产为目标,以促进生产和消费的现代化组织供给方式为核心等而制定。促进国际货物贸易和服务贸易发展的不同在于,货物贸易针对的是有形的物,服务贸易针对的是无形的社会生产组织方式和消费供给方式。

我国在促进以产品为中心的货物贸易时也强调抓大企业,而实际上关注点、政策着力点主要还是在大企业生产的产品上,对于企业生产组织方式很少涉及，对于社会生产组织方式也很少考虑。国家通过行政力量促生了一些生产型大企业，进一步夯实了工业基础，在一定程度和范围上使生产组织方式向规模化和专业化迈进了一步，但就整个市场来说这种做法对改变社会生产组织方式的作用是局部的、有限的，在这种情况下市场配置资源的基础性作用受到了极大限制。因为改变生产组织方式的根本动力在市场，市场是动态的，市场运行的速率决定了生产组织方式，在速率低的市场运行系统中，大企业和企业集团的优势难以全面发挥，因而促成大企业和企业集团产生的动力不足，这是影响我国经济结构调整及和谐发展的基础性因素。

把促进社会生产组织方式的转变作为商务工作的重点，将促进国际贸易发展的中心由抓产品转向抓社会生产组织方式，着力点放在抓流通渠道和流通企业上，放在促生产性和消费性流通并进上，并使发挥市场配置资源的基础作用成为看得见、摸得着、可操作的实际工作。

社会生产组织方式在美国经济发展过程中发挥了决定性作用，但美国由制造经济向服务经济转变是渐进式的，社会生产组织方式的转变也是渐进式的。社会生产组织方式在二次世界大战后的德国和日本等国的经济发展中发挥的作用更为突出，大流通提高了这些国家的经济效益，服务业快速发展，服务贸易增速加快，企业和产品大量涌向世界，经济迅速崛起。

我国经济实行跨越发展，不同于美国渐进式的经济发展模式。我们要借鉴经济发达国家通过社会生产组织方式上的变革加快经济转型的成功经验，充分发挥服务业和服务贸易对工业化发展进程具有的巨大反作用力，把经济发展的重心由制造商品向促进社会生产组织方式的转变上转移，从根本上引发产业结构的变化，实现以服务贸易开放促进服务业的发展，以服务业整体发展全面协调带动工业化的发展，从而形成服务业和服务贸易、工业、农业发展同时并举，站在世界经济发展的制高点上，高位推进整个经济的发展，加快实现由制造经济向服务经济的转型，走出一条中国式经济快速发展的道路。

19.4 我国服务贸易产业的战略选择和目标

战略是关于全局的筹划和指导。加快发展我国服务贸易,应实施大流通带动服务贸易发展战略(以下简称大流通带动战略),这是根据战略的规定性、服务贸易在我国经济发展中的地位和作用、服务贸易的发展规律、构成战略基本要素的要求等综合考虑的抉择。加深对大流通带动战略基本构成的认识,有助于从深层次上把握这种战略抉择的科学性,把大流通带动战略落在实处。

1. 战略定位

战略定位是就一事物在全局事物的发展中所起的作用来确定其在全局中的位置。经济发展阶段的不同、全局战略的不同、一事物发展程度的不同等决定了一事物在全局中的战略定位。我国经济发展以科学发展观为指导,建立和谐和节约型社会,调整经济和贸易结构,利用两个市场、两种资源等为经济发展战略目标。我国处在工业化中后期的发展阶段,我国服务业和服务贸易发展相对滞后而又存有巨大发展潜力。这些因素决定了服务贸易在我国经济发展中将发挥越来越重要的带动作用,在经济发展战略中处于促进经济贸易结构调整、加快制造经济向服务经济转型的战略定位。

2. 战略选择

战略选择是战略成败的关键。战略选择应以战略定位为前提,建立在事物发展的基本规律之上,从而能够顺应规律,利用规律,驾驭规律,推动事物科学发展。大流通是国际服务贸易发展的根本推动力,选择大流通带动国际服务贸易发展战略,可以从总体上解决国际服务贸易的发展问题。

大流通带动战略是超越战略。一个战略能否称其为超越战略,关键是看该战略的动力性质。大流通带动战略就是从本质上解决了国际服务贸易发展的根本动力,可以为国际服务贸易的超越发展提供源源不断的足够推动力,使战略超越成为可能。

大流通带动战略是导向战略。我国存在着内需不旺、产业和贸易结构不合理等问题,在很大程度上是源于服务业和服务贸易发展滞后。大流通带动战略解决了服务业和服务贸易发展的根本动力,为在深层次和大范围上启动国内市场,扩大内需,在更深层次和更大范围充分利用和有效协调两个市场、两种资源创造条件,引导企业向规模化和专业化方向发展,引导贸易和产业结构调整,引导服务业和服务贸易快速发展,引导制造经济向服务经济加快转变。

大流通带动战略是均衡战略。我国经济贸易发展存在的系列问题,实质上是发展的不均衡。大流通带动战略不仅作用在服务贸易均衡发展的关节点上,而且也作用于服务经济与制造经济均衡发展的关节点上;不仅考虑到服务贸易的国外发展,而且也考虑到服务贸易发展的国内基本建设支撑;不仅要解决服务贸易发展的根本动力,而且要解决服务贸易各类别协调和共同发展的问题。

3. 战略目标

战略目标就是战略集中指向的目标。在战略筹划和实施中战略的指向不是散射和无规律的,而是具有方向性和目标性的。大流通带动战略的方向就是通过把发展服务贸易、拉动服务业、促进贸易和产业结构调整、加快工业化进程和经济转型等具有逻辑递进关系的几方面统一起来,进而形成战略方向,战略总目标,即加快由制造经济向服务经济的转型。

19.5 我国服务贸易产业的战略布局和规划

1. 战略布局

战略布局是在战略整个空间进行的力量分配,以及力量分配后形成的战略态势。大流通带动的战略布局以全球作为其战略空间,战略力量从某种意义上说,在任何情况下都是有限的。因此,战略布局中战略力量的使用和分配一定要在空间上形成具有支撑作用的重心和重点。大流通带动战略布局是以我国东部地区和大城市为重心,以建立国内外大流通渠道为重点,向我国中西部和全球重点区域扩延,通过基础性、推进性、助推性、保障性4类工程的部署,实现国内外整体布局。

2. 战略工程

战略目标的实现是通过若干个战役逐步完成,确定具有战役性质的4类服务贸易工程,是实现大流通带动战略的主要举措。基础性工程是大流通带动战略的根基,是服务贸易发展的基本力量;推进性工程是在大流通带动战略的主要方向选择的工程,在服务贸易发展中起关键作用;助推性工程是对推进工程的不可缺少的重要辅助力量;保障性工程是大流通带动战略有效实施的源泉。

3. 战略阶段

战略的筹划和实施通常要划分阶段,以利于战略在实施过程中根据变化的情况进行各方面必要的调整和补充。一个战略阶段通常为3~5年。战略划分成阶段,但各战略阶段的方向是一致的,在战略实施中战略方向和目标通常是不能改变的。大流通带动战略阶段的确定,应该与我国经济和贸易发展五年规划相同步,与服务贸易发展周期相一致,与服务贸易促进政策制定和调整期相衔接。为此,确定5年为服务贸易发展一个战略阶段比较适宜。

4. 战略规划

规划是指比较全面的长远发展计划。规划较之计划,具备了许多战略的特性。服务贸易发展战略的实现,首要的是以服务贸易发展规划的方式对服务贸易工作进行全面而有重点的筹划,服务贸易发展规划是服务贸易工作的基本依据,也是服务贸易发展战略的具体体现和能否得以贯彻落实的关键。

一个好的规划会以其科学的前瞻性、整体全面的筹划性、内外部的协调性起到对商务工作很强的指导和推动作用,并使之有条不紊地进行。但一个好的战略,不等于就能有一个好的规划,如果没有一个与战略相配套的好的规划,再好的战略仍可能成为一个空泛的口号。关键是对制订规划的基本内容、程序、方法的掌握和运用问题,以及对服务贸易战略和规划之间的辩证统一关系的认识和处理问题。

战略规划的制订是战略选择之后的又一次创造性活动,战略规划较之战略不同的是它直接指导实践,是战略到实践的中间环节,是实践和理论完美结合的产物。由此,战略规划的制订对我们的实践及其领悟提出了更高的标准,对我们制定规划的思维方式和操作方法赋予了新的要求。

对战略和战略规划有全面深入的了解是我们制订规划的前提,弄清二者之间的区别与联系,是规划能够体现全面、协调和可持续发展的科学发展观的基础。科学、有效的规划是方法论与统揽全局的胆识的有机结合,是能够从容地驾驭制订规划全过程的产物。

19.6　我国服务贸易产业变革的战略思考

1. 坚持开放与适度保护的辩证统一

开放国内服务贸易市场,可以吸收大量外资,引进先进技术和管理经验;可以培育新的服务业,提高国内服务业水平,改变我国服务业发展滞后的现状;还可以扩大我国的服务出口,更重要的是有利于我国经济与国际经济接轨。但我国的服务业和服务贸易与发达国家相比,起步晚,总体水平低,许多行业还处在幼稚时期。同时,我国的市场经济体制还在构建当中,服务市场发育还不完善,服务企业竞争力弱,服务业发展还存在许多亟待解决的问题,近期内还不可能与发达国家实力雄厚的服务业进行自由竞争。所以只能在适当的贸易保护条件下,逐步开放国内市场。

由于服务贸易本身的特殊性,各国多数未完全将其服务贸易政策通过法律形式固定下来。而在国际服务贸易领域,协调、统一各国的有关服务贸易政策不容易,达成国际服务贸易统一法更难。相对而言,双边或多边谈判往往更易达成协议。我国是《服务贸易总协定》的起草者和创始方。我国已与其他各方谈判了服务贸易减让,在服务贸易的政策立法上,也已考虑好总协定的原则和要求。随着我国改革开放的继续深化和世界经济一体化趋势的进一步加强,继续在互惠原则基础上进行服务贸易谈判,就越发显得重要。我国应积极参与国际服务贸易多边谈判,在承诺市场准入的同时,力争对自己发展有利的条件。市场准入是经过谈判后根据所做出的具体承诺而生效的,不是普遍的义务,因而具有很强的灵活性。在贸易自由化的谈判中,我国可以提出合理要价,即对要求我国开放服务市场的国家,我国亦应以开放对等的条件向其提出较多的市场准入要价,做到攻守平衡。这一策略可为我国需保护的服务部门提供制定具体措施的基础。

在服务贸易领域,市场准入具体行业的选择中,有选择的、适度的开放国内服务市场本身就是对未开放的国内服务市场客观上形成保护。首先是在行业上要有所区分:根据各国的经验,宜先开放旅游、劳务承包、商贸等行业,而后开放金融、电信等行业。其次在提供方式和具体内容上要所有区分。生产者服务贸易的发生方式也有跨境提供、境外消费、商业存在和自然人流动4种。对于金融服务,其以跨境提供和境外消费方式发生的辅助性服务应先于核心服务进行开放;对于电信服务,先开放增值电信服务,特别是卫星通信、数据信息交换、视频通讯服务等;商业存在可先以合资或参股形式进行;对于专业服务,以商业存在方式发生的,应做好业务范围和地区范围两方面的开放试点,然后逐步推开。再次要分地区有选择地开放。我国是个大国,其对外开放的地域特征十分明显。可以先在局部地区搞好试点,然后再决定是否推广,以此降低风险。

2. 稳步推进消费结构升级

任何国家产业竞争优势的构建往往都以合理、高级的国内社会消费需求结构为基础。如果一个国家的居民消费是以商品消费为主、服务消费比重过低或服务消费的层次过低,那么该国的服务贸易根本就不可能形成国家竞争优势。随着人均国民收入的大幅提高,我国居民消费的恩格尔系数已大幅度下降,但我国居民对商业服务的消费需求还不是十分强劲,服务消费的比重仍然很低。究其原因是多方面的,最根本的还是总体收入水平不高。当今世界服务贸易强国的服务产业一般是首先在其国内形成竞争优势,然后再逐步走向世界的。因此,我国政府应依托巨大的市场需求,努力贯彻落实全面建设小康社会的宏伟目标,努力引导居民优化消费需求结构,提高服务消费的比重,为我国服务贸易国家竞争优势的构建创造良好的市场环境和市场推动力。

3. 优化服务贸易结构

要提升我国服务贸易的国际竞争力,必须大力发展现代服务业,把优化服务贸易结构作为调整经济结构的重中之重。要实现服务贸易增长方式的转变,促使服务贸易向知识技术密集型和资本密集型转变,使服务贸易的发展不是靠一般劳动力的大量投入。重点发展金融、保险、计算机和信息服务、专利权和特许权服务及咨询服务等具有高附加值的服务,同时大力实施服务的品牌战略,提升各种服务的内在价值,从而优化我国的服务贸易结构,均衡我国传统服务产业与新兴服务产业的比例,整体提高我国服务贸易竞争力。

4. 构建具有比较优势的服务贸易产业

基于信息技术、劳动密集型国际服务贸易种类繁多、层次复杂,对各类从业者的任职要求也大相径庭,但它们的共同点在于:附加值低、技术含量相对低、采购成本低且人工成本是总成本的主要构成部分。实质上,国外企业之所以看好我国际服务外包,就是因为获得同规格、同质量的服务,所需承担的"国际劳动力成本"加上"信息传递成本"远远低于其相应的国内费用。由于信息传递成本非常低,且随着技术的升级呈进一步降低的趋势,所以真正起决定作用的因素为"劳动力成本"。同时,由于工资标准逐年提高,后者对发达国家而言,在"是否通过外包获得国际服务"这个问题上起着越来越大的决定作用。我国历来重视教育,在改革开放的大潮中,教育业也朝着多元化、现代化、产业化、国际化的方向发展,持续、有效地为我国经济发展提供了大量合格的专业人才。由于我国整体人力成本在国际大市场中具备较强竞争力，因此，这部分"高素质"人力资源就成为我国开展国际服务贸易的基础。同时，很多发展中国家、欠发达国家，其简单劳动力成本比我国更低；再加上人民币持续升值、屡创新高等因素，必然使我国制造业的国际竞争力、吸引力逐步受到影响。所以，我国可以适时地把经济发展中心从"中国制造"向"中国服务"转移。此外，随着我国劳动大军中接受中专及以上教育、训练的人员所占的比重日趋加大，这部分现有及新增就业人员中，"无法被经济发展所吸收的"将直接形成"结构性失业"，影响我国构建和谐社会的进程。所以，大力发展服务贸易、创造更多合适的岗位应是我们高度关注的战略领域。

根据我国人力资源结构、层次的现状及发展前景，我国可以大力开展具备国际比较优势的国际服务产业，包括国际呼叫中心（Call Center）、全球业务流程外包（Business Process Outsourcing，BPO）和数据处理外包等。

5. 强化政府的孵化、引导和辅助作用

（1）完善制度环境

政府应对服务产业给予政策上的支持，为服务产业的发展提供广阔空间。对部分服务行业和领域在财政、税收、信贷、人员培训及科技支持等方面提供优惠条件。如服务贸易最发达的美国，为鼓励服务贸易出口，政府给予企业很多优惠，同时非常注重研究、教育和引导。

（2）完善服务贸易的法律法规

政府应加强对 GATS、WTO 等有关条款原则的研究，对现有的服务产业的法律法规进行全面审核和修改，使其既符合我国经济发展目标，又不违背国际准则。对服务市场准入原则，服务贸易的税收、投资、优惠条件等要以法规形式规定下来，以增加我国服务贸易的透明度，使我国服务贸易真正实现制度化和规范化。对新兴行业要加快立法，尽快填补这些领域的法律空白。

（3）灵活运用保护政策

对涉及国家主权、国家安全和国家机密的极少数部门或项目，应明令禁止外资进入;对关系国计民生的重要部门或项目,允许外资进入,但要实行一定的进入限制,如服务提供者的资格、控股比例等;其他部门和项目可以逐步增加开放力度,但要对外国服务提供者在我国服务市场的竞争进行严格管理。

(4) 加强对高新技术等高等要素的孵化

高等要素的供给是一个循序渐进的过程,不可急功近利。我国缺乏一种合理的高等要素的生成机制,高人才、高校机构和领先学科等要素的培育与发展,存在盲目扩张、急于求成的误区,对高等要素质量的检测与监督机制也不健全。加速健全高等要素的生成机制,努力提高高等要素供给能力,促进国际服务贸易长足进步,对于我国社会的持续、健康发展至关重要。

(5) 对服务贸易企业予以政策倾斜与扶持

国际服务贸易最发达的美国,其政府为了鼓励服务出口,长期以来给予服务贸易企业很多优惠,同时非常重视技术研究、开发与教育。服务贸易在国际竞争中的地位日益突出,我国政府要加大对服务贸易企业尤其是知识技术密集型服务贸易企业的政策倾斜与扶持力度,完善财政、税收、信贷等优惠措施,辅之以积极的产业结构、组织和政策,努力提高我国服务贸易的整体国际竞争力。

(6) 加快建立服务贸易产业救济和保护机制

我国服务贸易的国际竞争力是比较微弱的,特别是物流、保险、计算机数据服务等知识技术密集型企业,很难与外商抗衡。而我国作为 WTO 成员已经承诺尽快实现相关服务贸易自由化,这对国内服务贸易企业已经造成直接冲击。不过,我们应该尽量多考虑困难,加快建立服务贸易产业救济和保护机制。当务之急,我国政府要加快制定相关服务贸易产业的发展政策,同时要深入研究并合理运用 WTO 的"保障措施协议"以及发展中国家的特殊待遇条款,多方寻求法律、法规的支持,有理、有利、有节地保护我国弱势服务贸易产业。

6. 创新业绩评价指标体系

当前,服务产品和有形产品之间的界限已经越来越模糊,有关如何管理制造企业和如何管理服务贸易企业的知识已经逐渐融合。在管理服务贸易企业时,必须站在战略高度,综合考虑货币的时间价值和风险因素,尽量实现人力资本、生产价值和财务价值最大化。我国服务贸易企业普遍存在技术含量低下、人员素质不高的倾向,对自身业绩的评价过分偏重于短期利润。今后,在对企业业绩进行评价时,要注重对企业长远发展潜力、内部流程和外部竞争力的动态评价,创新业绩评价指标体系,并切实贯彻落实相关指标。在新的评价体系中,逐步导入智力投资比率、产品设计水平、员工知识水平、顾客满意度、顾客保持率、售后服务质量等指标。另外,目前我国知识技术密集型服务贸易企业的竞争程度相对较低,从中长期来看,应该提高知识技术密集型服务企业的国内市场竞争度,为服务贸易企业的国际化作好充分准备。

7. 建立健全相关产业的协调与支持机制

我国正处在协同制胜的经济阶段,知识和技术使得各产业只有相互支持才能持续发展。服务贸易国家竞争优势的构建离不开相关产业的支持,这种支持既包括服务业内部诸于批发、零售、餐饮、运输、旅游、金融、保险、房地产、公共管理、教育、卫生等各业间的相互支持,又包括农业、工业对服务业的促进。由于传统体制的约束,我国相关产业的协调与支持机制还不够健全,必须从战略的高度全盘调度全国的生产要素,优化资源配置。尤其是在规划服务业内部企业规模和市场秩序,处理竞争和垄断的关系,推动服务技术进步方面,我国的水平与发达国家相比还存在很大差距。我国服务业内部,知识技术密集型企业基础还十分薄弱,产业间结构有待进一步调整与升级。因此,彻底改变重产品轻服务的思路,建立高效的相关产业的协调与支持机制是十分必要而紧迫的。

8. 完善服务贸易的法律法规

服务贸易与货物贸易不同,其发展和市场都要求有严格的法律法规约束,特别是涉及培育和保护国内服务业都应有严格的法律依据。由于我国服务贸易领域还没有形成一个完整的法律法规体系,服务业中许多部门都无专项法律法规。而西方发达国家、新加坡和韩国等都有比较完善的国际服务贸易的法律法规体系。为保证我国服务贸易能沿着正常、健康的轨道发展，我国应加强对GATS，WTO 有关条款原则的研究，尽快制定和完善既符合我国实际又不违背服务贸易总协定和 WTO 规则的法律法规。在制定法律法规时，一是要按 GATS 要求，增强我国服务贸易政策的透明度，例如在市场准入方面，我国要及时、明确地公布对外商开放的行业、开放程度，以及相关的法律、法规，对国际服务贸易的税收、投资、优惠条件等要以法律形式规定下来，同时要明确地规定将涉及国家安全、国防、环境污染、不正常的文化交流等服务贸易排除在开放之外。在不影响国家安全和不泄露机密的前提下，及时公布适用的司法及行政决定，更好地履行 GATS 透明度义务，使服务贸易真正实现制度化和规范化；二是要在某些虽有立法但法规之间存在空隙、法规条文抽象、操作性不强的领域加以完善，要在指导原则、立法精神上与国际接轨，并依据国际标准废除妨害市场经济体制建设的法律，修改内容不符合市场要求的法律，致力于相关法律、法规的完善与配套；三是要制定和引入与 WOT 规则相符的竞争政策、保护性立法和主动性法律法规。作为 WTO 成员国，我国已按承诺的时间表逐步开放了服务贸易市场，我们还应制定相应的竞争政策，规范服务市场。例如，对逐步开放的保险、金融及电信等市场，应有相关的竞争政策进行竞争规范，约束我国一些行业中存在的垄断行为。特别是对做出承诺的反滥用垄断或专营的服务部门，我国还应按特别承诺制定和实施相应的政策，如《反垄断法》、《反倾销法》等。同时，要根据 GATS 进行保护性立法和制定主动性法律法规，如《反补贴法》、《反报复法》等，以保护我国的相关服务贸易产业。

总之，各国经济的发展越来越依赖于国际贸易，服务贸易和货物贸易是国际贸易的两个组成部分，是现代经济发展的两个轮子。随着科学技术的进步，信息事业的快速发展，以及贸易、投资和国际资本流动的加快，世界经济全球化、区域经济一体化、贸易与投资自由化的趋势日益显著，面对贸易保护主义普遍抬头，需要我们制定应对服务贸易发展的策略。遵循服务经济与货物经济的关系和西方发达国家的服务发展路径,通过后发优势,取得服务贸易的跨越式发展,为达到应对金融危机和欧债危机、实现我国经济高速发展,对我国服务贸易的发展策略需要做到:应该坚持一手抓货物贸易,一手抓服务贸易,并且两手都要硬;应该坚持走技术创新道路,通过技术进步促进产业结构升级与转变,通过技术应用于现代服务业建设知识密集型服务业;应该加大科技投入和服务贸易人才的培养,发挥货物经济与服务经济相互促进关系,为我国服务贸易的进一步走向国际打下基础;应该通过国家战略,科学处理科技、制造、服务和经济的关系;应该抓住当前国际服务外包的契机,促进我国服务贸易的超越发展。

附录 我国《服务贸易发展"十二五"规划纲要》解读

1. 我国《服务贸易发展"十二五"规划纲要》的出台背景

1.1 全球服务贸易发展态势良好

当前,服务业占世界经济总量的比重达到70%左右,国际服务贸易发展势头强劲。进入新世纪以来,服务贸易在结构性调整中爆发新的增长力,显现出新的发展态势。

第一,世界服务贸易发展速度超过货物贸易发展速度。2000年以来,世界服务贸易年均增速9.3%,超过货物贸易8.8%的发展速度。

第二,新兴经济体服务贸易发展速度超过发达经济体。2000年以来,新兴经济体服务贸易迅速增长,发展速度超过占国际服务贸易主导地位的发达经济体。金融危机之后,新兴经济体服务贸易恢复速度也快于发达经济体。

第三,高附加值新兴服务贸易比重超过传统服务贸易。全球计算机和信息服务、咨询服务等新兴服务贸易占比逐步上升,运输、旅游等传统服务占比逐步下降,2006年首次低于50%。云计算、物联网的发展将进一步强化该趋势。

第四,商业存在形式实现的服务贸易超过跨境服务贸易。国际产业转移的重点从制造业领域向服务业领域转移。当前,通过商业存在实现的服务贸易已经超过全球的一半。

2008 年国际金融危机的冲击使世界经济格局深度调整和变革,但制造业服务化、服务业信息化、服务业国际化、消费结构优化的发展趋势还将逐步强化,以服务业跨国转移和要素重组为特征的新一轮国际产业转移将不断加速,大力发展服务贸易将继续成为世界各国全面深度参与经济全球化的重要途径。

1.2 "十一五"期间我国服务贸易稳步发展

"十一五"期间我国服务贸易稳步发展,为"十二五"时期服务贸易发展奠定了坚实的基础。

1. 贸易规模迅速扩大

2006—2010 年,我国服务进出口总额从 1 917 亿美元增长到 3 624 亿美元,增幅达 89%,年均增长 17.3%。其中,服务出口年均增长 16.8%,是同期全球服务出口平均增速的两倍。

2. 国际地位不断提升

2006—2010 年,我国服务进出口总额全球占比从 2006 年的 3.6% 增长到 2010 年的 5.1%,世界排名由第八位上升到第四位。

3. 贸易结构逐步优化

2006—2010 年,计算机、保险、金融、咨询等高附加值服务贸易快速发展,进出口总额从 313.4 亿美元上升到 702.9 亿美元,增长约 1.2 倍,占我国服务进出口总额的比重从 16.3% 上升到 19.4%,年均增长 22.4%。

4. 区域协调不断加强

东中西部依托各自优势,实施错位发展,初步形成各具特色、优势互补的服务贸易格局。

1.3 我国服务贸易发展面临较严峻的挑战

在看到发展成绩的同时,也要直面我国服务贸易基础还比较薄弱的现实。长期以来,我国服务贸易发展存在 5 个"不平衡"。

1. 服务贸易与货物贸易发展不平衡

长期以来,我国服务出口占货物和服务出口总额的比重只有全球平均水平(基本保持在 20%)的一半左右。

2. 服务出口和服务进口发展不平衡

我国服务贸易长期处于逆差状态。逆差行业主要集中在运输、保险、专有权利使用和特许费等领域。

3. 服务贸易行业结构不平衡

近年来,尽管我国的计算机和信息服务、保险服务、金融服务、咨询服务等高附加值服务贸易增长速度很快,但是它们在我国服务进出口总额中的比重仍然偏低,运输、旅游、建筑等传统服务贸易仍占据我国服务贸易的主导。

4. 服务贸易区域发展不平衡

东部沿海发达地区在运输、保险、计算机和信息服务、咨询服务和广告宣传等领域较内陆地区具有明显优势,目前是我国服务贸易的主要出口地区。

5. 服务贸易国际市场结构不平衡

我国服务进出口主要集中于香港、欧盟、美国、日本、东盟等国家(地区)。

当前,世界经济复苏的步伐有所放缓,我国经济总体保持平稳较快增长。未来 5 年,我国服务贸易发展面临形势复杂,但总体看,机遇大于挑战。

2. 我国《服务贸易发展"十二五"规划纲要》的主要内容

2.1 5 个发展目标

国家"十二五"规划第 51 章第 3 节就"十二五"时期我国服务贸易发展的总体目标作出了明确部署。《服务贸易发展"十二五"规划纲要》(以下简称《规划》)对这一宏远目标做了具体细化,有 5 个方面的要求。

1. 贸易规模要稳步扩大

2015 年,服务进出口总额达到 6 000 亿美元,年均增速超过

11%;服务贸易占对外贸易总额和全球服务贸易总额的比重稳步提高。

2. 贸易结构要不断优化

2015年,通信、计算机和信息服务、金融、文化、咨询等智力密集、技术密集和高附加值服务贸易占服务出口总额的比重超过45%;对外工程承包、劳务合作、运输、旅游、分销等服务出口规模进一步扩大。

3. 对外开放水平要日益提升

逐步提高服务贸易领域开放度,扩大通信、金融、计算机和信息服务、商业服务等行业的商业存在规模,提升经营服务水平,带动、培育和壮大国内产业。

4. 国际竞争力要不断增强

对外承包工程、劳务合作、运输、旅游、通信、计算机和信息服务、金融、文化、咨询、分销、研发等行业服务出口规模显著扩大,培育一批拥有自主知识产权和知名品牌的重点企业,打造"中国服务"。境外商业存在数量明显增加,加快培育一批具备国际资质和品牌的服务外包企业,国际市场开拓能力逐步提升。

5. 服务贸易区域发展更加协调

实施区域差异化发展战略,充分发挥东、中、西部各地比较优势,服务贸易发展较快的地区充分发挥辐射带动作用,实现良性互动、优势互补,构建充满活力、各具特色、区域协调的服务贸易发展格局。

根据《规划》的具体部署,"十二五"时期,我国将坚持服务贸易均衡协调发展,即实现货物贸易和服务贸易的良性互动,以及服务进口与服务出口的均衡发展。未来五年,服务贸易将在扩大内需、改善民生、推动产业升级、促进结构调整、加快发展方式转变中发挥越来越重要的作用。

2.2 7项战略任务

为确保"十二五"时期服务贸易发展目标的顺利实现,《规划》

确定了推动我国服务贸易健康快速发展的7项战略任务。

1. 继续推动重点行业服务出口

为了进一步扩大服务贸易规模、提升贸易质量和效益,要在进一步巩固运输、旅游、建筑等行业的规模优势的同时,积极推进中医药、文化艺术等有中国特色的服务出口,并重点培育计算机和信息、咨询等高附加值服务贸易,积极承接服务外包。

2. 继续扩大服务领域对外开放

为确保"加快发展方式转变"的主线贯穿于服务贸易发展全过程,也为了更加充分地体现"以开放促改革、促发展、促创新"的战略要求,《规划》更加重视服务领域对外开放工作;更加重视稳步扩大现代服务进口;更加重视与重点国家和地区服务贸易管理机构建立联系,充分利用自由贸易协定加强与有关国家和地区的服务贸易交流与合作,深化服务贸易领域的合作。

3. 加快服务贸易企业"走出去"步伐

为更好更快地推动"中国服务"走向世界,为我国经济社会发展赢取两个市场、两种资源,《规划》就服务企业"走出去"进行了统筹规划;加强多边贸易谈判和自贸区谈判等;积极引导企业灵活运用跨国并购、绿地投资等多种方式开展海外投资活动。

4. 培育具有较强国际竞争力的服务贸易企业

为更好地发挥企业在服务贸易发展中的市场主体作用,《规划》要求尽快建立符合国际市场要求的企业运营模式,鼓励企业积极开展国际合作和交流,提高自主开发和创新能力,提高自身管理水平和市场竞争能力;同时,明确在运输等具有比较优势的行业,以及计算机和信息服务、文化艺术等具有发展潜力的行业,要逐步形成一批拥有知名品牌、具有较强国际竞争力的大型服务贸易企业或跨国公司。

5. 推进服务贸易领域自主创新

为更好地发挥"创新"在产业结构升级和经济结构调整中的重要作用,《规划》明确要建立以企业为主体、市场为导向的服务贸易领域技术创新体制,鼓励服务企业不断进行管理创新、服务创新和产品创新,积极拓展服务贸易领域投融资渠道,发展创业投资。

6. 促进服务贸易区域协调发展

为更好地实现服务贸易区域协调发展的目标,《规划》从东部沿海地区、中西部地区的区域特点与发展方向出发,就各区域的重点行业、重点载体、重点区域等进行了统筹安排与布局。

7. 加快发展与战略性新兴产业相配套的服务贸易

为更好地发挥服务贸易在促进战略性新兴产业发展中的积极作用,《规划》提出要加快发展与战略性新兴产业相配套的服务贸易,着力发展金融、设计、研发等领域的服务贸易,进一步扩大咨询服务等前沿服务领域的对外开放。

2.3 8 项保障措施

1. 健全法规体系

法制保障是促进服务贸易发展的根本保障。作为世界贸易组织大家庭中的一员,我国一直是服务贸易和投资自由化、便利化的坚定支持者。《规划》提出,"十二五"期间,要在符合世界贸易组织规则的前提下,制定和完善促进我国服务贸易发展的法律法规,明确激励措施,加强服务贸易管理、促进、统计等工作。

2. 完善统计体系

统计分析是政策制定的重要依据,统计监督是政策执行的重要保障。2007 年,商务部、国家统计局联合发布《国际服务贸易统计制度》;同年,中国服务贸易统计数据库建立。2010 年,商务部、国家统计局联合修订《国际服务贸易统计制度》。为了进一步提升服务贸易管理和促进工作的科学性、全局性和前瞻性,《规划》就建立健全服务贸易统计分析体系作出了具体规定,包括建立和完善服务贸易统计法规体系,包括完善服务贸易统计指标体系,完善服务贸易统计数据库,建设公共信息服务平台,等等。

3. 强化管理机制

当今,世界各国的政府在服务贸易管理和促进中的地位与作用不可或缺。2006 年,商务部成立服务贸易司。2007 年,商务部等 35 个部门建立了服务贸易跨部门联系机制。2011 年 5 月,商务部对部分司局进行机构更名和职能调整,服贸司增加了部分服务业管理职能,服务业和服务贸易管理体制进一步理顺。为了进一步强化服务贸易管理职能,《规划》提出,"十二五"期间,要不断完善各部门密切配合、中央和地方互动、政府和企业紧密联系的全国服务贸易协调管理机制,统筹宏观规划、调查统计、贸易促进、政策协调、对外谈判等工作。

4. 构建促进体系

服务贸易发达国家(地区)的民间促进体系往往都十分发达,它们构成了服务贸易健康发展的市场基础和社会基础。《规划》提出,要研究推动建立专门的服务贸易促进机构;加强与境外贸易促进机构特别是专业服务贸易促进机构的联系沟通,建立长期合作机制;通过办好"中国服务贸易指南网";加强服务贸易研究和人才队伍建设。需要特别指出的是,《规划》明确规定,未来五年,要为境内外企业搭建国际交易平台,开展多种形式的服务贸易促进活动。目前,这一项工作已经顺利开展。经国务院批准,从 2012 年开始,我国商务部将每年在北京举办中国(北京)国际服务贸易交易会(中文简称京交会,英文简称 CIFTIS)。京交会定位于一个国际性、国家级、综合型服务贸易交易促进平台。今后,商务部将会同各地区、各部门以"京交会"为龙头,搭建一个全方位、广覆盖、多层次的服务贸易促进平台体系。

5. 优化贸易环境

《规划》提出,中央和地方政府有关部门要密切配合,综合运用驻外机构、公共信息平台、多双边合作机制等渠道,为服务企业海外投资和服务出口创造良好环境,具体包括建立和完善与服务贸易特点相适应的口岸通关管理模式,对以实物载体形式出口的服务提供通关便利;为服务贸易商务签证、进出境审批提供便利;鼓励和帮助企业获得进入国际市场所必需的资质认证,推动学位、培训、执业资格认证等国家间互认,为专业人才和专业服务"走出去"提供便利等。

6. 创新扶持政策

财税、金融等方面的服务贸易扶持政策发挥着关键的作用。今后一个时期,为了进一步巩固扶持政策成果,有效地扩大服务出口,《规划》提出了一些新的更高要求,包括制定和完善支持服务贸易发展的财政税收政策;引导和鼓励金融机构优化贷款审批程序,开发适合服务贸易企业需求的金融产品,积极搭建中小企业融资平台,完善出口信用保险机制等。

7. 保护知识产权

知识产权在服务贸易发展中具有十分重要的导向作用,加强知识产权能力建设既有利于维护公平有序的市场秩序,为服务进口创造良好的知识产权环境,又有利于提升服务企业自主创新能力,为扩大服务出口提供必要的权益保障。《规划》十分重视这项工作,对今后五年内的工作作了总体安排,包括健全企业知识产权管理制度;鼓励和引导企业积极参与国际技术标准的制定;加强产业政策、区域政策、科技政策、贸易政策与知识产权政策的衔接,完善与服务贸易有关的知识产权制度等等。

8. 培育行业协会

行业协会既是服务贸易民间促进体系的基础,又是服务贸易行业自律体系的核心。2007年,国务院批准成立中国服务贸易协会。目前,各地也在陆续建立当地服务贸易协会组织。但总的来看,我国服务贸易领域的综合性、专业性行业协会发展都还比较有限。为了从根本上改变这一状况,《规划》把加强行业协会建设单独列为一项保障举措予以规定,要求按照市场化原则,积极培育服务中介组织;推动行业协会向政府部门反映行业、企业诉求,参与相关法律法规和产业政策的制定;建设行业公共服务平台,与国际相关行业协会建立合作机制,指导和协调企业多渠道、多层次开拓国际市场;等等。

2.4 30个重点领域

服务贸易涉及领域众多,世界贸易组织所界定的范围就包括

12个大类、160多个分部门。《规划》立足国情,着眼长远,根据世界服务贸易发展趋势,按照"突出重点、明确目标、统筹安排"的原则,选择30个领域作为"十二五"时期的发展重点,力争有所突破。这些服务贸易领域首先涵盖了中国具有比较优势的传统领域,如旅游、建筑服务等,其发展方向在于"巩固优势";其次涵盖了一些符合国际服务贸易发展趋势的新兴领域,如咨询、计算机和信息服务等,其发展方向在于"重点培育"。通过这些重点领域的优先发展、率先突破,可以带动我国服务业和服务贸易全面协调发展。

服务贸易"重点领域"是《规划》各项发展目标的具体指向,也是各项政策举措和保障措施的聚焦之处。针对各领域服务贸易发展特点和现实需要,《规划》细化了各领域的发展目标和重点工作,大部分领域明确提出了"十二五"期间发展的量化指标,具有很强的指导性和可操作性。

3. 我国《服务贸易发展"十二五"规划纲要》的实施安排

在起草、完善《服务贸易发展"十二五"规划纲要》的两年多时间里,其中提出的一些服务贸易发展战略已经在同步推进实施。特别是2000年以来,我国已经着力在服务贸易统计直报系统建设、完善重点服务领域管理机制和促进体系、打造以中国(北京)服务贸易交易会为龙头的服务贸易促进平台等方面开展工作,为《服务贸易发展"十二五"规划纲要》的正式发布与实施打好了前站、奠定了基础。

为了更好地实施《服务贸易发展"十二五"规划纲要》,我国提出了"大服务"发展理念,主要包括3方面内容:

一是做"大"服务贸易。扩大服务贸易规模,提高服务贸易在对外贸易中的比重。

二是实现服务贸易发展的"大"协调。要促进服务贸易与货物贸易的均衡协调发展,服务业与服务贸易的良性互动,服务出口与服务进口均衡协调发展,服务领域"引进来"和"走出去"协调发展,服务贸易各行业领域结构合理、协调发展等。

三是促进部门资源、社会力量和地方优势"大"联合。我国要完善服务贸易跨部门联系机制,按照"因地制宜、优势互补"的原则,鼓励发达地区继续做大做强,促进服务业转型升级。

下一步,我国将以"大服务"理念梳理、整合、细化《服务贸易发展"十二五"规划纲要》提出的各项战略任务与保障措施,稳步推进《服务贸易发展"十二五"规划纲要》各项战略目标的落实。特别是要在 4 个方面做好组织落实工作:一是搞好规划宣传解释;二是制定实施配套政策;三是抓好规划实施监督;四是加强规划实施评估。

4. "十二五"期间我国服务贸易产业发展的重点领域

4.1 旅游服务

发展目标:到 2015 年,实现旅游服务贸易进出口总额进入世界前 5 位;入境旅游 1.5 亿人次,入境过夜游 8 000 ~ 9 000 万人次,出境旅游 8 800 万人次;推动 8 ~ 10 家中国旅游企业"走出去";向外输出较大规模的旅游经营、管理、培训与服务等人才。

重点工作:大力发展商务、度假、修学等高附加值旅游服务,鼓励旅游与其他行业结合形成新业态;简化签证手续,提高旅游便利化水平;加快旅游信息服务和旅游标识系统建设,健全旅游紧急救援体系,优化旅游配套服务;建立服务质量标准化体系,提升旅游服务质量;加强市场推广,举办国家级旅游专题宣传推广活动,强化国家整体形象;积极推动旅游服务跨境交付,鼓励发展旅游电子商务;培育有竞争力的国际旅游服务品牌,在境外建设海外营销网络和接待体系;加强人才培训,完善职业资格认证,推动旅游人才"走出去";健全旅游服务贸易统计体系;引导商业存在合理有序发展。

4.2　信息技术服务

发展目标:信息技术服务贸易国际市场份额进一步扩大,服务方式和范围进一步深化,服务水平和交付能力进一步提高,国际竞争力明显提升,软件产业基地和出口(创新)基地快速发展。培育20家具有国际竞争力的大型信息技术服务企业,培养10万名具有国际接包能力的复合型高级工程师。中国成为全球信息技术服务承接中心。

重点工作:研究制定信息技术服务规划,加强信息技术服务领域的对外开放,推动形成竞争格局;推动企业做大做强,培育龙头企业,大力扶持为信息技术服务企业提供知识产权、投融资、产权交易、企业孵化和品牌推广等服务的专业机构;进一步完善人才培养机制,优化人才结构,建立适应发展需求的信息技术服务外包产业人才培训体系;加强软件产业基地、软件出口(创新)基地、软件名城和服务外包示范城市建设,发挥产业集聚区的龙头作用和示范效应;进一步加强信息技术服务外包公共服务平台建设;加强信息技术服务出口促进平台建设,组织企业积极参与国际交流活动,参与国际竞争;完善信息技术服务贸易统计体系;打造中国信息技术服务外包国家品牌,提升国家竞争力。

4.3　技术贸易

发展目标:专有技术和专利技术许可占技术引进总额的比重超过60%,技术出口在技术贸易中的比重明显提高。

重点工作:健全技术贸易法规制度和分级管理体系,完善技术贸易统计;健全技术贸易的政府和行业服务体系;健全技术贸易促进体系,提高技术贸易信息服务能力;重视引进服务业先进技术和管理经验;鼓励外国企业转让关键和核心技术;加强对中小企业的技术引进服务,加大研发投入力度,引导企业技术引进消化吸收再创新,提高企业自主创新能力;鼓励企业扩大技术出口,在对外经济合作和货物出口方面提供更多的技术服务。

4.4　对外劳务合作和承包工程

发展目标:保持对外劳务合作规模稳中有升,对外承包工程快速增长。创新业务发展模式,转变增长方式。培育具有国际竞争力和自主品牌的骨干企业,维护劳务人员的合法权益,提升对外劳务合作和承包工程的质量和效益。

重点工作:制订国别产业导向目录,加强双边经贸制度性安排,引导企业合理布局;推动工程设计咨询业引领中国技术标准规范"走出去",开拓国际高端市场;充分利用多双边经贸合作平台,积极与劳务输入国和地区签署双边劳务合作协议,巩固和开拓国际劳务市场;鼓励业务创新与发展,促进增长方式由数量规模型向质量效益型转变;加强外派劳务人员培训,提高外派劳务竞争力;建立覆盖城乡的外派劳务报名网络,遏制非法外派劳务活动;研究建立专门的全国外派劳务援助体系和外派劳务监督巡查制度;扩大政策宣传和教育,及时发布预警信息;强化境外劳务纠纷和突发事件预防和快速处理机制,推动劳务输入国维护外派劳务人员合法权益;抓紧制订对外承包工程企业社会责任标准,鼓励和督促企业树立诚信守诺的经营理念,重视当地民生和环境保护。

4.5　建筑服务

发展目标:积极稳妥扩大建筑服务对外开放。建筑企业"走出去"规模不断扩大,区域稳步拓展,高端市场开拓步伐逐步加快。建筑服务出口效益和附加值明显提高,建立与国际规则接轨的风险防范机制。企业核心竞争力和综合实力得到提升,鼓励采用特许经营、项目融资等国际通行方式开展国际工程承包。

重点工作:建立统一开放、竞争有序的现代建筑市场体系;完善法规政策,进一步推进工程担保制度建设和加强诚信体系建设;加强对建筑业、工程勘察设计咨询服务行业的指导和监督,不断规范市场主体行为;积极推进工程建设标准国际化战略;发挥大型工程咨询、工程设计、工程施工企业优势,增强国际市场竞争力,全面提升我国建筑服务发展水平。

4.6 海洋运输服务

发展目标:海洋运输服务领域不断拓展,贸易规模不断扩大,贸易结构明显改善。建成具有较强综合竞争力的现代化船队,提高能源、原材料等战略物资的运输能力,国轮船队在我国外贸石油、天然气、矿石海运市场的比重明显提高。保障战略物资海运通道安全。

重点工作:完善促进协调体系,统筹安排海洋运输服务贸易有关工作;鼓励企业改善船队、船型与船龄结构;营造货主、船舶制造企业、金融机构与海运企业长期战略合作的环境,提高我国海运企业的国际竞争力;鼓励海运服务企业"走出去",完善全球海运网络,扩大中资企业境外商业存在规模;加强国际交流与合作,积极参与海运安全、打击海盗和反恐等重要国际海运事务,努力在国际海运规则与技术标准制订中发挥重要作用;积极参与国际重要海运通道事务,全力提升战略资源海运控制力;大力改善基础设施,完善港口集疏运系统,实现多种运输方式的有机衔接;研究借鉴航运发达国家(地区)的航运支持政策,加快建设国际航运中心,鼓励中资国际航运船舶在国内登记,扩大国轮船队;培育具有较高经营管理水平的全球物流经营人,建立国际海运人员职业资格制度。

4.7 航空运输服务

发展目标:完善现有民用航空体系,扩大我国航空运输服务规模,提高服务质量,实现航空运输服务又好又快发展。到 2015 年,我国国际航空运输市场达到 360 亿吨公里的规模,力争我国承运人份额达到 34%。

重点工作:完善航空运输企业参与国际竞争的政策体系;建立健全公开、公正、公平的国际航权分配管理机制;积极应对单方面基于市场的温室气体减排措施;营造有利于航空租赁发展的政策环境;优化国际航线网络,提高国际市场占有率。增加欧美航线航班密度,开辟连接南美、非洲的国际航线,积极推进周边区域航空一体化进程;优化配置和利用我国航线资源、空域资源和重点国际机场资源,加强国际航空通道建设,增加枢纽的网络辐射范围和广度,增强门户枢纽集散功能,提高国际国内航班衔接效率,提升国际中转旅客比重;增强我国航空运输企业的国际竞争力;培育具有国际竞争力的大型航空公司;提高我国航空运输企业的国际货运能力,鼓励我国航空货运企业开辟国际航线和与国外物流企业紧密合作,扩展航空货运网络;加强我国枢纽机场建设,培育具有较强竞争力的国际枢纽机场;推动航空物流、航空维修、航空培训等上下游产业链的延伸,加快专业人才培养;完善机场布局,积极发展支线机场,扩大航空运输的服务覆盖面。

4.8　铁路运输服务

发展目标:根据"引进来、走出去"的需要进一步加快铁路发展,形成功能完善、衔接顺畅的对外铁路运输通道,基本建成与港口有机衔接的集疏运系统,对外经济和技术合作迈上新台阶,主要技术装备达到世界先进水平,提升运输能力和服务质量。

重点工作:在加快铁路总体发展的同时,完善既有陆桥通道和区域合作通道,建设边境地区开发型口岸铁路,推动国际运输相关铁路建设,形成功能完善的对外铁路运输通道;全面建设和使用铁路口岸信息平台,实施大通关战略,进一步提高联运效率,降低企业物流成本;强化港口后方通道建设,形成"铁海"有机衔接的港口集疏运系统;通过原始创新、集成创新与引进消化吸收再创新,提高技术装备水平,支持铁路行业相关企业技术装备进出口;积极开展铁路对外交流与合作,实施"走出去"战略;坚持政府引导、铁路关联企业联盟为主体,注重发挥中国铁路产业集成优势,使用中国铁路的技术和标准体系,打造中国铁路品牌,大力开拓国际市场。

4.9　公路运输服务

发展目标:加强与周边国家和地区的道路运输交流与合作,提高我国道路运输领域的对外开放水平,推动我国道路运输技术标准规范国际化,扩大国际道路运输服务贸易规模,改善贸易结构。

重点工作:进一步完善公路口岸管理体制,促进国际道路运输发展,推动检查机构为道路运输提供优质高效的服务;加强国际合作,推动修订目前汽车运输协定和国内有关法规、规章中不适应国际道路运输便利化发展的相关条款,积极启动我国加入国际道路运输公约程序;协调我国与周边国家的道路运输制度、车辆技术标准和规范;鼓励国内大型运输企业积极参与国际道路运输。

4.10 货运代理服务

发展目标:加大资源整合力度,优化服务结构,转变经营方式,拓展海外市场发展空间;提高外贸运输代理主导权控制能力,降低运输服务贸易逆差,国际物流成本降低3%。实现80%企业升级、技术改造和信息化建设,70%企业完成海外服务网络的建设;培训专业人才50万人,向外输出2万名管理人员以及4万名服务人员。

重点工作:健全法律法规和管理体制,建立完善行业规范和标准,建立风险管理机制和信用管理体系,加强市场主体能力建设,维护市场秩序;推行国际多式联运、供应链管理和综合物流服务;加大承接国际产业转移和物流业务外包的力度,通过货运代理服务促进进出口货源的规模化和集约化,推动保税物流和金融物流的发展;加强对外交流与合作,建立国际货代物流合作机制,促进海外服务网络建设,拓展海外市场;建立可预期的运价体系,搭建公共信息平台;加强创新能力,提升品牌价值;加大从业职业技能培训力度,实施人才发展战略;鼓励企业通过合并、收购和重组整合资源,提高企业的国际竞争力。

4.11 医疗和生物医药服务

发展目标:建立以国际市场为导向的中医药服务贸易促进体系,完善促进中医药服务贸易发展的法规体系;建设中医药服务贸易人才队伍;提高中医药服务出口的质量和附加值,促进中医药服务出口的全面增长;促进生物医药服务贸易发展,形成具有国际影响力的知名品牌。

重点工作:深化医药卫生体制改革,推进制度创新;进一步完善公共卫生和医疗服务体系,加强医疗机构管理,提高医疗服务质量,建立健全药品供应保障体系;加快健康产业发展。加强卫生国际合作与交流,促进医疗服务贸易发展;发挥中医药特色优势,大力发展中医药服务贸易;建立完善中医药服务行业国际标准认证体系,确立国际从业人员服务水平等级测评和认证制度;加强对海外中医药从业人员的教育和培训;建立并完善中医药服务贸易专业与管理人才培训体系,建设外向型中医药服务人才队伍;加强中介机构建设,建立中医药服务贸易信息支撑体系;建立海内外中医药服务贸易示范基地,扶持大中型中医药服务贸易出口企业,培育一批国际知名品牌;促进生物医药技术进入国际市场。

4.12 教育服务

发展目标:进一步提高开放水平,引进优质教育资源;加快国内教育机构能力建设,提高办学水平和人才培养质量;大力发展来华留学教育,使我国成为亚洲地区最大的留学目的国;加快汉语国际推广,提高汉语国际影响力;促进境外办学健康发展;稳步开拓教育服务国际市场,积极参与国际教育服务。

重点工作:鼓励引进优质资源,加快教育机构能力建设;鼓励国内教育机构积极稳妥地扩大教育服务出口,加大政策扶持力度;积极推进教育服务贸易便利化,为我国教育服务出口创造更有利的国际环境;支持国内教育机构提高教育服务创新能力和竞争能力,开发、培育具有国际竞争力和比较优势的教育服务项目;鼓励教育机构开发、经营国际市场,积极参与国际竞争;积极稳步推进孔子学院建设,对重点地区进一步加大投入力度;加强教育服务贸易领域知识产权保护,建立境内外教育服务支持网络;建立健全教育服务质量监管体系、信息服务体系、政策保障体系、组织管理体系。

4.13　会计服务

发展目标：推动会计审计标准国际化,推动会计审计标准与主要经济体等效。建立适应我国经济发展要求的不同规模的会计服务阶梯体系,促进大型会计服务机构国际化发展,提供跨境综合服务,用5年左右的时间,着力培育10家左右执业网络、服务能力、收入规模和市场影响具有国际水准的事务所,在此基础上至少有3家本土品牌事务所迈入世界前30强之列。扶持至少5～10家大型事务所在世界各主要经济体至少30个以上的国家和地区布局执业网络,设立100个左右业务机构,做到品牌标识统一、资源信息共享、质量监控一体、管理运作高效。实现新增注册会计师考试通过人数达到10万名,从业注册会计师达到15万名,在此基础上,着力培养400名左右领军人才、1 500名具有国际资质的注册会计师、2 000名新业务领域复合型业务骨干。

重点工作：加强会计审计标准及会计服务行业相关法规建设,推动会计审计标准与主要经济体等效;全面提升注册会计师从业队伍的专业素质、执业能力和职业道德水平;鼓励会计服务机构做大做强,积极参与国际服务贸易竞争;加快实施自主品牌战略,打造中国会计服务自主品牌,提高国际认可度;引进新的国际服务项目和技术,鼓励国内会计服务机构拓展业务范围,走多元化发展道路;不断提高中小会计服务机构服务质量,做精做专;完善会计服务信息系统,建立统计分析体系。

4.14　文化艺术服务

发展目标：积极培育文化服务贸易企业,开发适应国际市场需求、具有民族特色的文化项目,提升中华文化的世界影响力。培育8～12家具有国际竞争力的文化艺术服务贸易企业,定期组织境外商业展览;设立5～10个海外定点演出场所,开发10～20个在境外长期驻场或巡回演出的演艺产品;设立10个境外中国艺术品贸易中心,在境外举办10个中国艺术品展会,组织中国艺术企业参加国际性展会,扩大中国文化艺术市场影响力;推动一批国产优秀动漫产品进入国际市场,逐步提高市场占有率。开发 5～10 款游戏进入欧美等国家主流市场,一批竞争力强的游戏进入日韩、东南亚和欧美市场,网络文化产品在东南亚国家和台港澳地区市场占有率达到 20% 以上。

重点工作:鼓励原创演艺产品出口,推动优秀演艺企业进行国际合作和跨国经营;开发北美、日韩、欧洲演出服务市场,培育周边和新兴国家(地区)市场;加强艺术展览国际化、商业化运作,开发北美和周边国家(地区)中国艺术品贸易和展览市场;发挥动漫基地优势,推动动漫游戏出口;完善文化服务交易平台,支持中国(深圳)国际文化产业博览交易会等重点国际文化产品交易平台发展,在海外举办中国文化产业博览交易会;简化文化项目出口和相关人员出国审批手续,完善有关文化服务贸易的法律法规;整合各部门资源,完善文化服务贸易统计分析体系。加强海外文化中心建设,积极参与制订国际文化服务贸易规则。

4.15 广播影视服务

发展目标:实施全球广播影视战略,统筹国际国内两个市场,整合多种传输、覆盖、播出资源,培养参与国际竞争的广播影视市场主体,不断扩大我国广播影视产品和服务在国际影视市场的份额,稳步提高我国广播影视的国际传播力和影响力。

重点工作:加强出口型广播影视节目的创作、制作、译制和包装,不断提高我国广播影视文化产品和服务的质量水平,推动一批优秀国产影视动画节目进入国际市场;积极利用国内外展览、影视节等平台,通过"中国联合展台"模式,整合国内优秀节目资源,加强宣传和推广,促进影视节目国际合作,增强我国广播影视节目在国际市场的国际影响力;积极培育具有国际竞争力的市场主体,打造具有自主知识产权和核心竞争力的国际影视文化知名品牌。鼓励有条件的影视文化企业通过并购、合资、合作等多种方式在境外兴办实体,加强海外市场的开拓和营销能力。完善广播影视服务统计分析体系,及时、高效、便捷地掌握行业动态数据;积极参与世界知识产权组织制定广播组织权利条约的有关工作,建立中外影视文化产品版权保护协作机制,规范版权管理。

4.16 新闻出版服务

发展目标:提升国际市场开拓能力,积极鼓励新闻出版企业在境外设立商业存在,以国际汉文化圈、西方主流文化市场、周边国家和地区文化市场为重点,大力推进版权贸易、产品出口、对外投资,培育 6~7 家具有国际竞争力的大型传媒集团和国际化数字出版企业,提高新闻出版产品和服务在国际市场的份额,逐步缩小新闻出版服务贸易逆差。

重点工作:培育具有国际竞争力的外向型出版企业,组建以出版为主体的大型媒体集团;鼓励企业在国外创建独资、合资、合作实体和兼并收购,支持非公有制企业在对外新闻出版服务中发挥重要作用;培育新闻出版服务贸易基地,以北京为中心建设对外版权输出基地,以北京、上海、广东为重点建设新闻出版对外投资基地、数字出版跨境服务基地、国际文化贸易平台、动漫出版物国际交易平台,以长三角、珠三角、环渤海经济圈为重点建设新闻出版承接国际服务外包基地;创新发展模式,通过市场化运作的方式推动更多的出版产品“走出去”,着力打造具有自主知识产权和核心竞争力的知名品牌;鼓励企业积极开拓国际出版发行渠道,逐步实现有助于中国出版物销售的全球网点布局;加快中国原创网络游戏出版物的版权输出步伐,鼓励网络游戏出版物以版权输出和出版合作等方式积极参加国际出版市场竞争。以“汉语热”的兴起为契机,发挥对外汉语教材在出版服务出口中的先导作用;积极承接国外新闻出版服务外包,逐步提高服务外包的附加值;利用网络等新的媒介和技术手段拓展海外市场,扶持重点企业的数字出版工程,培养 5~10 家从事大型数据库出口的网络出版企业,扩大我国文化学术资源的国际影响力;建立新闻出版服务贸易促进中心和海外咨询中心,收集新闻出版服务市场数据和商贸信息。

4.17　保险服务

发展目标:积极稳妥地推进对外开放;扩大保险服务贸易规模,培育一批具有国际竞争力的大型保险(金融)集团和具有自主创新能力的专业性保险公司;完善服务贸易体系,积极拓展保险服务贸易领域和保障范围,充分发挥保险业经济补偿、资金融通和社会管理的重要作用;加强保险监管,促进保险监管国际合作,提高风险管理水平,有效防范风险,实现保险服务贸易健康发展。

重点工作:积极推进国际保险监管合作;推动我国保险业通过商业存在模式扩大国际市场份额,鼓励具有较强竞争力和经营管理能力的保险企业到境外开设机构、增设网点和分支机构;引导商业存在合理有序进入,提高对外开放的质量和水平;为"走出去"的我国企业提供保险服务,扩大保险服务规模和服务范围;加大对服务贸易各领域和服务贸易企业商业信用的风险保障支持力度,提高风险管理水平;完善保险服务贸易市场准入和退出机制,完善有关保险服务贸易的法律法规;大力推进保险服务贸易领域的自主创新,加强保险服务贸易人才的培养和引进,提高保险服务的竞争力和国际影响力。

4.18　证券期货服务

发展目标:积极稳妥地推进对外开放,支持境内证券期货经营机构发展壮大,提升境内机构国际竞争力和跨境业务市场份额,为境内企业"走出去"提供优质证券期货服务;强化市场监管,加强国际合作,有效防范金融风险。

重点工作:逐步完善现行开放政策,稳步扩大证券期货市场服务贸易对外开放。完善多层次资本市场体系,不断丰富市场产品和工具,研究探索符合条件的境外机构和企业在境内发行人民币债券和人民币股票,支持境内企业境外上市,逐步探索推出以股票、利率、汇率、银行贷款等为基础的金融衍生工具,加大期货市场发展力度,有序推出新的期货产品;鼓励境外长期资金进入境内市场,稳步扩大 QFII 规模;支持内资证券期货经营机构"走出去",稳步推进 QDII 试点；加强市场监管及监管协调。提高我国证券期货业的国际竞争力。

4.19　银行和其他金融服务

发展目标：坚持循序渐进、安全可控、资源配套的原则，建立和完善商业银行"走出去"的相关制度、规划，审慎支持中资商业银行结合自身发展战略的需要，稳妥推进海外业务和海外分支机构建设，提升服务水平和支持中资企业海外发展的能力。为中国企业的跨国发展提供支持；强化市场监管，加强国际监管合作，有效防范风险；逐步消除金融服务贸易逆差格局，实现金融服务贸易的可持续发展。

重点工作：将对外开放与企业"走出去"战略并举；继续加强和改善金融宏观调控，稳步推进利率市场化改革，逐步实现人民币资本项目可兑换，为扩大人民币对外使用创造条件；支持和鼓励经营状况好、风险管控水平较高的中资银行稳妥推进"走出去"战略，通过在海外设立分支机构、并购等方式，为企业"走出去"提供配套金融服务，深度拓展海外市场；持续提高中资银行的服务能力，积极引导和鼓励境外商业存在在当地中资银行海外营业机构开展业务；加强银行业对外开放政策体系研究，进一步增强银行业有效监管能力建设，推进金融监管国际双边和多边合作，严防系统风险跨境传染和渗透；进一步完善支付清算网络体系，扎实推进金融基础设施建设，普及银行卡、网络支付等电子支付方式；进一步加强和完善征信体系，改善信用环境，促进服务贸易发展。

4.20　电信服务

发展目标：电信服务的国际市场份额取得重大突破，海外电信服务收入大幅提高。力争 3 年内在 2～3 个国家或地区建成时分同步的码分多址技术（TD-SCDMA）试验网（或商用网）。国内主要电信运营企业具备较强的国际竞争力，拥有具有一定国际影响力的自有品牌，形成促进电信服务开拓国际市场的有效机制和成熟模式。

重点工作:推动时分同步的码分多址技术(TD-SCDMA)"走出去";引导和鼓励电信运营企业拓展国际电信服务市场;积极参与国际电信标准化工作,加强国际交流与合作;鼓励基础运营商积极探索海外业务发展模式;努力推动基础运营商、增值运营商联合通信设备制造商、通信咨询服务企业共同"走出去";鼓励电信企业通过资本运作方式进入国际电信服务市场;鼓励电信企业积极承接电信服务外包,推动跨国公司将呼叫中心、在线数据处理业务转移到我国境内。

4.21　邮政和快递服务

发展目标:全面统筹对外开放与国内发展,推动邮政市场逐步有序开放。加强行业规制和监管体系建设,保障邮政普遍服务和通信安全。积极实施"走出去"战略,加强国内企业在境外的网络及分支机构建设,支持发展拥有自主航空网络的国际化快递企业,稳步扩大国际业务规模,提高国际市场竞争力。

重点工作:加强国际合作,积极参与万国邮联事务,推进双边或区域贸易自由化;利用中美中欧等政府间对话机制,搭建中外邮政、快递企业交流平台,借鉴国际先进经验,提高国际及港澳台业务比重;完善政策促进体系,支持邮政企业深化改革、完善国际网络,提升国际竞争综合实力;鼓励和引导有实力的快递企业通过自建、合作、并购等方式设立境外分支机构,实施国际化发展战略;鼓励内资企业深入发展台港澳地区业务,稳步推进对亚太及欧美等国主要城市的业务覆盖;提高利用外资水平,推动国际交流与合作;建立健全邮政和快递安全监管机制,提高国际快件通关效率;加强政府引导,发挥中国快递协会作用,为企业"走出去"提供有关市场准入、法律法规、投资环境和经济政策等信息咨询和服务;通过职业资格培训、院校培养、海外项目实践等方式加强国际化人才的培养,提高从业人员整体素质。

4.22 环境及节能服务

发展目标：为建设资源节约型和环境友好型社会服务，建立并完善环境及节能服务贸易管理制度和政策体系，逐步建立一个开放、公平的环境及节能服务市场；环境及节能服务贸易规模显著扩大，国际竞争力大幅度提升；加强人才培养和前瞻性环境服务贸易研究，参与制订国际规则。

重点工作：加强环境及节能服务贸易制度与公共服务平台建设，清理和调整国内政策和制度；建立健全与国际通行的环境及节能服务贸易定义、分类、统计和技术标准体系；将环境及节能服务作为今后对外援助的优先、重点领域之一；积极推进环境工程设计、环境咨询、环境污染治理设施运营、节能审计、咨询、评估及合同能源管理等重点领域的发展，形成有竞争力的产业体系，逐步完善环境及节能服务贸易结构，扩大环境及节能服务贸易规模及总体竞争力；扶持和培育具有国际竞争力的环境及节能服务企业，形成我国环境及节能服务优势和品牌；加强前瞻研究和国际合作，采取"走出去"和"引进来"相结合的方式，逐步提高我国与国际社会沟通与协调的能力，参与制订国际规则，为企业提高竞争力及政府决策提供咨询和其他相关的技术支持。

4.23 律师服务

发展目标：提高律师整体素质和涉外法律服务水平，为律师服务发展创造良好的法律政策环境，为国内企业"走出去"提供优质高效的律师服务，推动律师事务所做大做强，培养一支高素质律师执业群体，进一步优化跨境业务结构，扩大境外服务，提升我国律师服务国际竞争力。

重点工作：扩大对外开放和交流，加强与国际律师组织和国外律师管理机构的合作；进一步完善律师制度；优化跨境律师服务的业务结构，积极探索新的跨境服务方式；鼓励我国律师事务所为国内企业"走出去"提供律师服务；培育并推动一批规模大、实力强的律师事务所"走出去"；着力解决律师服务区域发展不平衡问题；加强涉外律师培训,改善律师素质结构,在律师培训、律师事务所交流、管理信息沟通等方面与国外律师管理机构开展广泛的交流活动;构建律师服务统计分析和信息服务体系。

4.24 租赁服务

发展目标:继续扩大开放和交流,引进先进技术和管理经验,提高租赁服务国际竞争力。完善租赁法律法规,培育具有国际竞争力的大型租赁企业。加强高级专业人才培养,促进租赁服务创新,优化租赁服务结构,提高租赁在航空、船舶、大型机械等国内外重点领域的渗透率,逐步扩大租赁服务规模。

重点工作:推动租银合作,拓宽租赁企业资金渠道;完善开展融资租赁所涉海关、税收等配套政策,继续推进内资融资租赁试点,着重发展厂商租赁;培育大型租赁企业,推动租赁企业"走出去";扩大租赁业务范围;成立全国行业协会,强化行业自律;实施人才战略,加快培养国际化、专业化租赁人才;加大宣传力度,培育租赁需求。

4.25 广告服务

发展目标:促进广告服务的国际化、专业化、规模化发展,积极融入国际广告产业链,提升广告策划、创意、制作的整体水平,培育我国驰名国际品牌。以知名广告企业为主干,以优势媒体集团为先导,建立广告服务产业体系,全面提高国际竞争力,实现广告服务贸易总额稳步较快增长。

重点工作:加强与国际广告业的交流合作,扩大广告服务商业存在;鼓励具有竞争优势的国内广告企业"走出去",开拓国际市场;整合广告经营资源,培育具有国际竞争力的大型广告集团;发展广告创意产业集群,提高中小广告企业的专业化服务水平;提高广告制作发布技术水平和经营水平;建立符合广告业特点的知识产权保护制度;建立健全广告业公共服务管理体系;完善人才评价和激励机制,加大专业广告人才的培养和引进力度。

4.26　会展服务

发展目标:本着"控制总量、提升质量"的原则,通过行业评审、市场筛选等手段抓大放小、扶优选强,着力做大做强几个综合性的龙头展会,搞好搞活几个地域性重点博览会,做精做实若干个知名专业展会,培育推动几个有影响力的中国产品境外展,形成若干展览中心城市或核心展馆,打造一批大型办展主体,使之形成效益、形成规模、形成品牌,形成与国际水平接轨、服务体系完备、服务质量优良、市场竞争有序、专业化程度高的发展格局,实现展览业的持续健康发展。

重点工作:完善会展行业法律法规体系,建立统一的会展业管理体制;建立并完善行业规范和标准,优化会展规划布局,集中资源,合理分布,错位发展;研究出台会展业促进政策措施,培育品牌展会,扶持优秀办展机构,推动优质展馆和展会中心城市建设,加强会展业人才培养;鼓励和推动会展业中介机构发展,研究成立全国性会展业行业协会;建立行业统计制度,探索信息化管理模式;加强会展业国际合作和交流,鼓励和引导具有国际竞争力的国内会展企业"走出去"。

4.27　分销服务

发展目标:大力推进现代流通方式发展,增强流通主体竞争能力,促进国内国际贸易协调发展,参与和建立国际分销网络,健全分销服务管理制度和法律规范,进一步增强分销服务在拓展市场、带动货物贸易发展等方面的作用,提升分销服务贸易发展水平,提高对外开放水平与质量。

重点工作:积极推动生产企业通过新建、收购、兼并、股权置换、境外上市、重组、联合等多种方式,提高电子商务发展水平,在境外建立营销网络和采购网络;稳妥推进流通企业到境外开店设场,拓展发展空间;建立与国际接轨的分销法规和标准体系。

4.28　住宿餐饮服务

发展目标:积极推动住宿餐饮企业集团在境外设立商业存在,推进连锁经营,提高对外开放水平,带动国内住宿餐饮服务企业发展,加强国际化和标准化建设,提升国际竞争力,扩大住宿餐饮服务贸易规模。

重点工作:加快培育拥有自主知识产权、具有国际竞争力的住宿餐饮品牌企业;引导大型品牌餐饮企业,特别是"老字号"企业到境外开店;组织国内知名厨师到国外推广中华餐饮文化,带动餐饮服务发展;发展电子商务,完善国际网络预订系统,引导规范住宿服务贸易发展;加强国际合作,通过对外开放,引进先进管理经验,进一步提高住宿餐饮业整体管理水平,培养国际化的高级人才。

4.29　体育服务

发展目标:以体育劳务、赛事组织、场馆建设、信息咨询、技术培训等为重点,逐步扩大体育服务规模,提升我国体育服务行业在国际上的竞争力。培育一批专业性强,有一定实力的体育服务贸易企业,形成一批具有国际影响力和竞争力的本土赛事。

重点工作:建立体育服务贸易协调管理机制,逐步拓展和完善体育服务贸易统计体系,制订体育服务贸易产品指导目录;加强体育服务标准化工作,完善体育职业技能鉴定体系,提升体育服务行业整体竞争力,有效引导和规范体育服务进入我国市场。鼓励各类运动项目,尤其是我国的优势项目和民族特色项目"走出去",以人才、版权、技术等多种方式输出体育资源,拓展我国体育服务的海外市场;大力支持各地根据自身自然资源和人文优势,结合相关运动项目特点,运作培育一批本土体育赛事及活动;积极鼓励各地建设体育服务核心区域,引进观赏价值高、有市场的竞赛项目,丰富我国体育市场;培育具有国际影响力的体育品牌赛事;建设体育服务贸易推介平台,开展体育服务贸易推介活动;整合业内展会资源,加强体育行业展会国际化、商业化运作。

4.30　国际人才交流与合作服务

发展目标:积极完善相关政策法规,构建有利于开发、吸引和利用国际人才智力资源的法律环境;积极拓展高层次人才交流与合作渠道,建立和完善服务机制,提高国际化人才资源的开发能力;促进国际人才服务机构发展,积极参与国际人才竞争。

重点工作:提高国际人才交流与合作的水平,引进先进理念和管理经验,为提高自主创新能力服务;进一步完善国际人才中介机构服务体系,充分发挥用人单位主体作用,提高开发国际高端人才的能力;做大做强一批有重大影响力的国际人才交流品牌项目,使之成为积聚和引进海外高层次人才的综合性平台;加快国际人才市场体系培育和中国国际人才市场建设,强化并规范市场的中介、定价、人才评价、信息交流等功能;开辟优势资源,加强监管,做好海外人才服务合作机构管理和认定,建立和完善良性退出机制,在国际型人才的开发培养方面发挥重要作用。

参考文献

[1] 陈宪:《国际服务贸易:原理·政策·产业》,立信会计出版社,2005 年。

[2] 刘东升:《国际服务贸易》,中国金融出版社,2005 年。

[3] 田文军:《国际服务贸易》,北京大学出版社,1999 年。

[4] 龙永图:《入世与服务业市场开放》,中国对外经济贸易出版社,2001 年。

[5] 高文书:《国际服务贸易理论》,经济管理出版社,2002 年。

[6] 黄胜强:《国际服务贸易多边规则利弊分析》,中国社会科学出版社,2000 年。

[7] 王小平:《服务业竞争力》,经济管理出版社,2003 年。

[8] 郑吉昌:《国际服务贸易》,中国商务出版社,2004 年。

[9] 赵晋平:《利用外资与中国经济增长》,人民出版社,2001 年。

[10] 李天元:《旅游学概论(修订版)》,南开大学出版社,2001 年。

[11] 郭根龙:《服务贸易自由化与竞争力》,经济科学出版社,2007 年。

[12] 邓力平,陈贺菁:《国际服务贸易理论与实践》,高等教育出版社,2005 年。

[13] 郑吉昌:《服务业、服务贸易与区域竞争力》,浙江大学出版社,2004 年。

[14] 申朴:《服务贸易中的动态比较优势研究》,复旦大学出版社,2005 年。

[15] 何新华,等:《中国宏观经济季度模型》,社会科学文献出版社,2005 年。

[16] 邓力平,张定中:《入世:理性透视》,安徽人民出版社,2000 年。

[17] 赵雨霖,林光华:《中国与东盟 10 国双边农产品贸易流量与贸易

潜力的分析》,《国际贸易问题》,2008 年第 12 期。

[18] 王思璇:《中欧贸易摩擦的趋势预测及其对双边关系的影响》,《国际贸易问题》,2009 年第 6 期。

[19] 崔日明,陈付愉:《中日服务业产业内贸易研究》,《国际经贸探索》,2008 年第 8 期。

[20] 聂翔:《引力模型对我国服务贸易的效应分析和定量研究》,《经济论坛》,2008 年第 24 期。

[21] 曾国平,胡新华,王晋:《对我国服务业产业内贸易状况的测算与分析》,《统计与决策》,2005 年第 22 期。

[22] 殷风:《世界服务贸易发展趋势与中国服务贸易发展竞争力研究》,《世界经济研究》,2007 年第 1 期。

[23] 陈文玲:《充分认识发展服务贸易的战略意义》,《外贸经济·国际贸易》,2008 年第 3 期。

[24] 姜义茂:《服务贸易发展的基本规律和我国的战略抉择》,《财贸经济》,2007 年第 7 期。

[25] 胡庆明:《论服务贸易总协定及其对我国的影响 》,《重庆大学学报(社会科学版)》,2001 年第 2 期。

[26] 李敏:《美国、法国、日本鼓励对外投资税收政策比较》,《涉外税务》,2006 年第 8 期。

[27] 王孜弘:《美国对外投资的管理与限制》,《中国经贸导刊》,2005 年第 7 期。

[28] 彭斯达,潘黎:《对外直接投资与美国服务贸易发展 》,《国际贸易问题》,2006 年第 3 期。

[29] 卿前龙,孔云龙:《80 年代以来中国服务出口竞争力的国际比较——与主要经济发达国家及印度的比较分析》,《国际经贸探索》,2003 年第 5 期 。

[30] 白灵,朱慧娟:《论开放经济条件下我国服务业技术创新的实现》,《国际经贸探索》,2004 年第 2 期。

[31] 岳昊:《"入市"与中小企业的国际化之路》,《财贸研究》,2008 年第 4 期。

[32] 陈华文:《对我国中小企业向国际化发展的思考》,《世界贸易组

织动态与研究》,2007 年第 4 期。

[33] 韦昌鑫:《中小企业国际化发展研究》,《合作经济与科技》,2006 年第 2 期。

[34] 黄卫平,程大为:《发达国家贸易壁垒分析:发展中国家的思考》,《国际经济问题》,2001 年第 4 期。

[35] 海闻,赵达:《国际生产与贸易格局的新变化》,《国际经济评论》,2007 年第 1 期。

[36] 樊纲,关志雄,姚枝仲:《国际贸易结构分析:贸易品的技术分布》,《经济研究》,2006 年第 8 期。

[37] 赵永宁:《浅析我国国际服务贸易存在的问题及对策》,《经济师》,2001 年第 8 期。

[38] 马牧云:《国际服务贸易发展趋势及我国的对策》,《党政干部学刊》,2002 年第 9 期。

[39] 张蕴如:《中国服务业的开放度与竞争分析》,《国际经济合作》,2002 年第 4 期。

[40] 关龙:《WTO 框架下我国服务贸易的应对策略分析》,《哈尔滨商业大学报》,2005 年第 1 期。

[41] 周怀峰:《中国服务贸易竞争力的实证分析》,《经济纵横》,2005 年第 3 期。

[42] 高文志,余建星,王庆云:《我国发展服务贸易的对策研究》,《石家庄经济学院学报》,2004 年第 6 期。

[43] 邓世荣:《中国服务贸易的国际竞争力》,《世界经济与政治论坛》,2004 年第 3 期。

[44] 郑吉昌,夏晴:《浙江服务贸易国际竞争力与政策措施研究》,《商业经济与管理》,2004 年第 5 期。

[45] 陈浪南,陈景煌:《外商直接投资对中国经济增长影响的经验研究》,《世界经济》,2002 年第 6 期。

[46] 李杰:《我国利用外资的正负效应分析》,《经济学家》,2004 年第 1 期。

[47] 江锦凡:《外国直接投资在中国经济增长中的作用机制》,《世界经济》,2004 年第 1 期。

[48] 杜江:《外国直接投资与中国经济发展的经验分析》,《世界经济》,2002 年第 8 期。

[49] 黄华民:《外商直接投资与我国实质经济关系的实证分析》,《南开经济研究》,2000 年第 5 期。

[50] 何庆光:《外商直接投资对我国经济增长的动态效应》,《经济与社会发展》,2008 年第 12 期。

[51] 汪明星:《外商直接投资与中国经济增长关系的实证分析》,《经济与法》,2009 年第 3 期。

[52] 黄宇慧:《FDI 影响中国经济增长的实证分析》,《吉林工商学院学报》,2008 年第 11 期。

[53] 刘济东,蔡来兴:《国际资本流入与国内经济增长》,《外国经济与管理》,2000 年第 2 期。

[54] 沈坤荣,耿强:《外商直接投资的外溢效应分析》,《金融研究》,2000 年第 3 期。

[55] 王修志:《我国外资战略的新定位及对策探析》,《改革与战略》,2004 年第 3 期。

[56] 齐述丽,俞会新:《我国旅游服务贸易竞争力的国际比较》,《对外经贸实务》,2009 年第 2 期。

[57] 杨振之,陈顺明:《论"旅游目的地"与"旅游过境地"》,《旅游学刊》,2007 年第 2 期。

[58] 尹忠明,姚星:《改革开放三十年中国服务贸易发展回顾与思考》,《经济纵横》,2009 年第 1 期。

[59] 李霞,唐丁祥,柯小为:《我国人力资本与生产性服务贸易竞争力相关性研究》,《管理评论》,2010 年第 5 期。

[60] 陈虹,林留利:《中美服务贸易竞争力的实证与比较分析》,《国际贸易问题》,2009 年第 12 期。

[61] 张宇:《论零售业产业优化》,《当代经济研究》,2007 年第 8 期。

[62] 陈宏宇:《21 世纪初欧洲零售业发展的特点与经验》,《经济科学》,2008 年第 6 期。

[63] 姚刚:《金融危机对北美零售市场的影响与趋势研究》,《北方经贸》,2009 年第 1 期。

［64］陈晓英,孙鲁军:《国际服务贸易发展现状与我国服务贸易外汇管理》,《国际金融研究》,2000 年第 12 期。

［65］程大中:《服务就业与服务贸易出口:关于中国和美国的对比分析》,《世界经济》,2000 年第 11 期。

［66］管涛:《我国服务贸易发展现状及入世后的影响》,《国际金融研究》,2000 年第 12 期。

［67］陈景:《简述我国国际服务贸易的现状及发展对策》,《集团经济研究》,2007 年第 1 期。

［68］胡景岩:《中国发展服务贸易的战略思考》,《国际贸易》,2006 年第 11 期。

［69］钟宁波:《中国服务贸易发展现状与对策研究》,《商场现代化》,2009 年第 12 期。

［70］杜瑞霞:《 浅析我国服务贸易的发展》,《今日财富:金融发展与监管》,2011 年第 9 期。

［71］赵晓晨:《动态比较优势理论在实践中的发展》,《经济经纬》,2007 年第 3 期。

［72］张军:《依靠技术创新提升中国服务贸易国际竞争力》,《特区经济》,2008 年第 3 期。

［73］王铁山,冯宗宪:《服务贸易中的自然人流动壁垒:发展中国家的视角》,《国际贸易》,2008 年第 1 期.

［74］王铁山,冯宗宪:《发展中国家服务贸易动态比较优势分析》,《国际经贸探索》,2008 年第 9 期。

［75］程大中:《美国服务贸易中的政府行为及其启示》,《经济纵横》,2000 年第 5 期。

［76］胡庆明:《论服务贸易总协定及其对我国的影响》,《重庆大学学报(社会科学版)》,2001 年第 2 期。

［77］康承东:《我国服务贸易国际竞争力分析》,《决策借鉴》,2001 年第 5 期。

［78］曹吉云:《我国服务贸易与经济增长关系的再探讨》,《国际商务》,2007 年第 4 期。

［79］宋雪莲:《中国服务贸易逆差正在加大》,《中国经济周刊》,2007

年第 3 期。

[80] 廖晓淇:《服务贸易在全球贸易中呈现的新特点》,《商业研究》,2007 年第 4 期。

[81] 黄建忠,叶涛:《国际服务贸易发展与沿海中心城区的服务业招商引资策略》,《亚太经济》,2007 年第 1 期。

[82] 胡超、卢江海:《中国—东盟农产品贸易发展评析》,《财经论丛》,2009 年第 4 期。

[83] 蔡宏波:《服务业产业内贸易研究:中国和东盟国家的比较》,《财贸经济》,2007 年第 7 期。

[84] 保建云:《中欧贸易与经济增长的相互依赖性及贸易保护主义治理》,《国际贸易问题》,2010 年第 5 期。

[85] 陈双喜,王磊:《中日服务业产业内贸易实证研究》,《国际贸易问题》,2010 年第 8 期。

[86] 陈淑梅,王思璇:《欧盟食品卫生规则调整对我国食品出口的影响研究》,《国际贸易问题》,2010 年第 10 期。

[87] 钟惠芸,黄建忠:《金融服务的产业内贸易及其影响因素分析》,《国际经贸探索》,2011 年第 2 期。

[88] 程大中:《中美服务部门的产业内贸易及其影响因素分析》,《管理世界》,2008 年第 9 期。

[89] 刘红梅,李国军,王克强:《中国农业虚拟水国际贸易影响因素研究》,《管理世界》,2010 年第 9 期。

[90] 王涛,姜伟:《中日服务业产业内贸易问题实证研究》,《世界经济研究》,2010 年第 6 期。

[91] 曾国平,刘海霞:《论产业内贸易的动因及其与跨国公司的互动》,《财贸研究》,2003 年第 3 期。

[92] 史朝兴,顾海英:《贸易引力模型研究新进展及其在中国的应用》,《财贸研究》,2005 年第 3 期。

[93] 全毅:《WTO 后过渡期我国对外贸易摩擦的趋势与化解途径》,《东南学术》,2007 年第 6 期。

[94] 丁育生:《中外贸易摩擦的趋势与应对之策》,《对外经贸实务》,2007 年第 8 期。

[95] 宋岩,侯铁珊:《中国—东盟关税同盟区的贸易效应分析》,《国际商务. 对外经济贸易大学学报》,2006 年第 2 期。

[96] 刘向丽,张驰:《我国出口贸易摩擦预警机制的现状、问题与对策》,《国际商务·对外经济贸易大学学报》,2006 年第 4 期。

[97] 曹宏成:《中国出口贸易流量研究》,《工业技术经济》,2007 年第 1 期。

[98] 李汉君:《中日产业内贸易发展实证分析》,《国际贸易问题》,2006 年第 4 期。

[99] 陈汉林,涂艳:《中国—东盟自由贸易区下中国的静态贸易效应》,《国际贸易问题》,2007 年第 5 期。

[100] 庄丽娟,姜元武,刘娜:《广东省与东盟农产品贸易流量与贸易潜力分析》,《国际贸易问题》,2007 年第 6 期。

[101] 李根生,岳伟:《中国—东盟自由贸易区实施效果分析》,《合作经济与科技》,2010 年第 4 期。

[102] 郑慕强,郑达:《东盟对中国 FDI 与双边贸易关系的实证研究》,《创新》,2010 年第 1 期。

[103] 宋冬凌:《中国与东盟贸易引力模型研究》,《中国商贸》,2010 年第 2 期。

[104] 薛伟达,单瑜:《云南与东盟国家间贸易效应影响因素分析》,《云南财经大学学报(社会科学版)》,2010 年第 2 期。

[105] 王洪涛:《基于贸易引力模型的广西与东盟双边贸易量实证研究》,《商业时代》,2010 年第 29 期。

[106] 吴志力,徐春祥:《贸易引力模型在研判出口潜力上的应用》,《商业经济》,2010 年第 24 期。

[107] 戴桂林,王启仿,杨松:《浙江省 FDI 对外贸易效应的国别差异研究》,《商场现代化》,2010 年第 33 期。

[108] 于海静,吴国蔚:《北京 FDI 对服务业增长的作用机制探析》,《商业时代》,2009 年第 14 期。

[109] 贺寅宇:《美国国际服务贸易 FATS 统计研究》,《国际商务研究》,2001 年第 2 期。

[110] 贾怀勤:《FDI 对传统贸易统计的颠覆及其对策》,《对外经贸统

计》,2006 年第 2 期。

[111] 贾怀勤:《服务贸易统计制度和方法研究的回顾与思考》,《国际贸易问题》,2005 年第 7 期。

[112] 贾怀勤:《服务贸易四种提供方式与服务贸易统计二元构架的协调方案》,《统计研究》,2003 年第 3 期。

[113] 贾怀勤:《美国对国际服务贸易统计制度的促进及动因》,《统计研究》,2003 年第 10 期。

[114] 凌国平:《完善我国国际服务贸易 BOP 统计》,《国际商务研究》,2004 年第 4 期。

[115] 凌国平:《建立我国国际服务贸易 FATS 统计》,《国际商务研究》,2004 年第 6 期。

[116] 凌国平:《我国国际服务贸易统计现状研究》,《国际商务研究》,2001 年第 6 期。

[117] 凌国平,贺寅宇:《国际货币基金组织关于完善国际服务贸易统计制度的最新进展》,《国际商务研究》,2001 年第 5 期。

[118] 潘爱民:《中国服务贸易开放与经济增长的长期均衡与短期波动研究》,《国际贸易问题》,2006 年第 2 期。

[119] 王亚菲:《GATS 与 BPM5 + FATS 的契合研究》,《统计教育》,2005 年第 3 期。

[120] 吴旭昕,刘宁:《美国国际服务贸易统计的特点及对我国的借鉴》,《经济经纬》,2001 年第 1 期。

[121] 闫奕荣:《服务贸易比较优势理论综述》,《经济师》,2004 年第 10 期。

[122] 俞灵燕:《服务贸易壁垒及其影响的量度:国外研究的一个综述》,《世界经济》,2005 年第 4 期。

[123] 赵景峰,陈策:《中国服务贸易:总量和结构分析》,《世界经济》,2006 年第 8 期。

[124] 钟小平:《日本服务贸易的发展状况及其影响因素分析》,《亚太经济》,2003 年第 3 期。

[125] 李善同:《凸现新经济特点——世界服务业发展趋势》,《国际贸易》,2002 年第 3 期。

[126] 克里斯丁,格朗鲁斯:《服务企业的国际化战略》,《南开管理评论》,2001 年第 6 期。

[127] 黄繁华:《中国经济开放度及其国际比较研究 》,《国际贸易问题》,2001 年第 1 期。

[128] 叶欣,冯宗,郭根龙:《我国服务业竞争优势的因素分析》,《西安交通大学学报》,2000 年第 4 期。

[129] 李慧中:《服务业、服务贸易及其部门的特征研究》,《国际金融研究》,2000 年第 3 期。

[130] 张晓莉:《我国服务贸易的国际竞争力与发展对策》,《广州市财贸管理干部学院学报》,2002 年第 3 期。

[131] 王仁曾:《产业国际竞争力决定因素的实证研究》,《统计研究》,2002 年第 4 期。

[132] 卢新德:《中国加入 WTO 对山东服务业的影响》,《当代亚太》,2000 年第 10 期。

[133] 朱喜安:《加入 WTO 后上海服务贸易发展的优劣势剖析》,《上海统计》,2003 年第 7 期。

[134] 傅京燕:《我国服务贸易发展的对策选择》,《国际经济合作》,2000 年第 11 期。

[135] 陈宪:《服务业和服务贸易的几个问题》,《学术季刊》,2002 年第 4 期。

[136] 李泊溪:《加入 WTO 对中国经济发展的影响》,《港澳经济》,1999 年第 6 期。

[137] 陈秉武:《我国服务贸易发展的现状与对策》,《环渤海经济瞭望》,2003 年第 7 期。

[138] 迟文岑:《经济全球化带来的机遇和挑战》,《外向经济》,1999 年第 6 期。

[139] 罗余才:《知识经济和国际服务贸易》,《财经问题研究》,1999 年第 3 期。

[140] 陶明:《服务业非关税保护与我国的对策》,《国际经济合作》,1999 年第 7 期。

[141] 陈己昕:《服务贸易自由化是否符合本国利益》,《国际经贸探

索》,1999 年第 15 期。

[142] 段勇:《我国服务贸易立法的现状与前瞻》,《国际贸易问题》,
1999 年第 3 期。

[143] 董福荣:《国际服务贸易发展的新特点》,《价格月刊》,1999 年
第 2 期。

[144] 李丽:《论我国服务贸易和服务市场的对外开放》,《统计与决
策》,1999 年第 1 期。

[145] 夏英祝:《刍议加快我国服务贸易的发展》,《财贸研究》,1998
年第 9 期。

[146] 饶友玲:《当代国际服务贸易发展的特征与趋势》,《国际经济合
作》,1998 年第 10 期。

[147] 张汉林:《世贸组织与服务贸易自由化及我国的对策》,《国际贸
易问题》,1998 年第 10 期。

[148] 张若思:《世贸组织内服务贸易的争端解决》,《国际贸易问题》,
1998 年第 10 期。

[149] 汪明:《国际服务贸易国际规范及最新发展》,《国际市场》,1998
年第 6 期。

[150] 曲淑贤:《开放与法律建树并重》,《国际市场》,1998 年第 6 期。

[151] 宏洁:《中国服务贸易滞后的原因及其对策》,《金融科学》,1998
年第 2 期。

[152] 霍建国:《当前我国服务贸易开放现状及发展前景》,《经济学动
态》,1998 年第 6 期。

[153] 陈远:《服务贸易的开放要适度加快》,《经济与信息》,1998 年
第 7 期。

[154] 曹建明:《中国服务贸易的立法与市场开放》,《上海商业》,1998
年第 5 期。

[155] 张建民:《服务贸易及其自由化趋势》,《中南财经大学学报》,
1998 年第 2 期。

[156] 张建民:《中国专业服务贸易的市场准入》,《中南财经大学学
报》,1998 年第 4 期。

[157] 胡雪萍:《试论我国服务贸易的渐进自由化》,《中南财经大学学

报》,1998 年第 6 期。

[158] 沈明其：《国际服务贸易总协定对我国服务贸易的影响》,《财经
贸易》,1997 年第 10 期。

[159] 曲如晓：《专业服务贸易自由化及我国的对策》,《国际经济合
作》,1997 年第 5 期。

[160] 王野青：《美国服务贸易现状及中国服务贸易发展的思考》,《计
划与市场》,1997 年第 3 期。

[161] 陈俊：《构建中国的服务贸易法律体系》,《经济纵横》,1997 年
第 6 期。

[162] 周洪立：《必须形成全社会的国际服务贸易管理格局》,《上海管
理科学》,1997 年第 6 期。

[163] 曲如晓：《论服务贸易的保护》,《世界经济》,1997 年第 5 期。

[164] 张圣翠：《论国际服务贸易与我国的参与》,《财经研究》,1996
年第 4 期。

[165] 阮武：《加入世贸组织谈判与维护我国经济安全》,《上海经济研
究》,1999 年第 6 期。

[166] 康锐：《迎接世界服务贸易自由化的新进程》,《深圳特区法制》,
1998 年第 4 期。

[167] 张松涛：《呼唤临时协调机制——促进我国国际服务贸易发展
的若干思考》,《国际贸易》,2001 年第 11 期。

[168] 杨瑞：《国际服务业转移与中国服务贸易的发展》,《河南财政税
务高等专科学校学报》,2006 年第 1 期。

[169] 杨丹萍：《我国国际服务贸易发展存在的问题及对策研究》,《当
代财经》,2004 年第 2 期。

[170] 郑春霞：《国际服务外包与我国服务贸易的发展》,《对外经贸实
务》,2006 年第 11 期。

[171] 郭璟坤：《我国服务业外商直接投资的现状及其经济效应分
析》,《发展》,2007 年第 5 期。

[172] 陈菲：《服务外包动因机制分析及发展趋势预测—美国服务外
包的验证》,《中国工业经济》,2005 年第 6 期。

[173] 刘东升：《当前国际服务贸易的基本特征》,《国际经济合作》,

2004 年第 7 期。

[174] 孙俊:《跨国投资与服务贸易比较优势》,《国际贸易问题》,2002年第 9 期。

[175] 郑吉昌,夏晴:《服务贸易国际竞争力的相关因素探讨》,《国际贸易问题》,2004 年第 12 期。

[176] 郑吉昌,夏晴:《论服务业对外直接投资及产业整合效应》,《北京工商大学学报(社会科学版)》,2004 年第 5 期。

[177] 郑吉昌,夏晴:《服务业发展与产业集群竞争优势——以浙江产业集群发展为例》,《财贸经济》,2005 年第 7 期。

[178] 韶泽,婧赟:《国际服务贸易的相关理论》,《财贸经济》,1996 年第 11 期。。

[179] 韩一波:《FDI 与我国服务贸易发展的实证分析》,《重庆工商大学学报·西部论坛》,2005 年第 6 期。

[180] 王海宁:《比较优势模式的比较分析》,《东方论坛(青岛大学学报)》,1998 年第 3 期。

[181] 李永忠:《我国服务贸易发展的现状与对策》,《大众科技》,2005第 2 期。

[182] 李慧中:《贸易与投资动因:服务业与制造业的差异》,《复旦学报(社会科学版)》,2004 年第 1 期。

[183] 张肃,曹阳:《我国服务贸易的现状及发展对策》,《工业技术经济》,2004 年第 1 期。

[184] 李京:《全球直接投资转向服务业:相关的对策》,《国际经济合作》,2005 年第 1 期。

[185] 李军:《对服务业"走出去"的战略思考》,《国际经济合作》,2005 年第 2 期。

[186] 杨玉英:《我国服务贸易发展的现状与对策》,《宏观经济研究》,2003 年第 2 期。

[187] Porter M E. The Competitive Advantage of Nation. Free Press,1991.

[188] Goldsmith R W. Financial Structure and Development. Yale University Press,1969.

[189] Porter M E. Competitive Advantages of Nations. Weekly,1990.

[190] Trebilcock M J, Howse R. The Regulation of International Trade Rortledge, 1995.

[191] Pierre Sauve, Stern Robert M. Gats 2000: New Directions in Services Trade Liberalization. Brookings Institution Press, 2000.

[192] Findlay C, Warren F. Impediments to Trade in Services: Measurement and Policy Implications. Routledge. 2000.

[193] Sumei Tang, Selvanthan E A and Selvanthan S. Foreign Direct Investment, Domestic Investment and Economic Growth in China A Time Series Analysis. The World Economy, 2008(1292 – 1309).

[194] Hill T P. On Goods and Services. Review of Income and Wealth, 1977, 23(315 – 338).

[195] Balasubramanyam V N, Salisu M. Foreign Direct Investment and Growth in EP and IS Countries. The Economic Journal, 1996, 1(137 – 148).

[196] Egger P. Alternative Techniques for Estimation of Cross-Section Gravity Models [J]. Review of International Economics, 2005, 13 (5).

索　引

A

B

C

D

内部市场服务业指令　Directive on Services in the Internal Market

内部市场和服务总司　Directorate-General of Internal Market and Services

贸易总司　Directorate-General of Trade

运输总司　Directorate-General of Transport

企业和工业总司　Directorate-General of Enterprises and Industry

被分离生产要素服务　Disem-Bodied Services

E

国际收支服务分类　EBOPS

经济物品　Economic Goods

电子韩国　E-Korea

工程新闻记录　ENR

物化服务　Embodied Service

紧急保障措施　Emergency Safeguard Measures，ESM

设计—采购—施工总承包　EPC

欧盟　European Union，EU

商品出口　EXG

F

对外直接投资　FDI

外国附属机构服务贸易统计　Foreign Affiliates Trade，FAT

世界500强　Fortune 500

自由物品　Free Goods

金融服务贸易协议　FSA

美国和加拿大自由贸易协定　FTA

G

　关税与贸易总协定　GATT

P

面板数据　Panel Data
亚太旅游协会　PATA
公共部门与私人企业合作模式　PPP

R

显示性比较优势指数　Revealed Comparative Advantages,RCA

S

软营模式　SaaS
安全阀　Safety Valve
被分离服务　Separated Services
单一接触　Single Points of Contact
国民经济核算　SNA
具体承诺　Specific Commitment

T

关税壁垒　Tariff Barriers
贸易专门化指数　TSC

V

服务业增加值　VAS

W

世界贸易组织　WTO